園芸生理学

分子生物学とバイオテクノロジー

山木昭平 編

文永堂出版

表紙デザイン：中山康子（株式会社ワイクリエイティブ）
写 真 提 供：白武勝裕

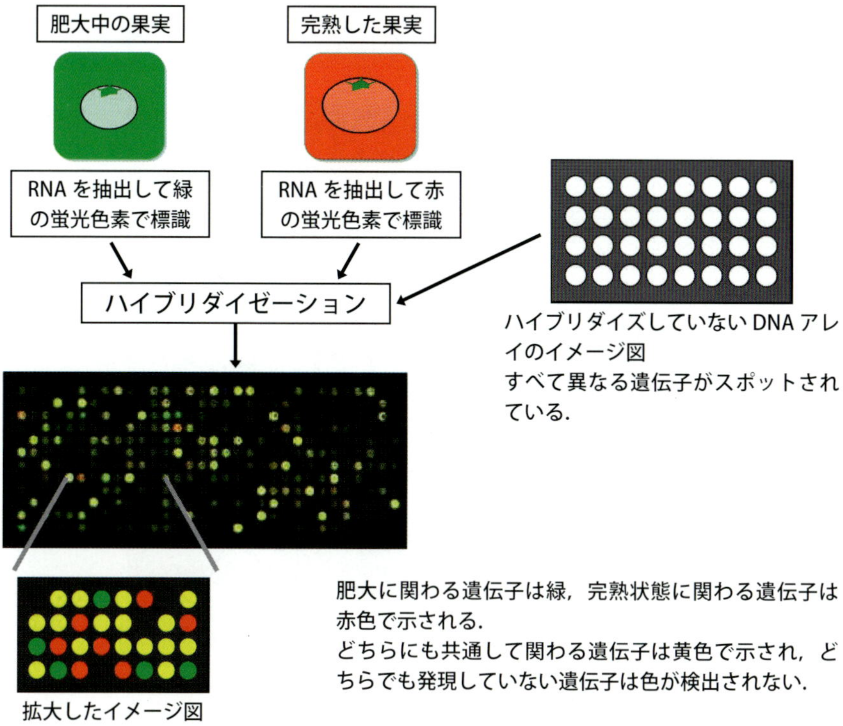

口絵1 比較による生理診断の概念図
マイクロアレイの2色法を例として示した．（今西俊介，原図）

口絵2 花芽形成遺伝子による果樹の開花促進
A：*MdTFL1* アンチセンス遺伝子を導入したリンゴの組換え体（馴化後1年），B：早期開花したリンゴの花，C：早期開花したリンゴの果実，D：*CiFT* センス遺伝子を導入したカラタチの組換え体（馴化後1年），E：早期開花したカラタチの花，F：早期開花したカラタチの果実．(Kotoda, N. et al., 2006 ; Endo, T. et al., 2005)

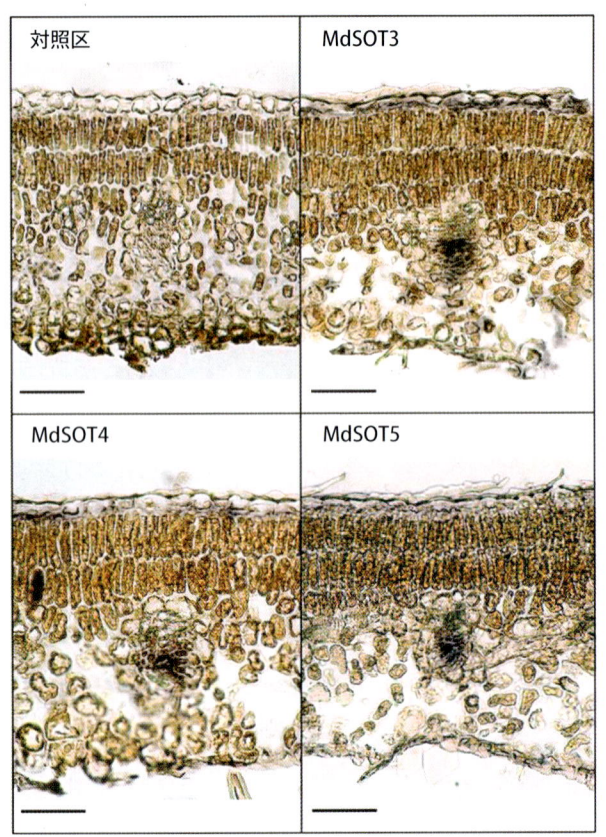

口絵3 リンゴ葉におけるソルビトールトランスポーター遺伝子の発現
ソルビトールトランスポーター MdSOT3，MdSOT4 および MdSOT5 の mRNA の蓄積は，リンゴ葉の師部に特異的であり，これらがソルビトールの師部ローディングに働いていることが考えられる．(Watari, J. et al., 2004)

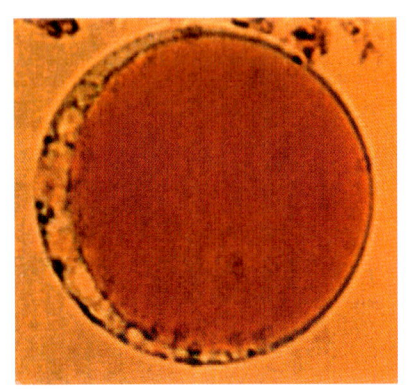

口絵4 セイヨウナシ果実のプロトプラスト
セイヨウナシ果実からプロトプラストを単離し，液胞を染色した．果実細胞の大部分が液胞で占められている．(写真提供：白武勝裕)

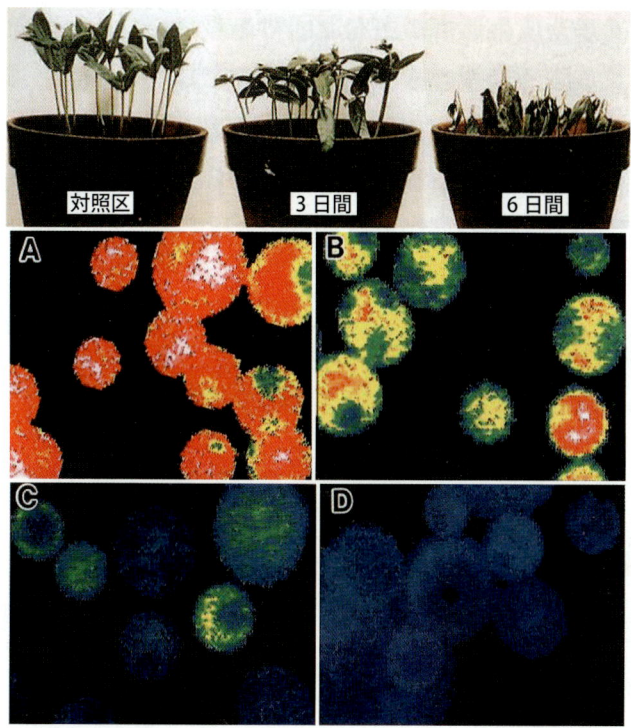

口絵5　ヤエナリの低温障害と液胞のアルカリ化
ヤエナリの低温障害（上）は，低温により液胞膜のプロトンポンプが障害を受けて細胞質の酸性化が起きること（下）が原因である．pHが中性から酸性に変化するにつれ，レシオイメージ（擬似カラー）の色調は赤から青藍色にかわる．（吉田静夫ら，1992）

口絵6　液胞膜ナトリウム/プロトン対向輸送体変異によるアサガオ花弁の色変化
A：野生型の青色花，B：開花12時間前の蕾，右は人為的に切り開いたもの，C：purple変異体の花と液胞膜ナトリウム/プロトン対向輸送体（InNHX1）の機能．purple変異は，InNHX1遺伝子内にトランスポゾンが挿入した変異である．紫色の花弁に，野生型に復帰した青色のセクターが観察される（下側，1/5の花弁），InNHX1は液胞膜上に存在し，プロトンを細胞質に汲み出すことで，液胞内を弱アルカリ化すると思われる．（星野　敦ら：細胞工学別冊　植物細胞工学シリーズ17「植物オルガネラの分化と多様性」より転載）

口絵7 エチレン処理した正常，*RiEIL*，*rin*，*nor* トマト
RiEIL：*EIL* 遺伝子を RNAi 法によりノックダウンし，エチレン信号伝達を抑制した形質転換体，受精後 35 日目に収穫し，1,000ppm エチレンを 1 週間処理，正常トマト以外は成熟（赤く着色）しない．*rin*, *nor*：いずれも成熟不全変異体．（横谷尚起ら）

口絵8 *CHS* と *DFR* の導入により花色が改変されたトレニア
（間 竜太郎ら，2000）

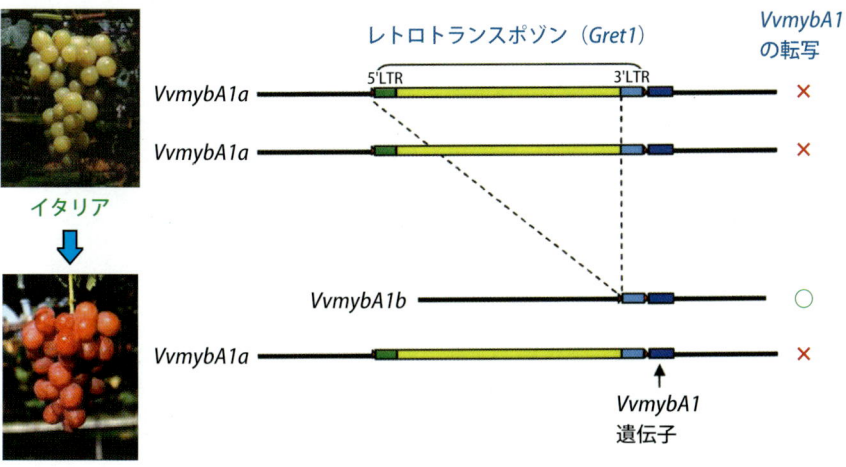

口絵9 黄緑色品種のブドウ'イタリア'から生じた枝変わり品種'ルビーオクヤマ'でみられるアントシアニン生合成変異の分子機構

アントシアニンの生合成酵素遺伝子の発現を制御する *VvmybA1a* 遺伝子は，ブドウゲノムに1コピー（体細胞では2nなので2コピー）存在する．イタリアの持つ *VvmybA1a* 遺伝子では，その発現を制御するプロモーター領域にレトロトランスポゾン（*Gret1*）が入り込んでいるため，*VvmybA1a* 遺伝子は発現することができない．その結果，アントシアニンは合成されない．しかし，イタリアの枝変わりであるルビーオクヤマでは，一方のゲノム上にあるレトロトランスポゾンが抜け落ち，*VvmybA1a* 遺伝子が発現し，アントシアニンを合成するように変異が起きたと考えられる．（小林省蔵，原図）

口絵10 遺伝子組換えによりデルフィニジンが蓄積したカーネーション
（写真提供：サントリー（株））

口絵11 遺伝子組換えによりデルフィニジンが蓄積した「青い」バラ
（写真提供：サントリー（株））

口絵 12　園芸作物における低温障害の発生状態
左上:ピーマン(種子褐変),右上:ナス(がく部やけ,陥没),下:バナナ(左:過熟,右:低温障害による褐変).(写真提供:山内直樹)

はじめに

　約30年前に私が農水省果樹試験場に入省したときの果樹分野に対する第一の印象は，「生産現場にはおもしろい研究テーマがたくさん転がっている」ということであった．当時の園芸生産現場での諸問題の解決はすべて結果オーライで，理屈はともかく対処する方法がみつかればよかった．現在もそのスタンスは基本的には変化なく，現場にとっては結果こそすべてである．そのため，その理屈「何故」を追求する別の分野の人からみると，興味のある問題が手つかずのまま放置されているように感じられた．当時の園芸分野には生理生化学的手法で研究する人はまだ少なく，おそらくその数は私を含めて1桁であったと思う．しかしながら，問題解決に当たって対処療法だけでは限界があり，基本的な「何故」にまで踏み込んで解決しないと別の問題が生じたときに応用できないことが徐々に理解され，現在では基本的なメカニズムまで究明するようになった思う．今ではこの分野の研究者は園芸学会内でも数十人となり，分子生物学的手法の人も加えると100人以上の大きなグループとなっている．しかしながら，多くの人が「何故」に興味を持つようになったが，その遂行のために不可欠な園芸の生理・生化学についてのまとまった本は少ない．

　古くはA.C. Hulmeの「The Biochemistry of Fruits and their Products」（1970）がよくまとまっていたが，果樹，野菜，花卉の種・品種別に述べた（各論）もの，あるいはポストハーベストを中心に生理・生化学的観点から述べた本が国内外に存在するだけであった．生理学が園芸分野の現象と密接に関連して発展してきているのに，それを園芸学的に産業現場に結び付ける発想で書かれた本はあまりみられず，生理学的側面を含んだ多くの園芸学として重要な総説などは，むしろ植物生理学分野で書かれている場合が多い．私は果樹試験場に入省し，果実の成熟生理に関して植物生理学的手法を取り入れながら研究する中で，将来園芸分野での多くの重要な現象が生理生化学的なアプローチで語られ始めたら，園芸分野の後輩のために是非ともその指標となる『園芸生理学』をまと

はじめに

めたいと思っていた．今，少し遅くなったが本書を出版できることに大きな喜びを感じている．

　本書は，特に園芸分野の人に読んでいただきたいので，その構成は園芸学の教科書に用いられている章立てに習っている．項目によって生理生化学的に研究の進んでいるものと，あまり進んでいないものがあるので，その深度には著者によってかなりの温度差がある．本著にはなく，今後，特に組み込まねばならない項目は，環境ストレス（特に光，栄養，水分など）と形態形成などであり，それらは施設栽培，植物工場，そして栽培技術などでは重要な問題でもある．また，本書では果樹関連の執筆者および事例が多いので，果樹の生理学と感じる人もいるかとは思うが，あくまでも事例として果樹をあげただけで，その基本的な部分は野菜，花卉にも通じるものと思う．

　執筆に当たり各著者には園芸現場や産業との関わり，できればそれらにフィードバックする方策についても述べるようお願いした．また，今までに認められた知識を教科書的に述べるのは重要だが，それだけではなく園芸分野での事例を最新の生理・生化学的知見からも述べるようお願いした．それゆえ，かなりトピックス的な面もあるので，参考文献についても重要なものはできるだけ引用し，読者がいっそう深めて勉強できるよう配慮した．

　本書は，学部3年〜大学院修士課程における園芸分野の学生，あるいは園芸関係の試験研究機関の若手研究者を対象として書かれている．園芸分野以外の研究者にも拝読いただき，園芸分野には興味のある問題が埋蔵されていることを知っていただきたいと思う．各章の執筆を，園芸分野で生理・生化学的あるいは分子生物学的アプローチを用いて活躍されている比較的若手の研究者にお願いした．ご多忙にもかかわらず，快く執筆を引き受けて下さった各著者の皆様に感謝申しあげる．特に，本書の構成および内容について適切なご助言を下さった，金山喜則先生と白武勝裕先生に御礼申しあげる．最後に出版に当たり始終ご指導下さった文永堂出版の鈴木康弘氏に感謝申しあげる．

平成19年1月　　　　　　　　　　　　　　編集者　山　木　昭　平

編　集　者

山　木　昭　平　　名古屋大学大学院生命農学研究科教授

執筆者（執筆順）

山　木　昭　平　　前　掲
大　村　三　男　　静岡大学農学部教授
森　口　卓　哉　　（独）農業・食品産業技術総合研究機構
　　　　　　　　　果樹研究所 果樹温暖化研究チーム上席研究員
森　　　仁　志　　名古屋大学大学院生命農学研究科教授
今　西　俊　介　　（独）農業・食品産業技術総合研究機構
　　　　　　　　　野菜茶業研究所 野菜・茶の食味食感・安全性
　　　　　　　　　研究チーム主任研究員
古藤田　信　博　　（独）農業・食品産業技術総合研究機構
　　　　　　　　　果樹研究所 リンゴ研究チーム主任研究員
佐々木　英　和　　（独）農業・食品産業技術総合研究機構
　　　　　　　　　野菜茶業研究所 高収益施設野菜研究チーム
　　　　　　　　　主任研究員
山　田　邦　夫　　名古屋大学大学院生命農学研究科助手
田　尾　龍太郎　　京都大学大学院農学研究科助教授
板　井　章　浩　　鳥取大学農学部助教授
金　山　喜　則　　東北大学大学院農学研究科助教授
白　武　勝　裕　　名古屋大学大学院生命農学研究科助教授
久　保　康　隆　　岡山大学農学部教授
立　石　　　亮　　日本大学生物資源科学部専任講師
菅　谷　純　子　　筑波大学大学院生命環境科学研究科講師
米　森　敬　三　　京都大学大学院農学研究科教授
市　村　一　雄　　（独）農業・食品産業技術総合研究機構
　　　　　　　　　花き研究所 花き品質解析研究チーム長
山　内　直　樹　　山口大学農学部教授

目　次

第1章　園芸生理学とは ……………………………（山木昭平）…1

第2章　育種のための遺伝子解析 ………………（大村三男）…5
1．ゲノム解析とゲノム育種 －果樹類を中心として－ ………………… 5
　1）ゲノム解析……………………………………………………………… 5
　2）DNAマーカーの開発と利用 ………………………………………… 8
　3）果実形質遺伝子のマッピング ……………………………………… 13
　4）果樹ゲノム育種の将来 ……………………………………………… 19

第3章　栽培の生理 ……………………………………… 25
1．接ぎ木の生理機構………………………………（森口卓哉）…25
　1）果樹分野における接ぎ木の重要性 ………………………………… 25
　2）接ぎ木親和性と不親和性 …………………………………………… 25
　3）接ぎ木による物質の伝達 …………………………………………… 26
　4）長距離輸送のための条件 …………………………………………… 30
　5）果樹分野における接ぎ木による長距離輸送の展望 ……………… 30
2．果樹におけるわい化の生理 …………………（森口卓哉）…32
　1）果樹分野におけるわい化の重要性 ………………………………… 32
　2）樹勢（形）制御技術 ………………………………………………… 32
　3）果樹分野におけるバイテク技術による樹形制御の可能性 ……… 37
3．頂芽優勢, 腋芽促進の機構 ……………………（森　仁志）…38
　1）腋芽と側芽 …………………………………………………………… 39
　2）現象からみた頂芽優勢と植物ホルモンの関係 …………………… 39
　3）頂芽優勢の分子機構 ………………………………………………… 43
　4）ニホンナシ新梢の花芽形成と頂芽優勢 …………………………… 48

4．遺伝子発現による生育診断－DNA アレイ解析の利用－ ……（今西俊介）… 49
　1）従来法による発現解析……………………………………………… 49
　2）DNA アレイとは ……………………………………………………… 50
　3）モデル植物における研究…………………………………………… 54
　4）園芸作物における生理学的・分子生物学的展開の現状 ………… 55
　5）園芸現場への還元のために残された問題点……………………… 56

第4章　花芽形成の生理 ……………………………………………… 61

1．幼若性と花芽形成の機構……………………………（古藤田信博）… 61
　1）幼　若　性…………………………………………………………… 61
　2）花芽形成の機構……………………………………………………… 65
2．バーナリゼーションおよび休眠……………………（佐々木英和）… 73
　1）バーナリゼーション………………………………………………… 73
　2）休眠と休眠打破……………………………………………………… 77

第5章　開花，受精，結実の生理 …………………………………… 83

1．開　花　の　機　構…………………………………（山田邦夫）… 83
　1）開　花　と　は……………………………………………………… 84
　2）花弁成長と炭水化物の代謝………………………………………… 85
　3）開花と植物ホルモン………………………………………………… 87
　4）花弁成長と細胞壁のゆるみ………………………………………… 88
　5）花弁細胞への水の流入……………………………………………… 89
　6）開花機構の解明に向けて…………………………………………… 89
2．不和合性の機構………………………………………（田尾龍太郎）… 90
　1）自家不和合性現象…………………………………………………… 90
　2）自家不和合性の遺伝制御…………………………………………… 92
　3）自家不和合性の分子機構…………………………………………… 94
　4）自家不和合性研究成果の園芸学的利用……………………………100

3．単為結果および単為生殖の機構……………………（田尾龍太郎）…102
  1）不受精果実形成……………………………………………………… 102
  2）自動的単為結果……………………………………………………… 104
  3）他動的単為結果……………………………………………………… 107

第6章　果実の成長と肥大の生理 ……………………………………… 111
1．果実の成長と植物ホルモン…………………………（板井章浩）…111
  1）細胞分裂と細胞肥大………………………………………………… 111
  2）果実の成長曲線……………………………………………………… 112
  3）生 理 的 落 果……………………………………………………… 113
  4）果実成長と植物ホルモンの関係…………………………………… 114
2．同化産物の蓄積機構…………………………………………………… 122
  1）転流糖の合成………………………………………（金山喜則）…122
    （園芸作物における転流糖 / スクロースの合成 / ソルビトールの合成 / マンニトールの合成 / ラフィノース族オリゴ糖の合成）
  2）転流糖のローディングとアンローディング………（白武勝裕）…133
    （ローディング / 転流とアンローディング）
  3）転流糖の変換と代謝調節…………………………（金山喜則）…140
    （果実における転流糖の変換 / スクロースの変換酵素と調節 / ソルビトールの変換酵素と調節 / マンニトールの変換酵素 / ラフィノース族オリゴ糖の変換酵素）
  4）液胞の生理機能……………………………………（白武勝裕）…150
    （さまざまな液胞の機能 / 果実における液胞の重要性）
  5）ポンプ，トランスポーター，チャネル ……………（白武勝裕）…156
    （ポンプ / トランスポーター / チャネル / アクアポリン）
3．果実のシンク能力と肥大機構………………………（山木昭平）…161
  1）果実のシンク能力…………………………………………………… 162
  2）果実の肥大機構……………………………………………………… 166

第7章　成熟，老化の生理 …………………………………173

1. 果実の成熟機構………………………………………………173
    1) エチレン生合成と情報伝達系………………………（森　仁志）…173
       (エチレン生合成 / エチレン情報伝達系)
    2) エチレンの制御とクライマクテリックライズの機構（久保康隆）…189
       (クライマクテリック型果実と非クライマクテリック型果実 / エチレン生成の内的制御機構 / エチレンの人工的制御)
    3) 糖の組成・蓄積機構 ………………………………（山木昭平）…201
       (糖の種類と生育過程での変動 / 糖の代謝と液胞への蓄積 / 糖含量・組成の変動と品質 / 今後の問題点)
    4) 有機酸の組成および集積機構………………………（山木昭平）…208
       (有機酸の種類と組成 / 有機酸代謝酵素と蓄積機構 / 有機酸代謝の調節 / 今後の問題点)
    5) 軟　化　機　構………………………………………（立石　亮）…213
       (細胞壁の構造と多糖類 / 軟化に伴う多糖類の変化とそれに関連する酵素 / 細胞壁代謝酵素と軟化との関係 / 今後の問題点)
    6) 着　色　機　構………………………………………（菅谷純子）…225
       (アントシアニン / カロテノイド / クロロフィル / 将来の展望)
    7) タンニンと脱渋機構…………………………………（米森敬三）…238
       (タンニンの分類 / カキの脱渋機構 / 甘渋性を決定する遺伝子)
2. 花の老化および着色 ………………………………（市村一雄）…247
    1) エチレンと切り花の老化……………………………………247
    2) エチレン非感受性切り花の老化……………………………250
    3) 花弁の老化に伴う生化学的変化とプログラム細胞死………251
    4) 薬剤利用による老化制御……………………………………252
    5) 遺伝子組換えによる老化制御………………………………253
    6) 花に含まれる色素と着色の機構……………………………255

7）遺伝子組換えによる花色の改変……………………………………257

第8章　生理障害の機構 ……………………………………………267
1．酸化ストレス………………………………………（山内直樹）…267
　　1）活性酸素の生成と消去システム……………………………267
　　2）酸化ストレスと環境要因……………………………………270
　　3）酸化ストレスのシグナル応答因子としての活性酸素………271
2．低温障害……………………………………………（山内直樹）…272
　　1）低温障害発生様相……………………………………………272
　　2）障害発生に伴う呼吸と内容成分の変化……………………272
　　3）生体膜変化と障害発生機構…………………………………274
3．高温障害……………………………………………（山内直樹）…276
　　1）園芸作物の生育に及ぼす高温の影響………………………277
　　2）高温による細胞内の生理・生化学的変化…………………277
　　3）収穫後の高温を利用した品質制御…………………………279
4．CA貯蔵とガス障害 ………………………………（久保康隆）…281
　　1）ＣＡ貯蔵………………………………………………………281
　　2）低酸素障害……………………………………………………283
　　3）高炭酸ガス障害………………………………………………284

第9章　ポストゲノム時代の園芸学 ………………………………289
1．ポストゲノム研究とこれからの園芸学……………（白武勝裕）…289
　　1）ゲノミクス……………………………………………………291
　　2）トランスクリプトミクス……………………………………291
　　3）プロテオミクス………………………………………………291
　　4）メタボロミクス………………………………………………292
　　5）フェノミクス…………………………………………………293
2．園芸産業への園芸生理学の関わり…………………（山木昭平）…294

参　考　図　書……………………………………………297

日　本　語　索　引…………………………………………301
略　語　索　引………………………………………………312

第1章 園芸生理学とは

　最近の植物生理学は，植物の生命活動を分子レベルから個体レベル，代謝生理研究から発生・分化研究，生化学的アプローチから遺伝学的アプローチに展開し，主にモデル実験植物を中心に植物科学の中で最も大きな学問領域となっている．一方，園芸学や作物学において培われてきた生産に結び付いた実用化技術も，より生産性や品質の優れた作物の供給，栽培や生産方法の多様化と機械化，環境との調和，食の健康と安全志向などが求められるにつれて，これまでの経験的技術だけではそれらの要求に応えられなくなってきた．このため，個々の作物が展開する生命活動の生理学的知見を利用した，あるいはそれに裏付けされた技術が必要となっており，この中で園芸生理学の必要性が論じられる．

　園芸生理学の定義　　園芸生理学は「園芸作物の生産・利用現場で生じるさまざまな問題に対して，モデル実験植物を中心として発展している植物生理学の知識・思考法を用いて生理学的に究明して論理的裏付けを与え，あるいはその結果を新技術にフィードバックして園芸産業に貢献すること，さらには現場の問題から新しい真理を発掘して新しい学問領域の創成や植物生理の発展に貢献することを目的とする学問」である．

　園芸生理学の研究の特徴　　園芸生理学の研究の特徴を簡単に述べると主に次の4点に集約される．

　①最終目標が園芸産業に貢献することであるので，産業への結び付きや応用するための方策を示唆することが重要である……常に現場への応用を視野に入れ，現場にフィードバックするための方策を示す．

　②モデル実験植物を用いるのではなく栽培種，品種をターゲットにする．

　③すでにモデル実験植物で明らかになったことを園芸作物の種や品種に応

用することに価値がある（園芸作物の種および品種ごとの各論が大切である）……同じ研究を材料をかえて行うため生命活動の新規性の探究にはなりにくいが，植物の人間生活への関わりを究明する園芸学的意義には合致し，社会的価値がある．

④現場での問題を究明することによってモデル実験植物の考え方では説明できない新しい生物学的真理の発見が可能である……ポストゲノム時代において，バイオサイエンスの成果を栽培種や有用品種の特性の分子基盤の解明に用いることで，育成や品種の作出など園芸生産に生かすことは，生物多様性の保全，獲得と利用をはかることになり，生物多様性の獲得と利用についての新しい学問領域の創成が期待できる．これらを整理すると図1-1のようになる．

園芸生理学の研究の例　　園芸生理学の研究とはどのようなものか実例をもって考えてみたい．

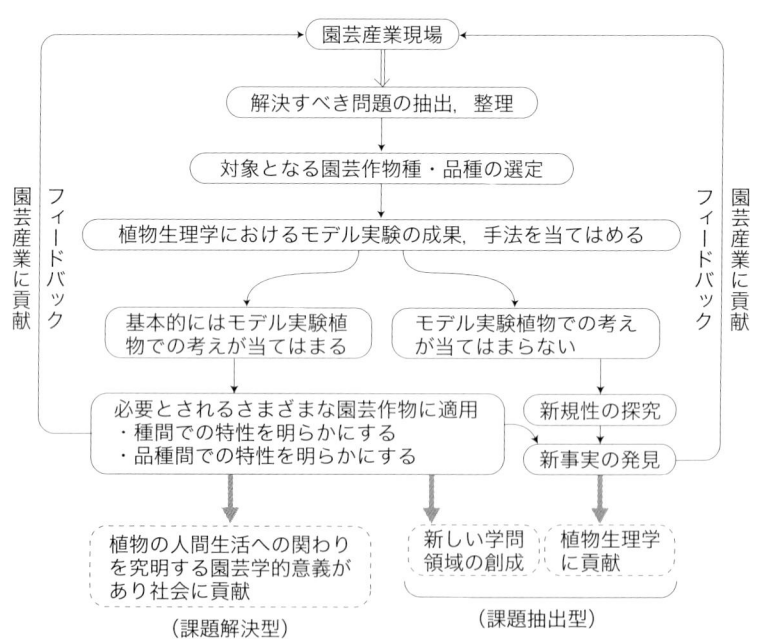

図1-1　園芸生理学の研究の流れ

①エチレンの作用機作の解明とそれに基づく追熟・鮮度保持技術の開発……エチレンの生理作用と生合成経路，そしてそれに関与する個々の酵素の遺伝子レベルでの発現調節について，植物生理学と園芸学分野の研究者が協力して解明してきた．そして，その成果を園芸作物に応用してエチレン作用を内生的にあるいは外生的に制御する手法（追熟技術，鮮度保持技術）を開発し，園芸作物の成熟や老化を自由に調節することを可能にし，園芸産業に貢献した．同時にシグナル伝達などの植物ホルモンの新しい展開に貢献した．これは課題解決型園芸生理学の研究であり，また課題抽出型園芸生理学の研究でもある．

②リンゴやカンキツの幼若期短縮のための花芽形成関連遺伝子の応用……モデル実験植物で明らかになった花芽形成関連遺伝子をカンキツやリンゴに遺伝子導入すると，幼若期が短縮され1年目で開花させることができた．これらの結果を基に園芸作物の花芽形成機構の詳細を究明し，近い将来現場での早期開花・結実に貢献できれば，課題解決型園芸生理学の研究といえる．

③モデル植物では問題とならないスクロース以外の転流糖の代謝機構および遺伝子を明らかにし，それらを品質向上や環境ストレス耐性に利用する……モデル植物では主要な転流はスクロースによると述べられているが，園芸作物ではそれ以外に糖アルコール（マンニトール，ソルビトール），オリゴ糖（ラフィノース，スタキオース）によっても行われていることが明らかとなった．糖アルコールについてはそれらの合成・変換系のkey酵素の遺伝子も明らかとなり，環境ストレス耐性や品質向上への利用研究の道が開かれた．さらに，オリゴ糖においてはローディングにおいて新しい機構を持つことが証明された．これらは課題抽出型園芸生理学の研究といえる．

園芸生理学の社会での必要性と役割　　バイオサイエンスが園芸分野においても展開され，実用化に結び付く期待が高まりつつある現在，新しく求められる人材は「現場をよく理解でき，しかも植物生理学をよく理解した人」である．現在は「現場をよく理解できる研究者」と「植物生理学を研究する研究者」は別のグループであり，前者は現場の問題に起因した研究の展開に，後者は主に生物の新規性の探究に視点を合わせた研究を行っており，その発想法は明らか

に異なる．しかし，園芸分野においてバイオサイエンスを産業に結び付け社会に還元するためには，この両者をコーディネートする人材が必要である．その人材は両グループの思考法と基本的知識や技術を学び，総合的に思考できることが必要である．本著「園芸生理学」はそのような人材養成を目的として編集されている．

第2章 育種のための遺伝子解析

1. ゲノム解析とゲノム育種 −果樹類を中心として−

1) ゲノム解析

　果樹類のゲノム解析のもたらす情報が果樹形質の遺伝解析ばかりではなく，育種や生理研究に幅広く重要な役割を果たすことが認められてきている．ゲノムの解析により，果実で発現する大量の遺伝子が確保され，それら遺伝子相互の位置関係を遺伝子地図に表したり，マイクロアレイによる発現解析に利用したりすることで，果実や樹体の特性に関わる遺伝子を単離したり，DNAマーカーによる品種識別や選抜など，ゲノム情報を利用した育種や生理研究を行うための基盤が整えられつつある．

(1) ゲノムサイズとその特徴

　ゲノム研究では，DNA配列に記載された全遺伝子情報を解析の対象とするため，細胞（基本染色体セット）当たりの塩基数がゲノムサイズとして表現される．DNAを特異的に染色する蛍光色素，ヨウ化プロピジウム（propidium iodide, PI）などを用いて，葉などの組織を緩衝液中で細断し，得られた単離核1つずつの蛍光強度を定量し，染色蛍光強度から得られるDNA量（pg/C）を塩基数に換算することが多い．多くの果樹類では，細胞当たりのDNA量が比較的少なく（表2-1），特にモモなどの二倍性の核果類では280Mbp（半数体細胞当たり）で，シロイヌナズナの2倍強程度である．そのほかカンキツ類では360Mbpと，各種作物の中では小さい方でゲノム解析上は有利な面がある．シロイヌナズナでは，125Mbpのゲノム中に26,000の遺伝子が予測

表 2-1 果樹類の染色体数とゲノムサイズ

樹　種	ゲノムサイズ		染色体数
	DNA 量	推定総塩基数	(2n)
パイナップル *Ananas comosus*	1.09pg/2C	525 Mbp/1C	50
パパイヤ *Carica papaya*	0.77	372	18
スイートオレンジ *Citrus sinensis*	0.78 〜 0.82	367 〜 396	18
マンゴー *Mangifera indica*	0.91	439	40
リンゴ *Malus × domestica*	1.54 〜 1.65	743 〜 796	34
バナナ *Musa sp.*	1.81	873	22
モ　モ *Prunus persica*	0.54 〜 0.55	262 〜 265	16
セイヨウナシ *Pyrus communis*	1.03 〜 1.11	496 〜 536	34
ブドウ *Vitis vinifera*	1.00	483	38
トマト *Lycopersicon esculentum*	1.88 〜 2.07	907 〜 1,000	24
メロン *Cucumis melo*	0.94	454	24

Arumuganathan, K. and Earle, E.D.（1991）のデータを参照.

され,遺伝子密度は平均4.8kbに1つと計算されている.果樹類では,一部のゲノム配列の解析結果からのデータに過ぎないが,モモでは1遺伝子当たり 5.4kb（Georgi ら,2002）,バナナでは 8.7kb（Aert ら,2004）,カンキツCTV 抵抗性領域の読取り枠（open reading frame, ORF）は 12.8kb に 1 つ（Yangら,2003）と見積もられている.

(2) 発現遺伝子タグ（EST）カタログの整備

mRNA に由来する cDNA ライブラリーのクローン 1 つずつについて解析した塩基配列（部分的配列であることが多いが,完全長配列のこともある）は発現遺伝子タグ（expressed sequence tag, EST）といわれ,ゲノム中に散在す

る遺伝子を効率的に探り当てる方法として，重要な解析法である（Adams ら，1992；Uchimiya ら，1992）．得られた cDNA の塩基配列は，公開データベースに登録された別の生物で得られている既知の遺伝子の配列との類似性を解析して，推定される遺伝子機能に注釈（アノテーション）を付けたカタログとする．EST カタログからは，果実の生理解析や分子生物学研究などに直接利用できる遺伝子候補が大量に供給される．また，EST を網羅的に収集すると，組織別，時期ごとの遺伝子発現のレパートリーを把握したり，多様な目的に利用できる可能性があるため，果実類においても急速に大量の解析が進められている．リンゴ，ブドウ，カンキツ，トマトなどですでに 10 万配列以上が解析され，核果類，バナナ，アボカド，キウイフルーツ，クルミ，イチョウ，ブルーベリーなどでも公開が進んでいる．大量解析を利用して，ブドウ（da Silva ら，2005），カンキツ，バナナ，トマトなどでは，cDNA マイクロアレイなどが作成され，果実の発育に伴う遺伝子の網羅的発現解析が開始された．

(3) ゲノムライブラリーの作成

遺伝子の位置関係は，DNA マーカーを中心とした遺伝子座間の組換え価の計算に基づいた連鎖地図によって示される．これに加えて，ゲノム解析では，遺伝子相互間の塩基数を基準とした関係で示す物理地図を利用することが多くなっている．物理地図の作成には，100kb 以上の長大なゲノム DNA 断片をクローニングすることが重要である．大腸菌でクローニングするバクテリア人工染色体（BAC；Shizuya ら，1992）などを利用して，果樹類のゲノム DNA のライブラリーが作成されている．遺伝子地図にマップされた特定の遺伝子領域の解析を行うために，ゲノムサイズの数倍以上をカバーするように作成され，遺伝子のプロモータ配列やイントロン構造の解析，遺伝子相互の配列位置の比較などが容易になってきている．

また，連鎖地図と物理地図の比較および統合に当たって，EST 配列も有効に利用される．モモでは，EST 配列から重複した配列を除いたユニジーンセットを選抜し，遺伝子機能の注釈付きの連鎖地図を作成するとともに，これらの遺

伝子をランドマークにしてBACクローンを選抜し，配列化に用いている．ブドウ，カンキツでも同様な解析が進んでいる．

2）DNAマーカーの開発と利用

　果樹類においても，ゲノムDNA配列中には，塩基置換型突然変異，複製スリップ，相同組換え，トランスポゾンの行動などによりさまざまな変異を蓄積し，品種および系統の間に塩基レベルでの多型（polymorphism）として認められる．塩基置換型の変異である一塩基多型（single nucleotide polymorphisms, SNPS）は，ブドウでは34bp（Owens，2003）に1カ所程度の割合で検出されている．その一部は，遺伝子の機能や発現上の変異を生じ，形質遺伝子の変異として検出されるが，多くは形質には関わらない．しかしながら，塩基配列の変異も形質遺伝子やアイソザイムなどと同様に遺伝するため，メンデル式に遺伝する座位（locus）として扱い，形質遺伝子座との連鎖分析も行うことができる．この場合，塩基配列の相違は，形質遺伝子座における対立遺伝子（allele）に対応する．ゲノム中に大量に存在する塩基配列の差を容易に観察するため，各種のDNAマーカーが開発されている．

（1）DNAマーカー

　ゲノム中の塩基レベルでの変異を検出するため，DNAを制限酵素で切断し，電気泳動で分離後メンブレンに転移させ，特定の遺伝子などのDNA配列を標識化したプローブで検出される切断パターンの差をみる制限酵素断片長多型（restriction fragment length polymorphism, RFLP）が最も伝統的な方法である．しかし，数多くの操作に熟練や多量のDNAを必要とすることから，PCR（polymerase chain reaction）を利用した比較的簡易な多型検出技術が開発されている．PCRによる方法では，特定の領域を対象として多型を検出するため事前にその領域の配列情報あるいはクローンを必要とするものと，幅広く多数の変異をランダム検索するため特に配列情報を必要としないものがあり，目的に応じた使い分けが必要である．また，検出される差異の遺伝的特性から，ヘテロ

接合型をホモ接合型から識別できる共優性マーカーと，ヘテロ接合型が優性ホモ接合型と区別できない優性マーカーとがあり，この違いは，遺伝子マッピングやゲノムの解析に大きく関わってくる．

a．RAPD

ゲノム DNA をテンプレート（鋳型）に，ランダムな 10 〜 20 塩基程度の合成 DNA をプライマーとして，比較的低いアニール温度による PCR 増幅を行ったとき，ゲノム DNA の塩基配列に差異があると，増幅される DNA 断片の長さや数が異なることがある．無作為増幅多型 DNA（random amplified polymorphic DNA，RAPD）（Williams ら，1990）は，その差異をアガロースのゲル電気泳動などの方法で分離し，基本的に断片の有無を検出する．そのため，検出される断片は優性マーカーとなることが多い．既知の塩基配列情報がなくても行えることや，クローニングのしやすさからよく利用されるが，安定性を欠くことがある．プライマー部位の変異以外にも，PCR 増幅ができないような長い挿入配列があると，目的断片が欠失型の変異として把握される．多型を示す断片をクローニングして配列を知り，その多型領域を特異的に増幅するプライマーを作成しなおす方法は，SCAR（sequence characterized amplyfied region）と呼ばれる（図 2-1）．

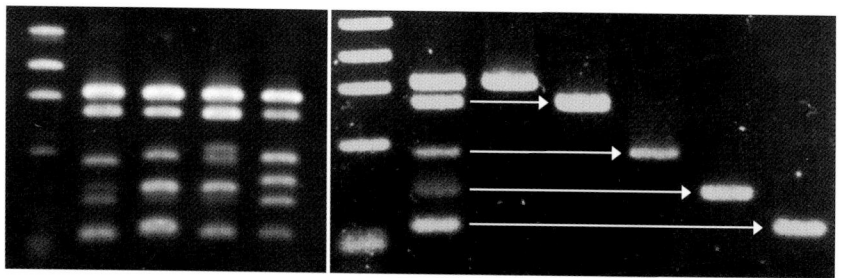

図 2-1 RAPD 法によるカンキツ 4 品種の多型パターン例（左）と断片の塩基配列から再設計したプライマーによる特異的な増幅（SCAR）（右）

b．AFLP

増幅断片長多型（amplified fragment length polymorphism, AFLP）（Vos ら，1995）は特定の配列情報がない場合に利用できるマーカーで，通常は2種類の制限酵素で切断し，切断された断片にあらかじめ合成した二本鎖 DNA のアダプター配列を結合する．両端に付いたアダプターに結合する2種のプライマーを用いて PCR 増幅を行い，増幅断片の違いを検出する．この場合，多数の増幅断片が出現するため，プライマーの3'末端にランダムに選んだ1～3塩基を付加することで，増幅される断片を制限する．さらに，ゲノムのサイズにより制限酵素の組合せをかえることで，出現する断片数が適切になるように調整する．1回の処理と解析で，多数の多型が検出できる特徴があるが，断片を1～数塩基程度の高精度で分離し，検出するための装置を必要とする．

c．CAPS

増幅断片制限酵素消化多型（cleaved amplified polymorphic sequence, CAPS）は，シロイヌナズナの RFLP をより簡易に行うことを目的に開発した方法（Konieczny and Ausubel, 1993）で，遺伝子領域など特定の DNA 配列を PCR で増幅後制限酵素切断を行って多型を検出するため，PCR-RFLP 法とも呼ばれる．この方法では，既知のゲノム領域を増幅の対象とするので，プライマー設計には EST 配列やゲノム配列の公開データなどを利用する．増幅領域を絞っているので，出現断片数は少なく，1回で得られる多型は1ないし多くても数個である（図2-2）．制限酵素サイトの変異は，処理後の断片長の差として共優性マーカーとなるが，短い挿入／欠失配列が増幅領域内にあれば，制限酵素処理しなくても，断片長多型として検出されることがある．

d．SSR

ゲノム中には，単純反復配列（simple sequence repeats, SSR）またはマイクロサテライトと呼ばれる2～6塩基を単位とした縦列反復配列が多数散在している．SSR は DNA の複製時のスリップなどにより，反復回数の変異を生じることが多い．そのため，SSR を挟み込むように隣接配列をプライマーとして DNA 断片を増幅すると，電気泳動により断片長の変異として検出される．

第2章 育種のための遺伝子解析

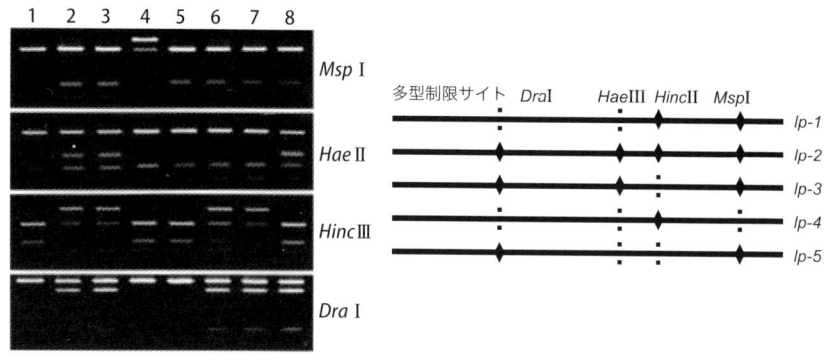

図2-2 CAPS法によるカンキツ8品種の多型解析
1：キシュウミカン(*lp-1/1*)，2：ポンカン(*lp-1/3*)，3：クレメンティン(*lp-1/3*)，4：地中海マンダリン(*lp-1/4*)，5：宮川早生(ウンシュウ)(*lp-1/1*)，6：清見(*lp-1/5*)，7：トロビタオレンジ(*lp-1/5*)，8：ハッサク(*lp-1/2*)．図中の◆は多型制限サイトあり，┋は，その欠失を示す．
左：カンキツESTの1つLP1014-78の配列をもとに作成したプライマー対でPCR増幅後，4種の制限酵素で切断したあとのアガロース電気泳動パターン．
右：切断パターンから推定したカンキツゲノムDNAの遺伝子型．4つの制限酵素サイトの変異の組合せにより，*lp-1*～*lp-5*のハプロタイプが想定され，カンキツ各品種(二倍体)の切断パターンは，このうちの1つ(ホモ接合型)あるいは2つ(ヘテロ接合型)を組み合わせることで形成される．

ただし，変異は数 bp の小さな差であるため，高分解能の泳動（シーケンス用ゲルやキャピラリーなど）により，多型を検出する．対象を決定するためには，公開された DNA 配列中の反復配列を検出したり，反復配列をプローブとしてゲノムライブラリーから選抜し，塩基配列を決定して利用する必要がある．SSR では反復回数の多型の数が2種類だけでなく，多種の複対立遺伝子による共優性マーカーとなることが多い．マーカー当たり対立遺伝子数が多くなるので，品種判別などには有効である．モモゲノムライブラリーの解析では，4.4kbpに1ヵ所の割合で SSR（Georgi ら，2002）が散在し，2.17ヵ所に1つの割合で多型を示した（Aranzana ら，2001）．また，反復配列は発現遺伝子配列（EST）にもみつけられ，キウイフルーツでは EST65,461 配列中，20 塩基長以上に渡る SSR が 3.08％検出され，その 150 のうち多型のないものは8点だけであった（Fraser ら，2004）．

e．SNPSマーカー

ゲノム DNA のある領域の塩基配列を直接比較することで，一塩基多型を効率よく検出する手法が多数開発されている．SNPS の多くは 2 つの対立遺伝子型だけを検出するが，ゲノム中には，制限酵素切断では検出できない SNP が非常に多く，これらを効率よく検出することが重要となっている．特に，今後のゲノム育種では数千に及ぶマーカーを必要とするため，SNP の効率的な検出が必要となる．SNPS を検出して遺伝子型を決定するためには，塩基配列を直接解析する方法のほかに，塩基置換を検出するプローブを用いる Taqman 法など多くの方法がある．

(2) DNA マーカーによる品種判別と育成系譜の解析

品種保護の観点から品種を識別する技術として，ゲノム中に潜在する塩基配列上の変異を利用することが期待されている．果樹品種の特性に関連付けができるゲノムや遺伝子の情報は限られており，品種判別に利用可能な DNA マーカーであっても，特性関連遺伝子の変異を直接示すものではない．しかしながら，DNA マーカーを品種判定に利用すると，栽培条件や環境による影響を受けにくいことや，果実や加工品など種苗以外の組織および器官を利用しても解析できることなど，いくつかの利点があげられている．

SNPS や CAPS では，マーカー遺伝子座当たりの対立遺伝子数が 2 程度，遺伝子型としては 3 型となり，100 品種を相互にすべて区別するためには少なくとも 5 つのマーカーを組み合わせて判断することが必要となる．一方，SSR は，ゲノム中に高頻度で散在するばかりでなく，マーカー遺伝子座当たりの対立遺伝子数が多い．例えば，ブドウ 26 品種を比較した場合，1 つの SSR に対して 4 ～ 13 (Thomas and Scott, 1993)，リンゴ 21 品種では平均 4.5 (Guilford ら，1997) と報告されている．このようなものでは，少ないマーカー数での判別が可能になる．また，特に頻度の低い対立遺伝子を持つ系統の判定は容易となる．これらの多型マーカーを用いて，品種判別する標準セットの作製が進められている．

DNAマーカーは，その遺伝様式が確認されれば，品種系譜の解析に適用することができる．ブドウでは，17世紀からワイン用品種として知られる'Cabernet Sauvignon'は，SSR解析により'Cabernet franc'と'Sauvignon blanc'を両親とする雑種であると報告された（Bowers and Meredeth, 1997）．わが国においても，ニホンナシの'豊水'が'幸水'×'平塚1号（イ-33）'の交雑（Sawamuraら，2004）であることが確認されたり，リンゴ品種'つがる'が'ゴールデン・デリシャス'と'紅玉'の組合せ（Haradaら，1993）に由来することが示された．

3）果実形質遺伝子のマッピング

(1) バルク解析による連鎖マーカーの作成

果実形質に密接に連鎖したDNAマーカーを得ることは，育種における早期選抜に利用するばかりでなく，連鎖関係を利用した遺伝子単離に重要な方法となっている．少数遺伝子によって支配される形質との連鎖マーカーを効率的に得る方法として，バルク解析法がある（Michelmoreら，1991）．これは，図2-3に示したように交雑実生あるいは品種を形質の特性により2群に分け，それぞれの群に属する5～10個体のDNAを混合してRAPDなどの解析を行い，群分けした実生群の特性型と並行関係を示すPCR断片などのDNAマーカーを探し出す．次に，そのマーカーについて，個体別のDNAに適用して，マーカー型と特性型との関連性を確認する．これによりゲノム全体に散在するDNA多型から，10～20cM以内の遺伝的距離にある多型を効率的にみつけることができる．RAPD法によるマーカーでは，目的とするPCR断片の塩基配列を解析し，より特異的で安定性の高いSCARマーカーとすることも多い．このような解析を利用して，カキの完全甘性，カンキツ雄性不稔性，パパイヤの性，ビワの果肉色に関する遺伝子などに連鎖するマーカーが開発された．

(2) 連鎖地図作成と量的形質遺伝子座（QTL）解析

DNAマーカーは，一般には単純なメンデル式の遺伝子様式をとる．そのため，

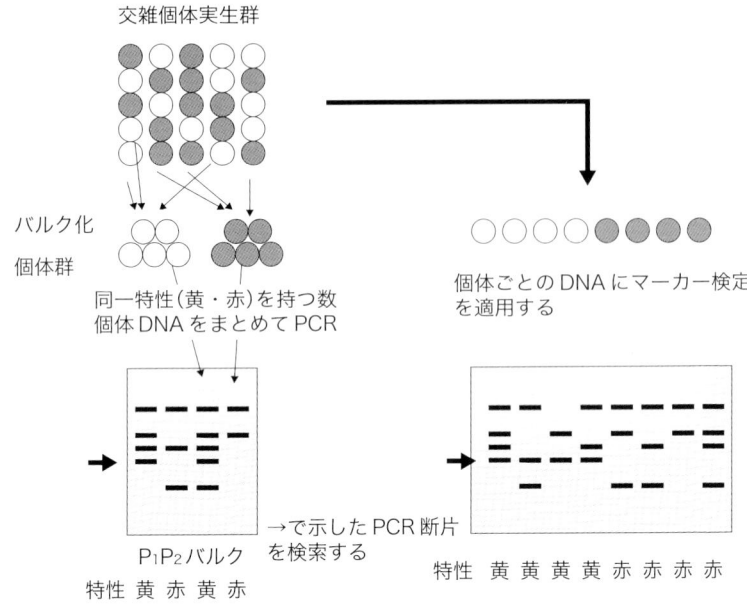

図2-3 バルク法による連鎖マーカーの検出例
果皮色が黄色(○)と赤色(●)が分離する集団を利用した解析例．泳動図での→のバンドが連鎖マーカーの候補となる．

 多数のDNAマーカーを交雑集団の各個体に適用して遺伝子型を決め，マーカーごとの遺伝子型を比較することで連鎖関係が明らかとなる．図2-4には，カンキツの交雑個体におけるCAPSマーカーの分離と，組換え型の出現についての事例を示した．マーカー相互間での組換え型の出現頻度から遺伝距離が計算され，多数のマーカーの連鎖関係を繋ぐことにより連鎖地図が作成される．図2-4の連鎖領域では，ヘテロ接合型（ab）×ホモ接合型（aa）の単純な分離様式を示している．そのため，これらのマーカー座間の遺伝距離は比較的簡易に計算できるが，果樹類の場合，マーカーごとに異なる分離型を示す（1：1型，3：1型，1：1：1：1型など）．果樹類の品種を交雑集団の親として利用する場合，同一染色体上にあっても，座位により遺伝子型が異なるため，両親品種の伝達の仕方により，対立遺伝子の数は1から最大4となる．また，ヘテロ

第2章 育種のための遺伝子解析

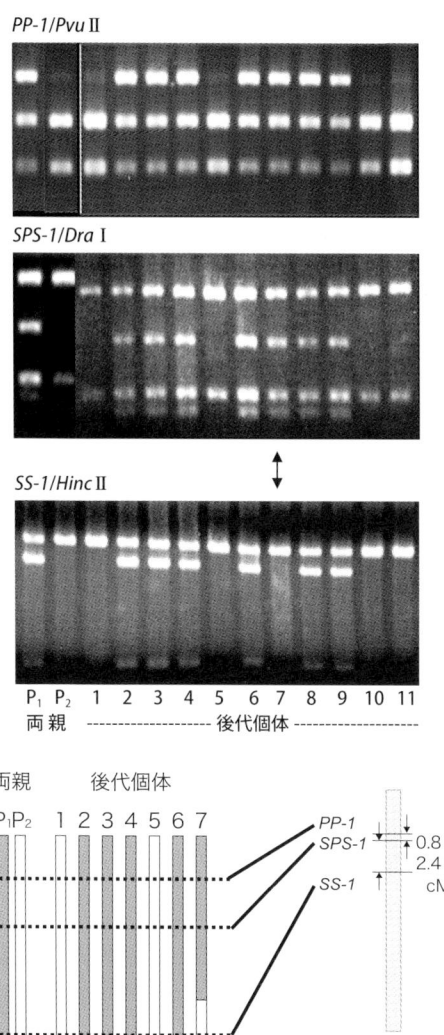

図2-4 カンキツ交雑集団個体における第1連鎖群のCAPSマーカーの分離とマーカー間における組換え型の事例(写真,矢印)

最下図は,マーカー型について両親および後代個体の遺伝的特性をグラフィカルに示したもので,白色は親P₂と同一のホモ接合型,灰色は親P₁と同じヘテロ接合型の状態を示し,後代個体番号7は,SPS-1とSS-1遺伝子座の間で組換え型となっている.最下の連鎖地図は125後代個体のマーカー間の組換え価から作成したもので,右端の数字はマーカー間の遺伝的距離(cM)を示す.

接合型の部分とホモ接合型の部分が混在することが多く，マーカーの分離型の間に連鎖関係がないようにみえる場合もある（図2-5）．このような複雑な分離型を示す場合には，シュードテストクロス（pseudo-testcross）（Grattapaglia and Sederof, 1994）などの方法で，各親に対して作成された遺伝子地図を共通マーカーにより連結する．そのようなマーカー遺伝子型間の遺伝的距離の推定計算について，遺伝統計学的な根拠については専門書に譲るが，このような連鎖地図作成のための計算は，JOINMap（Stam and Van Ooijen, 1995）のように市販されているソフトウエアのほかに Mapmaker などのように公開されているものがあるので，これらを利用して行う．

いったん，DNAマーカーによる連鎖地図が作成され，連鎖群の数が染色体数に対応する連鎖地図に収れんすると，果実形質に関与する形質遺伝子座についても同様に遺伝解析して，連鎖地図上の位置を決定できる．リンゴ，セイヨウナシ，ニホンナシ，モモ，オウトウ，カンキツ，ブドウ，パパイヤ，バナナ，アボカド，トマト，メロンなど多数の作物でDNAマーカーを利用した遺伝子地図が作成されている．優劣の明確な単一遺伝子に支配される質的な形質，例えば，リンゴの果皮の色（赤／黄），後期落果性，斑点落葉病抵抗性，自家不和合性，ナシの黒斑病抵抗性，モモの線虫抵抗性，果肉の溶性，核の粘離，常緑性，カンキツの多胚性，無核性などがマッピングされ，多くはDNAマーカーの間に位置付けられている．

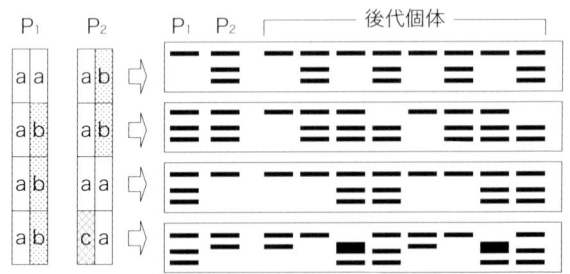

図2-5 果樹類における交雑種個体における分離様式の例
両親の遺伝子型により，同一連鎖群であっても異なるパターンを示すことがある．

第2章 育種のための遺伝子解析

質的形質が単一ないし少数の遺伝子に制御されるのに対して,糖度,果肉の硬度,果実の大きさなどの多くの果実形質は量的な形質と呼ばれ,効果の小さな複数の遺伝子群によって支配されていると考えられている.そのため,量的形質を制御する遺伝子座(quantitative trait loci, QTL)のマッピングは,染色体(連鎖群)の各位置における遺伝子型の量的形質に対する影響力を統計学的な方法で評価する.通常は,市販あるいは公開されているソフトウエアを用いて,マーカー間で最も高い効果を持つ領域を推定してQTL座を求めるイン

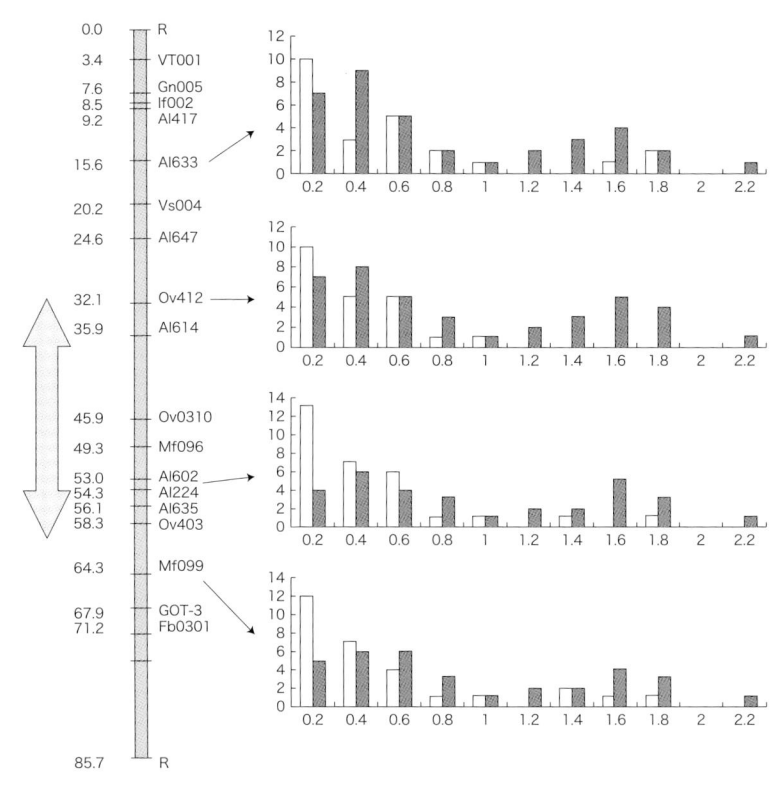

図2-6 カンキツの含核数のQTL解析とマーカーによる分離型の表示例
清見(ヘテロ接合型)×宮川早生(ホモ接合型)の後代個体を第6連鎖群上の各マーカー遺伝子型により区分してヒストグラム表示した.白棒(ホモ接合型),黒棒(ヘテロ接合型)個体の頻度.連鎖地図左の太矢印部分が,LOD > 3.0 でのQTL領域を示す.

ターバルマッピングなどの計算が可能である．連鎖地図上の QTL 領域は，マーカー遺伝子型により後代個体を群分けしたヒストグラムを作成すると容易にその効果が確認できる（図 2-6）．カンキツでは，含核数，カロテノイド含有量などの解析が行われ，モモでは成熟時期，糖度，酸（pH），オウトウでは成熟時期，果実重，可溶性固形物，また，リンゴでは肉質の特性の QTL 解析が行われた．

(3) ポジショナルクローニングによる遺伝子単離

連鎖地図において目的遺伝子を挟み込むような位置関係のマーカーが得られれば，両マーカーの示す DNA 配列の間に目的遺伝子の配列があると予想される．最近のゲノム研究では，BAC クローンなど長大なゲノム DNA ライブラリーの整備が進んでいるので，高密度なマーカーとの連鎖関係を利用して遺伝子単離が行われるようになっている．

そのため，連鎖分析により得られた遺伝的距離と塩基配列の長さで示される物理的距離との関係が重要となるが，1cM の遺伝的距離に相当するゲノム DNA の塩基数は，種によっても異なる．カンキツの連鎖地図長 1,700cM とゲノム当たり塩基数 385Mb から全体の距離比を換算すると，226kb/cM となる．しかし，CTV 領域では，計算するマーカー間ごとに大きな差異が認められており，180〜600kb/cM あるいは 470kb/cM とされている．また，リンゴの黒星病抵抗性遺伝子 *Vf* 領域では，460kb/cM と見積もられた．しかしながら，1cM の遺伝的距離内にある遺伝子の数は限られるため，遺伝子候補配列の特定が容易となる．隣接するゲノム配列を持った BAC クローンを連結し，近隣マーカーを渡るようなコンティグ（連続クローン）を作成することで，トマトの果実重に関与する遺伝子や，リンゴの黒星病抵抗性 *Vf* 遺伝子の同定単離が行われた．また，カラタチの CTV 抵抗性遺伝子やパパイヤの性決定遺伝子の単離解析も進められている．

(4) シンテニーを利用した解析

各種植物のゲノム解析が進むにつれて，作物種ゲノム構造の相互関係を解析する比較ゲノム研究が進んできている．果樹では，欧米のモモゲノムマッピンググループが遺伝子マーカーを利用し，モモとシロイヌナズナの遺伝子配列のシンテニー（相似性）を調査した（Georgiら，2003）が，染色体ごと，あるいは染色体の一部というマクロなレベルでのシンテニーは検出されていない．一方，バラ科植物相互の間では，ゲノムサイズの小さいモモ（290Mb）などモデル化されやすいものもあり，シンテニーを利用した遺伝子解析や選抜マーカー作成が期待される．リンゴ，ナシ，モモ，オウトウ，スモモなどに対して共通に利用できるSSRマーカーが整備され（Yamamotoら，2001；Aranzanaら，2003），遺伝子地図の構造は樹種を超えて高いシンテニーを持つことが示された（Dirlewangerら，2004）．共通のDNAマーカーと形質との樹種を超えた連鎖関係から，果実重に関与するQTLが不和合性遺伝子座に密接連鎖することなどが知られてきており，また，遺伝子地図上の同一領域に座乗された果実特性や耐病虫性に関わる遺伝子相互の関連性が解明されようとしている．

4）果樹ゲノム育種の将来

ゲノム育種という言葉はまだ新しく，その内容は明確に定義されたものではないが，広くはゲノム解析によって引き出される情報を効率的に利用した育種ということができる．果樹類の育種におけるゲノム情報の利用として，早期選抜など育種の効率化，品種遺伝資源の特性と遺伝子型との関連解析，デザイン育種への利用などが近い将来の課題として期待される．

(1) DNAマーカーによる選抜

交雑実生が開花および結実に至る前の幼若段階で，果実の形質を予測し，優良系統を選抜する早期選抜法は，古くから果樹の育種家に期待されている方法

である．従来は，有効な連鎖を示すマーカーが得にくかったことから事例は限られていたが，DNA マーカーの開発により現実的な方法となった．果樹類の交雑育種実生は，圃場に定植してから開花および結実を開始するまでに数年を要し，この間の圃場面積，管理労力，資材などが育種規模を限定する．育種目標が明確な耐病性，結実性などについて，交雑実生を圃場に定植する前に密接に連鎖する DNA マーカーで選抜すると，育種目標に沿った個体だけを圃場に定植でき，より詳細な特性調査を行うことができる．特性評価までに年数のかかる果実形質に関しても，カンキツの無核性を初めとした多くの連鎖マーカーが開発されており，今後，多様な果樹で適応される事例もできることが期待される．

また，種属間の交雑では，果実の小ささや低品質など，好ましくない形質が遠縁種から持ち込まれるため，栽培品種を数世代戻し交雑して除く必要がある．*Malus floribunda* を利用したリンゴの黒星病抵抗性育種では，栽培品種を連続戻し交雑して栽培価値の高い品種へと改良を進めている．10cM 程度の一定間隔ごとに連鎖群をカバーする DNA マーカーが準備されていれば，このような野生種利用の育種での戻し交雑世代で，個体ごとの遺伝子型を決定でき，連鎖群のどの領域が栽培型に置換し，どこに野生型の遺伝子が残っているのかを知ることができる．特に，野生種から導入したい遺伝子の近辺では，連鎖により，栽培品種の遺伝子型に置換した個体は限られるので，適切な組換え型を探し，次世代の交配親として利用するのに有効である．カラタチの持つカンキツトリステザウイルス抵抗性を取り込んだカンキツの育成や，近縁種から多様な特性を組み込んだトマトの育成に利用されている．

(2) デザイン育種

イネやトマトなどでは，連続戻し交雑により野生種の染色体の一部分だけを栽培系統に取り込み，それ以外の領域が栽培品種型に置換した系統群が作成されている．染色体置換の状態は，DNA マーカーで検定することができる．このような系統は染色体断片置換系統と呼ばれ，それぞれに異なる染色体断片領

第2章　育種のための遺伝子解析

域を取り込んだ系統群を準備し，導入部位の遺伝子がもたらす特性を調査することで，これらの系統間の交配により優れた特性を持つ遺伝子を集積することができる．このため，デザイン育種（breeding by design）に有効に利用できると期待されている．果樹類では，このような遺伝的な固定を要する操作は困難で，厳密な意味での染色体断片置換系統の利用は通常は現実的でない．しかし，長期的な観点から，耐病性，貯蔵性，機能性成分産出など有用な特性に関連する遺伝子領域を近縁野生種から栽培品種に取り込んでおくことで，育種の幅と可能性を広げることができる．

　交雑親に用いる品種および系統についてゲノム全体に渡って遺伝子型を解析しておくと，品種の遺伝子型配列は，連鎖群ごとにグラフ化した遺伝子地図として視覚的に表示できる．このようなグラフ遺伝子地図により，後代に生じる分離型を染色体の領域（連鎖ブロック）ごとに予測できる．連鎖ブロック内にマップされた果実形質などに関与する遺伝子の分離を，マーカー遺伝子型から推定される．図2-7にカンキツでの例を示したように，連鎖地図上に糖度，酸

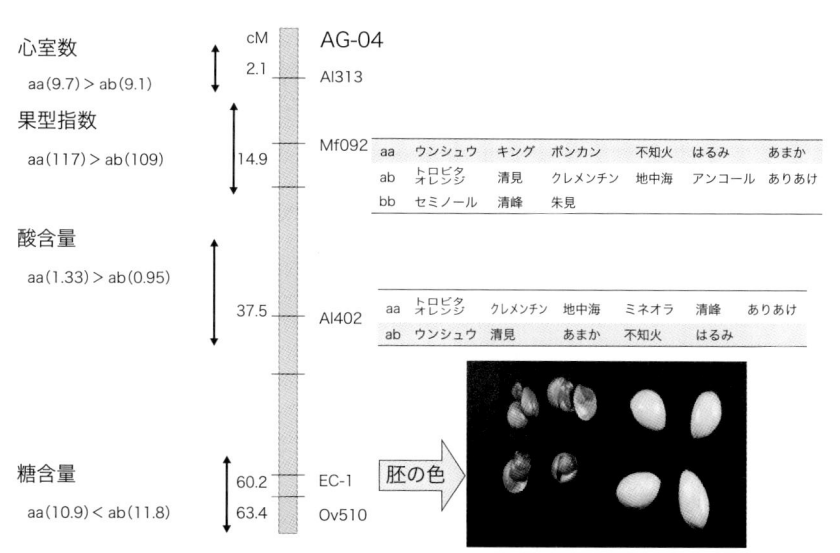

図2-7　カンキツの連鎖地図（第4群）上に統合された遺伝子座，QTLおよび品種遺伝子型の情報例

含量などに関与する QTL と各品種・系統の DNA マーカー遺伝子型が統一的にデータベースに記載されると，目的とする複合特性を備えた個体を得る育種的予測や親系統の選択に関する情報が与えられることになる．このような広義のデザイン育種のための情報を整備するためには，多くの遺伝資源を含めた育種素材系統について特性解析と詳細な遺伝子型決定を行い，形質遺伝子座とマーカー遺伝子座間の連鎖不平衡を検出する関連分析（association analysis）が重要になっている．

引 用 文 献
1. ゲノム解析とゲノム育種
Adams, M.D. et al. Science 252:1651-1656, 1992.

Aranzana, M.J. et al. Plant Breeding. 121:87-92, 2002.

Aranzana, M.J. et al. TAG. 106:819-825, 2003.

Arumuganathan, K. and Earle, E.D. Plant Mol. Rep. 9:208-218, 1991.

Bowers, J.E. and Meredith, C.P. Nature Genet. 16:84-87, 1997.

da Silva, F.G. et al. Plant Physiol. 139:574-597, 2005.

Dirlewanger, E. et al. Proc. Natl. Acad. Sci. USA 101:9891-9896, 2004.

Fraser, L.G. et al. TAG. 108:1010-1016, 2004.

Georgi, L.L. et al. Genome 46:268-276, 2003.

Georgi, L.L. et al. TAG. 105:1151-1158, 2002.

Grattapaglia, D. and Sederof, R.f. Genetics. 137:1121-1137, 1994.

Guilford, P. et al. TAG. 94:249-254, 1997.

Harada, T. et al. In Teqniques on Gene Diagnosis and Breeding in Fruit Trees（eds. by Hayashi, T. et al.）p. 81-87, 1993.

Konieczny, A. and Ausubel, F.M. Plant J. 4:403-410, 1993.

Michelmore, R.W. et al. Proc. Natl. Acad. Sci. USA. 88:9828-9832, 1991.

Owens, C. L. Acta Hort. 603:139-140, 2003.

Sawamura, Y. et al. J.Japan.Soc.Hort.Sci. 73:511-518, 2004.

Shizuya, H. et al. Proc. Natl. Acad. Sci. USA, 89:8794-8797, 1992.

Stam, P. and Van Ooijen, J.W. JoinMap（TM）version 2.0:Software3 for the calculation of genetic linkage maps. CPRO-DLO, Wageningen, 1995.

Thomas, M.R. and Scott, N.S. TAG. 86:985-990, 1993.
Uchimiya, H. et al. Plant J. 2:1005-1009, 1992.
Vos, P. et al. Nucleic Acid Res. 23:4407-4414, 1995.
Williams, J.K.G. et al. Nucleic Acid Res. 18:7213-7218, 1990.
Yamamoto, T. et al. TAG. 102:865-870, 2001.

第3章 栽培の生理

1. 接ぎ木の生理機構

1）果樹分野における接ぎ木の重要性

　果樹の繁殖方法には種子繁殖と栄養繁殖とがあるが，育種のための交雑実生（cross seedling）の獲得と台木（rootstock）の養成に種子繁殖を利用する以外には，もっぱら栄養繁殖の1つである接ぎ木（grafting）により繁殖を行う．これは，果樹は雑種性が強く，種子繁殖で育成した実生では親の形質が分離してしまうが，接ぎ木などの栄養繁殖であれば遺伝的に親と同一な個体を育成できるためである．ただし，多胚性のカンキツでは，種子繁殖によっても遺伝的に親と同じ形質を持つ珠心胚由来の実生が得られる．接ぎ木の目的には，有望な品種および系統の大量かつ均一な増殖以外に，わい性台木に穂木（scion）を接ぐことによるわい化などの樹形制御，高接ぎなどによる結果年齢の早期化，線虫抵抗性や耐水性などの台木に穂木を接ぐことによる生物的・非生物的ストレス耐性の付与がある．

2）接ぎ木親和性と不親和性

　接ぎ木に用いる台木と穂木の間には相性があり，台木に穂木を接いだときに，その苗木（nursery stock）が永年作物として長きにわたり樹体生育と果実生産を維持することが可能な場合，接ぎ木親和性（graft compatibility）が高いとされる．この接ぎ木が成立している状態を「活着」と称している．逆に穂木と台木が植物分類学上近縁な関係にもかかわらず活着しないか，活着してもその後に何らかの障害が生じて，樹体生育や果実生産が行えなくなる場合には，接ぎ

木親和性が低い，あるいは接ぎ木不親和性（graft incompatibility）であるとされる．しかし，障害が現れるまでの年数や，障害発生原因が多様なこともあり，接ぎ木不親和性を明確に定義することは難しい．接ぎ木不親和性の組合せで作られた苗木では，樹勢がいくらか弱まって樹高が低くなったり，早期に結実したりすることがある．

接ぎ木の際に穂木と同種の台木を用いる場合，その台木を共台（own rootstock または free stock）といい，この組合せでは接ぎ木親和性は高いため，穂木と台木の活着やその後の生育も良好となることが多い．カキやモモの接ぎ木には，台木としてもっぱらこの共台が利用されている．また，ニホンナシ（*Pyrus pyrifolia*）ではマンシュウマメナシ（*P. betulaefolia*）やホクシヤマナシ（*P. ussuriensis*）を台木として利用するように，リンゴ，ナシ，ブドウなどでは異種の台木に接ぐことがある．さらに，カンキツでは温州ミカン（*Citrus* 属）の台木にカラタチ（*Poncirus* 属）を，セイヨウナシ（*Pyrus* 属）ではマルメロ（*Cydonia* 属）を用いる場合があり，これらは異属の組合せとなる．異種や異属間の接ぎ木は，生理障害の改善，病虫害抵抗性付与，樹形改変など，新たな形質を穂木に付与する場合に多く利用される．

3）接ぎ木による物質の伝達

植物における物質の輸送には短距離輸送（short-distance transport）と長距離輸送（long-distance transport）とがある．短距離輸送は溶質の濃度勾配，すなわち拡散によって駆動される輸送であり，水溶性の代謝産物に関しては，効果的に輸送が起こる距離はおおよそ 1mm 以下で，平衡に達するまでの時間は約 30 分と推定されている．一方，接ぎ木による台木と穂木の間の物質の輸送において中心的な役割を果たすのは，維管束系を介した長距離輸送である．この長距離輸送は維管束内を流れる大きな水流によるもので，植物器官間の機能的な相互作用の基礎となる．接ぎ木親和性のある台木と穂木の組合せでは，接ぎ木後に維管束系の連絡が行われ，台木から穂木へ，または穂木から台木へ水分や生体内物質が移動することから，水，アミノ酸，糖類，無機化合物など

第3章　栽培の生理

の物質の移動を介して穂木と台木とは相互にさまざまな影響を及ぼし合っていると考えられる．さらに，師管液には低濃度のタンパク質（師管液タンパク質）が数多く存在している．近年の研究からタンパク質だけでなく RNA（mRNA，small RNA，microRNA）が細胞間を長距離輸送され輸送先で機能していること，すなわち維管束系の師部を介して台木から穂木に輸送されて発現していることが示されている．

（1）長距離輸送の事例

転写後型ジーンサイレンシング（post-translational gene silencing, PTGS）は，内在している遺伝子と導入遺伝子との間で，あるいは導入遺伝子間で塩基配列の相同性が高い場合に，転写後に mRNA が分解されて発現が抑制される現象である．Palauqui ら（1997）は，硝酸還元酵素遺伝子を用いた研究から PTGS が植物体全体に移行することを示している．硝酸還元酵素遺伝子が PTGS を起こすと葉にクロロシスが生じるので，サイレンシングの状態を目で確認することができる．そこで，硝酸還元酵素遺伝子の PTGS を起こしている形質転換タバコ（＋PTGS Nia T）を台木として，PTGS を起こしていない硝酸還元酵素遺伝子を導入した形質転換タバコ（－PTGS Nia T）を接ぎ木すると，穂木においてもサイレンシングによるクロロシスが観察される（図3-1a）．台木と穂木の間に中間台木として野生型の穂木を30cmの長さで挿入し，それに接ぎ木し

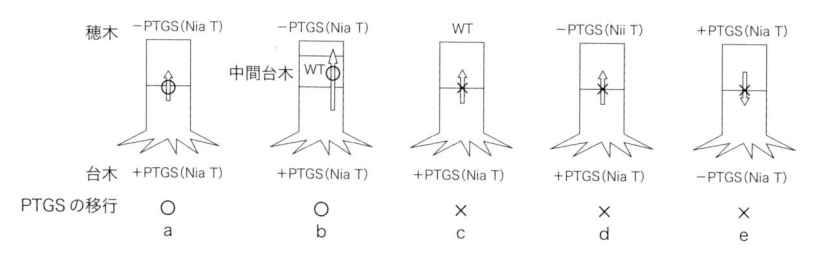

図3-1　接ぎ木によるサイレンシング(PTGS)の移行
＋PTGS：サイレンシングを起こしている組換え体，－PTGS：サイレンシングを起こしていない組換え体，Nia T：硝酸還元酵素遺伝子，Nii T：亜硝酸還元酵素遺伝子，WT：野生型．(Palauqui, J-C. et al., 1997)

ても穂木においてサイレンシングが観察される（図3-1b）．しかし，野生型タバコ（WT，図3-1c）や，亜硝酸還元酵素遺伝子を導入したPTGSを起こしていない形質転換タバコ（－PTGS Nii T，図3-1d）を穂木として接ぎ木しても，穂木側においてサイレンシングは引き起こされない．さらに，PTGSを起こしていない硝酸還元酵素遺伝子の形質転換タバコを台木（－PTGS Nia T）としてPTGSを起こしている形質転換体を接ぎ木しても，台木においてサイレンシングは起こらない（図3-1e）．これらの結果は，サイレンシングという台木の情報が接ぎ木により穂木にも伝わること，その移行は台木から穂木への1方向であり，導入した遺伝子に特異的であることを示している．このサイレンシングの移行シグナルはPTGSを起こしている遺伝子（ここでは硝酸還元酵素遺伝子）のmRNAで，植物に存在するウイルス移行タンパク質様のタンパク質とこの硝酸還元酵素遺伝子のmRNAが複合体を形成して原形質連絡や師部を介して移行すると考えられている．植物に存在するウイルス移行タンパク質様のタンパク質に関しては，アカクローバーのnecrotic mosaic virus（RCNMV）移行タンパク質の抗体と交差反応するタンパク質（CmPP16）がカボチャの師管液から単離されている．そして，カボチャにキュウリを接ぎ木することで，カボチャ台木にのみ存在するCmPP16タンパク質とそのmRNAが，本来存在しないキュウリの穂木に移行することが証明されている（Xoconostle-Cázaresら，1999）．このように，CmPP16タンパク質は，植物ウイルス移行タンパク質と同じようにmRNAの輸送機能を持っていると考えられている．

　トマトの優性変異体である*Mouse ears*（*Me*）は，未分化な多くの小葉と心臓形の葉形を持つ自然変異体である．*Me*では，*knotted1*-likeなホメオドメインを持つ*LeT6*遺伝子にピロリン酸依存ホスホフルクトキナーゼ（PFP）の*β*サブユニットが突然変異により融合しており，この*PFP-LeT6*融合遺伝子は本来の*LeT6*遺伝子よりも過剰に発現するようになっている．この結果，*Me*の葉の形態的な変化が引き起こされる（Chenら，1997）．Kimら（2001）は，この*Me*変異体の台木に野生型のトマトを接ぎ木すると，野生型のトマトにも*Me*に特徴的な形態変化が認められることから，*PFP-LeT6*融合転写産物(mRNA)

は師部を介して *Me* の台木から野生型の穂木に移行し，そこで mRNA として機能していることを示している．

　CONSTANS（*CO*）は，長日植物であるシロイヌナズナで日長を感受して花成誘導に導く過程を調整する花芽形成遺伝子の1つである．*CO*を伴細胞(companion cell)特異的に発現するメロン由来のガラクチノールシンターゼ(galactinol synthase，GAS）のプロモーターに連結してシロイヌナズナに導入すると，短日条件でも花成が誘導される（Ayre ら，2004）．この形質転換体を台木として *CO* 遺伝子座の変異体の穂木を接ぎ木すると，変異体においても花成誘導が観察され，*CO* 由来のシグナルが接ぎ木により伝わっていることが示されている．この移行物質としては，*CO* の RNA ではなくタンパク質が移行している可能性が考察されているが，直接的な証明はなされていない．

　接ぎ木を介した台木から穂木への移行の事例ではないが花成誘導に関わる Flowering Locus T（FT）と呼ばれているタンパク質が，葉から茎頂(shoot apex）へ長距離輸送されていることが明らかとなっている（Abe ら，2005；Huang ら，2005）．この FT の遺伝子（*FT*）は葉で発現し，その転写産物が師部を介して茎頂に運ばれてタンパク質（FT）に翻訳されると考えられている．茎頂には FD と呼ばれている bZIP タイプの転写因子が存在している．FT と FD は相互作用し，この複合体が，MADS-box タンパク質である APETALA1(AP1) を活性化して花の原基形成に至ると考えられている．

(2) 園芸植物での事例

　バラでは，根の発根性を改良するために *Agrobacterium rhizogenes* 由来の *rolA*，*rolB*，*rolC* をそれら自身のプロモーターの制御下で同時に導入した形質転換体が作出されている（van der Salm ら，1998）．そして，この形質転換体を台木として野生型バラの接ぎ木を行い野生型を台木とした個体と比較したところ，形質転換台木に接いだ野生型の穂木では，茎葉や花の乾物重が減少し側枝数が増加していた．このように，形質転換台木を用いた際の側枝数の増加の原因として，台木に導入した *rol* の遺伝子情報が穂木に移行した可能性が考察

されている．しかし，どのようにして rol の情報が穂木に移行して，そこで形態変化を引き起こしたのかは明らかとなっていない．

4）長距離輸送のための条件

　接ぎ木によるタンパク質や mRNA の台木から接ぎ穂への長距離輸送について，いくつかの事例を示した．このような師部を介した物質の輸送には師部要素（sieve element）と伴細胞の複合体が重要である．この2つの細胞間は孔 - 原形質連絡複合体（pore-plasmodesmata complex）で結ばれている．孔 - 原形質連絡複合体は大きな質量排除限界（10～20kDa）を持ち，排除限界以下であればタンパク質のような内生高分子物質でも通過できるが，師管液タンパク質の中には何らかの仕組みで原形質連絡の質量排除限界をさらに拡大させて，選択的に物質の透過性を高めるものが存在する．つまり，すべての可溶性タンパク質や mRNA が長距離輸送されるわけでない．長距離輸送に関与することができるタンパク質としては，ウイルス移行タンパク質，植物内生の CmPP16 のようなウイルス移行タンパク質に相当するタンパク質，スクロース / プロトン共輸送体（SUC2；Imlau ら，1999）や GAS のような師管液タンパク質，KNOTTED1（Lucas ら，1995）のような転写因子が知られている．今後，このような長距離輸送に関する研究事例が増えることで，長距離輸送に関与するタンパク質の特徴がより明らかになると期待される．

5）果樹分野における接ぎ木による長距離輸送の展望

　台木から穂木にある種のタンパク質や mRNA が移行することは，接ぎ木により繁殖を行う果樹において，穂木の形質をかえる有効な手法の1つになる．PTGS の細胞間移行を利用すれば，穂木において人為的に目的遺伝子を不活化することができ，ウイルス抵抗性の育種などに応用できる可能性がある．逆に，ある目的遺伝子を穂木で発現させることも可能となる．この方法の利点は，従来の形質転換体と異なり，台木部は形質転換体であっても，シグナルの移行先である穂木は形質転換体ではないということである．そのため，ある目的遺伝

子を発現させる場合，従来の *CaMV35S* のような恒常的なプロモーターの制御下で目的遺伝子を過剰発現させた個体とは質的に異なる．また，穂木自身が遺伝子導入の困難な樹種であっても，形質転換した台木用の個体が獲得でき，穂木との間に接ぎ木親和性があれば，形質転換台木にこの穂木を接ぎ木することで，遺伝子導入の困難な樹種の形質改良が可能となる．しかし，ジベレリン(GA)に非感受性となる変異体遺伝子（*GA insensitive*, *gai*）を持っている個体を台木にして，そこに野生型の穂木を接ぎ木し，*gai* の台木から穂木への移行性と発現について形態変化を指標として詳細に解析している報告（Haywood ら，2005）を考慮すると，この手法により穂木の形質を完全に改良できるわけではないと考えられる．この報告によると，*gai* が台木から穂木に移行した結果，接ぎ木した穂木の下部から 1～3 番目に展開してきた葉の形態は *gai* の影響を受けて形態的に変化するが，穂木で接ぎ木前に発育していた葉や穂木の下部から 4 番目以上の芽から展開してきた葉の形態は影響を受けていない．さらに，穂木に着生した果実には遺伝子が移行していないことが示されている．また，FT を利用して組換え体の果実形質を早期に検定することが期待される．例えば，糖代謝関連酵素遺伝子など果実形質に関わる遺伝子を用いて組換え体果樹を作出した場合，果実がなるまでに（結実までに）年月がかかるため，組換え体の果実を用いて導入遺伝子の影響を評価するには時間と労力を要する．しかし，FT 遺伝子を導入した同種の組換え果樹を作出し，これを台木として果実形質に関わる遺伝子を導入した組換え果樹の穂木を接ぎ木すれば，台木から FT 遺伝子産物の情報が伝達され穂木において早期開花が誘導されるため，果実形質の評価が早期に可能となると考えられる．いずれの場合も接ぎ木による長距離輸送についてはまだ詳細な機構が十分に解明されておらず，今後の研究の進展が待たれるところである．

2．果樹におけるわい化の生理

1）果樹分野におけるわい化の重要性

　果樹の栽培管理では，受粉や袋かけなどに多くの労力と時間が必要とされる．また，果樹の多くは喬木性のため樹高が高くなり，立木仕立てで栽培しているため脚立を必要とする作業が多いことも過重労働に拍車をかけている．さらに，近年は果樹産業の担い手の高齢化や婦女子化が進んでおり，高所作業が少なく安全で，かつ作業効率のよい省力的な果樹栽培技術が求められている．これらの問題を解決するために，樹勢を制御して樹の大きさを制限したわい化栽培（dwarf tree culture）法が開発されている．

2）樹勢（形）制御技術

（1）栽培管理技術による樹形制御

　ここでは実用化されている3種類の樹形制御技術について概説する．1つ目は，樹体成長を制御するために生理活性物質を利用する技術についてである．枝の伸長を抑制する物質として，クロルメコート（CCC），ダミノジッド（商品名：ビーナイン），ウニコナゾール（商品名：スミセブン），プロヘキサジオンCa，パクロブトラゾールなどが開発されている．わが国では，パクロブトラゾールの新梢の伸長抑制効果や節間長の短縮効果が，リンゴ，ニホンナシ，オウトウなどで認められている．パクロブトラゾールはジベレリン（GA）の生合成阻害物質で，濃度や土壌条件によっても異なるが数年間の残効性が認められることが多い．

　2つ目は根域制限による栽培技術である．果樹は根域が広く深いため，水分や養分の制御が容易でない．そこで，土量を制限した培地に果樹を植え付けて，灌水や施肥によって樹勢の制御を行う根域制限（root-zone restriction）栽培が考案されている（図3-2）．根域制限栽培の主たる目的は早期成園化や土壌病

図 3-2 根域制限による栽培法（左）と慣行による栽培法（右）
（写真提供：栃木県農業試験場果樹研究室）

害対策による収量増，そして果実品質向上であるが，根域制限栽培では樹体がコンパクト（わい化）になるため，省力化も重要な目的の1つである．根域を制限する栽培方法には，苗木を収穫用コンテナなどに植栽するコンテナ栽培（ボックス栽培），地表面にウレタンマットや不織布を敷きその上に盛り土するベッド栽培，土中に設けた不織布の枠内に苗木を植栽する防根シート栽培がある．

　3番目はわい性台木を利用する栽培技術で，リンゴ，カンキツ，モモなどで広く行われている．リンゴでは，イギリスのイーストモーリング試験場で育成されたM9，M26などのM系台木がわが国においても広く用いられているが，これらの台木は挿し木繁殖が難しく，また耐湿性や耐乾性が劣るなど環境適応性の面で問題が生じている．そこで，これらの欠点を改良したリンゴの台木がJMシリーズとしてわが国の果樹研究所で育成されている．カンキツでは，カラタチの変異系統であるヒリュウがわい性台木として利用されている．モモではユスラウメやニワウメを台木とすると成長抑制効果が認められる．しかし，樹の衰弱や渋み果の発生などの問題が生じることがある．わい性台木として利用できるものは必ずしも低木性を呈するわけでなく，逆に低木性の樹種がすべてわい性台木として効果があるわけでもない．例えば，モモの'寿星桃'は低木性で，樹高が低く，節間が短い品種であるが，これを台木にして穂木を接い

でも苗木はわい化しない．一般に，台木を利用して接ぎ木を行ったときの成長抑制原因は，接ぎ木によらない植物自身が示すわい化（遺伝的わい化）の場合よりも複雑である．その機構については，いくつかの説がある．接ぎ木不親和性による樹体の衰弱はその1つである．例えば，セイヨウナシとマルメロ台の組合せでは，穂木のセイヨウナシ品種によって親和性に差異があり，不親和性の組合せでは樹勢が低下して，わい化することが知られている．また，リンゴのわい性台木では，窒素，リン酸，カリウムなど栄養分の吸収量や移動が劣るため，生育が抑えられると考えられている．さらに，わい性台木の皮部ではオーキシンの不活性化に関わるインドール酢酸オキシダーゼ活性が高いことから，茎頂で生合成されたオーキシンが基部への求基的極性移動の際に不活性化される割合が多くなり，根のオーキシン量が低下する．その結果，根の成長や根でのサイトカイニンの合成が抑制されて樹体の成長抑制（わい化）が引き起こされると考えられている（Lockard and Schneider，1981）．一方，わい性台木によるわい化の場合は，GA が茎葉の成長を制御しているという証拠は認められていない．ウイルス病やフザリウム菌の感染によっても，わい性台木に接ぎ木した苗木は衰弱する．その場合には，ウイルスフリーの台木の利用や，殺菌剤処理により比較的健全に生育させることが可能となる．いずれにしても，わい性台木を利用したときの成長抑制機構の解明には，今後の研究に期待されるところが大きい．

(2) モデル植物での遺伝的わい化機構

　GA に関するシロイヌナズナやイネなどの突然変異体は，草丈が短くなるわい化を呈することや，GA の生合成阻害物質であるパクロブトラゾールは新梢伸長抑制効果を示すことから，GA が茎の伸長に深く関わっていると考えられる．そのため，GA を標的として樹形の制御が試みられている．この GA による樹形制御には，GA の生合成系や情報伝達系に直接的あるいは間接的に影響を及ぼす GA 合成系酵素や転写因子などの遺伝子を利用する方法がある．
　シロイヌナズナでは GA 非感受性となる変異体（*GA insensitive*, *gai*）が知

られているが，これはわい化という形態的な特徴を示す．この原因遺伝子について調べた結果，GAIタンパク質のN末部分の17アミノ酸が欠けているため，GAの情報伝達系に欠陥が生じ，GA非感受性を示すようになっていることが明らかとなっている．この gai 遺伝子を，草丈が長いため倒伏しやすいイネ'Basmati 370'に導入したところ，GA応答性が低下した結果，茎の長さが短くなり倒伏しにくくなった形質転換イネが得られている（Pengら，1999）．この事例は，遺伝子組換え技術を利用してGAの内生量をかえることで，茎の伸長を制御できることを示している．シロイヌナズナ以外にもGA応答性が減少した突然変異体が，トウモロコシ（d8）やコムギ（Rht）で知られており，それぞれの原因遺伝子は GAI のオーソログ（ortholog）であることが明らかとなっている（Pengら，1999）．

最近，GAと結合してGAの情報を伝達する受容体タンパク質の存在が明らかになっている（Ueguchi-Tanakaら，2005）．GAに非感受性となったためわい化を呈するイネの変異体（<u>GA</u> <u>i</u>nsensitive <u>d</u>warf<u>1</u>, gid1）から単離された GID1 遺伝子を解析した結果，GID1 は GA の受容体そのものであることが明らかとなった．この GID1 を過剰発現させたイネでは，草丈が徒長したGAに過敏に反応した特徴的な形態を呈することから，GID1 の発現を阻害すればわい化した植物を作出することができる．

シロイヌナズナには茎の伸長が抑制された変異体（acl5）が存在し，その原因がポリアミン生合成系酵素遺伝子の1つであるスペルミン合成酵素遺伝子（ACL5）の変異にあることが明らかになっている（Hanzawaら，

図 3-3　リンゴ由来の ACL5 をシロイヌナズナ acl5 変異体（b）に導入すると形態が復帰する（a）
（Kitashiba, H. et al., 2005）

2000).このことは，*acl5* 変異体に *ACL5* 遺伝子を導入すると，その形態が野生型に復帰することから証明されている．リンゴ由来の *ACL5* ホモログである *MdACL5* 遺伝子も *acl5* 変異体の形態を復帰させることから（Kitashiba ら，2005；図 3-3），この遺伝子は広く植物において茎の正常な伸長に深く関わっていると推察される．そのため，*ACL5* 遺伝子の働きを抑制することによって，わい化した植物を作出できる可能性がある．また，別のポリアミン生合成系酵素であるアルギニン脱炭酸酵素遺伝子（*ADC*）を過剰発現させると，GA20 酸化酵素と GA3 酸化酵素による触媒過程が抑制される．その結果，活性型 GA が生合成できなくなり，形質転換体はわい化することが報告されている（Alcázar ら，2005）．

(3) 果樹分野におけるバイテク技術の利用

リンゴでは，わい性台木である M26，M9，M27 の挿し木発根性を改善することを目的として，*Agrobacterium rhizogenes* を感染させて Ri プラスミドをこれらの台木に導入した結果，発根性のよい形質転換体の獲得に成功している（Lambert ら，1992）．別の研究グループは，M26 台木に *A. rhizogenes* 由来の *rolA* または *rolB* 遺伝子，およびシロイヌナズナ由来の *phytochromeB* 遺伝子の導入を行ったところ，*rolA* と *phytochromeB* 遺伝子を導入した形質転換体ではわい化の誘起を（Holefors ら，1998；2000），*rolB* 遺伝子では発根性の改善を確認している（Welander ら，1998）．実際にこれら形質転換体を台木として用いた試験も行われており，*rolA* 遺伝子を導入した形質転換体がわい性台木として利用できることが確認されている（Zhu ら，1999）．

カキでは，わい性台木の母本となる遺伝資源がないことから，交雑法によりわい化特性を有するカキを育種することには困難が予想される．そこで，わい化したカキの作出を目的として，*A. rhizogenes* 由来の *rolC* 遺伝子を'西条'の実生に導入している．その結果，野生型よりも樹高が低くなった形質転換カキが作出されている（Koshita ら，2002）．

キウイフルーツでは，イネ由来のホメオボックス遺伝子（*OSH1*）を'ヘイ

第3章 栽培の生理

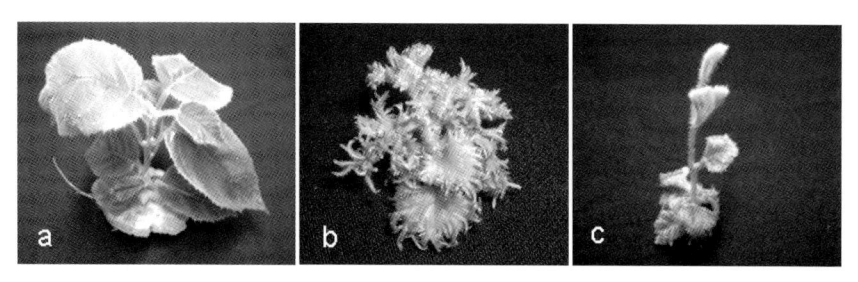

図3-4 ホメオボックス遺伝子によるわい化の誘導
キウイフルーツでは，イネ由来のホメオボックス遺伝子（*OSH1*）を'ヘイワード'野生型（a）に導入すると，顕著な葉の形態変化とともにわい化を誘導し（b），外生的にジベレリンを与えると部分的に形態が復帰する（c）．(Kita M. et al., 2006)

ワード'に導入してわい化を誘導した事例がある（Kusabaら，1999；Kitaら，2006；図3-4）．*OSH1*遺伝子は，*knotted1*-likeなホメオドメインを持つ転写因子で，活性型GAの生合成を担うGA20酸化酵素遺伝子の転写を抑制することが知られている．そのため，*OSH1*遺伝子を*CaMV*35Sなどのプロモーター下で高発現させると，イネ以外のほかの植物においても活性型GAが減少して茎などの成長抑制につながる．しかし，この形質転換体に外生的にGAを処理しても完全には形態が復活しないことから（図3-4），*OSH1*遺伝子はGA20酸化酵素遺伝子の発現以外にも影響を及ぼしていると考えられている．また，35S::*OSH1*形質転換体は，葉やそのほかの器官にも形態的な変化をもたらすため，実用化を目指すためには茎において特異的に発現するプロモーターを用いるなどの工夫が必要となる．

3）果樹分野におけるバイテク技術による樹形制御の可能性

将来的には，転写因子やGA生合成遺伝子などを導入することでわい化などの有用形質を備えた組換え果樹が得られると期待される．しかし，GAは茎の伸長以外にもさまざまな生理過程に必須であること，転写因子の場合も多くの遺伝子に多面的に作用していると考えられることから，組織・器官特異的なプロモーターを用いて組換え体を作出したとしても，果樹の正常な発育や生存にとってマイナスの影響が出てくる可能性がある．そのため，わい化のみに効果

のある「わい化遺伝子」の同定が望まれるが，現在のところ，そのような遺伝子は同定されていない．また，わい化した形質転換体の栽培については，組換え花粉の飛散による非形質転換体との交雑が危惧されることから，現在の日本においてはパブリックコンセンサスを得ることが困難な状況である．しかし，将来に備えて基礎的な知見を得ておくことはきわめて重要である．

3．頂芽優勢，腋芽促進の機構

　頂芽優勢（apical dominance）は，無傷の植物体において，頂芽（terminal bud）が下位の腋芽（axillary bud）の成長を抑制し，優先的に成長している現象である（Cline，1991；Shimizu-Sato ら，2001）．頂芽が何らかの原因により損傷を受けたり，切り取られたりすることによって頂芽としての機能が消失すると，休眠状態におかれていた腋芽は頂芽にかわり，速やかに成長を開始する．この現象は，植物がシュート頂（shoot apex）を失ったとき，個体の成長を維持するために備えている機能である．頂芽優勢という言葉を知らなくても，園芸分野の現場では日常的に「頂芽優勢に関わる作業」を行っている．「摘心する（topping）」，「ピンチする（pinching）」，「分枝（branching）を促す」，「剪定（pruning）する」，「切り戻す（cutback）」，「わき芽を摘む（disbudding）」などの言葉がそれらを表しており，園芸にとって頂芽優勢を理解することは重要である．

　植物の成長過程において，それぞれの器官はお互いに相関しあって成長しているが，頂芽優勢は相関抑制の典型的な例である．腋芽はシュート頂分裂組織（shoot apical meristem）から側生器官（lateral organ）として派生し，葉原基（leaf primodia）の腋に形成され，芽に分化するが，一定の段階まで成長すると休眠状態になる．どの段階で休眠するかは植物種によって異なり，成長した植物体の葉腋（leaf axil）に芽がないようにみえても，潜伏芽（latent bud）として植物体の中に埋め込まれている．

　頂芽優勢の程度は植物種によって異なり，植物種特有の樹形を決定する大き

な要因である．また，植物の齢によっても変化する．一般的に齢が進むにつれ頂芽優勢は弱くなり，枝分かれが多くなったり，腋芽が花芽に分化して成長するようになったりする．頂芽優勢は，植物の発生と分化にプログラムされているばかりでなく，環境因子の影響も受け調節されている．前記した頂芽の損傷ばかりでなく，例えばアサガオの頂芽を重力方向に折り曲げると，最も上部に位置する屈曲部の節の腋芽が成長を開始する．横倒しになった植物の節から腋芽が成長してくることもよく目にする．これらのことは，重力も頂芽優勢に関与すると考えることもできるが，成長に異常事態が生じた結果に対処していると考えた方がよいかもしれない．

1）腋芽と側芽

頂芽優勢を論じる際に，腋芽と側芽という言葉を整理しておきたい．茎の側方につくられる芽を側芽（lateral bud）という．種子植物の側芽は，葉が茎に付着しているところの上側の茎の部分，すなわち葉腋につくられるので腋芽と呼ばれる．つまり，種子植物においては側芽と腋芽は同じである．これに対し，シダ植物では葉に直接関係しない位置に側芽が発生することが知られている．この本では，園芸作物すなわち種子植物に関することがらを論じているので腋芽という言葉を使うことにする．腋芽は1つの葉腋に対して1つ生じることが多いが，複数の腋芽を生じることもある．この場合，最も大きいものを主芽（main bud），ほかを副芽（accessory bud）という．例えば，エンドウの葉腋には腋芽が4つ，つまり1つの主芽と順に小さな3つの副芽がついている．頂芽が切除されると4つの腋芽は同時に成長を開始するが，切除2～3日後から主芽が頂芽になり，副芽の成長を抑制して頂芽優勢が繰り返される．

2）現象からみた頂芽優勢と植物ホルモンの関係

植物種の違いによるいくつかの例外はあるかもしれないが，これまでに知られている植物ホルモンでは，頂芽優勢は基本的にオーキシンとサイトカイニンによって制御されている．現時点で頂芽優勢に関して最も確かな事象は図

第3章　栽培の生理

①頂芽を切除する
②頂芽を切除したあとに，オーキシンを切り口に投与する
③頂芽を切除したあとに，オーキシンを腋芽に投与する
④オーキシン輸送阻害剤を茎に投与する
⑤サイトカイニンを腋芽に投与する

切り口の直下の腋芽が成長する
頂芽優勢が維持される
切り口の直下の腋芽が成長する．腋芽に投与したオーキシンは効果がない
阻害剤を投与した部位より下位の腋芽が成長する
サイトカイニンを投与された腋芽が成長する

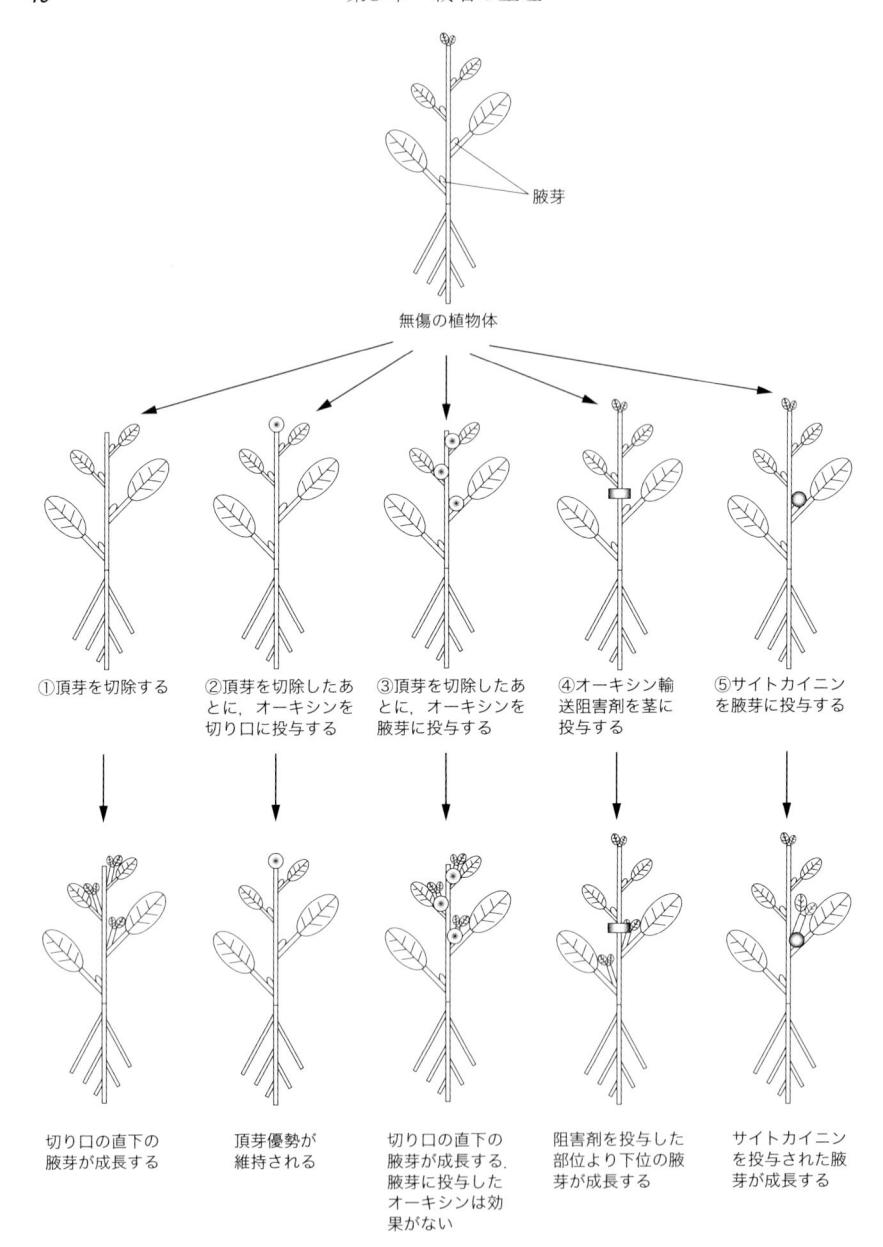

図3-5　頂芽優勢と植物ホルモンの関係

3-5に示す5つである．すなわち，①頂芽を切除すると腋芽が成長を開始する．ただし，休眠が解除されるのは，切り口の直下の1から3番目の節の腋芽（植物種によって異なる）であることが多い．②頂芽切除後，切り口にオーキシンを与えると頂芽優勢が維持され腋芽の成長は抑制される．③頂芽切除後，オーキシンを腋芽に直接与えても頂芽優勢を維持することはできない．④頂芽を切除しなくてもオーキシンの極性輸送阻害剤（例えば，2,3,5-triiodobenzoic acid, TIBA）を茎にリング状に与えると，それより下位の腋芽は成長を開始する．⑤頂芽を切除しなくてもサイトカイニンを直接腋芽に与えると，腋芽は成長を開始する．

①，②，③，④はオーキシンによる腋芽の成長抑制に関する事象である．Thimann, K.V. らはソラマメの頂芽を切除した部位にオーキシンを投与すると，腋芽の成長が抑制されることを示した（Thimann ら，1934）．その後，この現象は多くの植物で確認されている．合成オーキシンのNAA（naphtaleneacetic acid）はIAA（indolacetic acid）と同様に求基的（basipetal）に茎を極性移動するので，NAAにも腋芽の成長を抑制する効果がある（Hillman, 1970）．しかし，切り口に合成オーキシンの2,4-D（2,4-dichlorophenoxyacetic acid）を含むラノリンを投与しても，2,4-Dは求基的な移動が起こらないので効果はない．また，オーキシンの極性移動の阻害剤であるTIBAやNPA（1-naphthylphtalamic acid）を含むラノリンを茎にリング状に塗布すると，塗布した部位より下部にある腋芽の休眠は解除され，腋芽の成長が起こる（Snyder, 1949）．これらの植物生理的な視点に基づく結果は，頂芽にかわり腋芽の成長を抑制できる植物ホルモンがオーキシンであり，オーキシンが求基的に移動する間に腋芽の成長を抑制していることを示唆している．さらに補足すれば，頂芽が切除されたという傷害によるシグナルでは腋芽の休眠は打破されないことも意味している．Thimann, K.V. らは，初めオーキシンは腋芽に輸送されて，その成長を直接抑制すると考えた（Thimann, 1937）．しかし，その後の研究で放射性IAAを頂芽に投与しても，標識化合物は腋芽に供給されないことが明らかにされた．頂芽から求基的に移動してきたオーキシンが腋芽に供給されるためには，茎から腋

芽に向けて求頂的（acropetal）に移動しなくてはならない．オーキシンが茎を求基的に移動するという前提に立てば，腋芽に頂芽由来のオーキシンが供給されないということは合点のいく話である．また，休眠腋芽のオーキシン含量は低く，頂芽優勢から解除されると腋芽のオーキシン含量は増加する（Gocalら，1991）．さらに，頂芽を切除後，オーキシンを腋芽に直接与えても成長を抑制することはできない．これらの結果は，オーキシンが腋芽に供給され，直接腋芽の成長を抑制しているという考えを否定している．

　オーキシンが直接腋芽の成長を抑制している可能性を示唆させる図は，Thimannの論文に掲載されている図である（Thimann, 1937）．今でも高等学校の生物の教科書の中には，このThimannの論文から引用した「茎，芽，根の各器官のオーキシンに対する応答（成長の促進と抑制）の違い」を表す図がよく掲載されている．このことを覚えている人も多いであろう．しかし，この論文を読むと，実験的根拠が乏しいにもかかわらず，この図が描かれていることがわかる．おそらく，オーキシンによる直接抑制説を主張していた当時のThimannが，願望を持って描いた芽に関する図だったと想像できる．しかし，高等学校の生物の教科書ではこの図を使って，「茎を流れるオーキシンの濃度は，茎の成長には促進的に働くが，腋芽には抑制的に働く」と，直接抑制説を支持するような説明が今日でもされている．今日では茎と根が，「オーキシン濃度依存的に成長に対する応答が異なる」ことは広く受け入れられている事実であるが，芽に関してのデータはない．このような誤ったThimannの図は生物の教科書から早く排除するべきである．

　⑤はサイトカイニンに関する事象である．サイトカイニンは頂芽優勢にオーキシンとは拮抗的な生理作用を示す（Cline, 1991）．頂芽を切除しなくても，腋芽にサイトカイニンを直接投与すると腋芽の成長が促進される（Wicksonら，1958）．現時点では腋芽に投与したとき，腋芽の休眠を解除できる物質はサイトカイニン以外に発見されていない．サイトカイニン含量の定量を行ったところ，頂芽切除により休眠が解除されると，腋芽のサイトカイニン含量が増加することが示された（Turnbullら，1985）．*Agrobacterium*の*ipt*遺伝子を導入

しサイトカイニン含量を高めた形質転換体（Romanoら，1991）は，頂芽優勢が低下した．これらのことは，サイトカイニンが腋芽の成長開始に必要であることを示唆している．

　根はサイトカイニン生合成の主要な器官の1つであり，根で合成されたサイトカイニンは木部（xylem）を通って地上部へ輸送される．また，頂芽切除後に道管液（xylem sap）のサイトカイニン含量が，増加することも報告された（Bangerth，1994；Liら，1995）．さらに，頂芽を切除した切り口に合成オーキシンNAAを処理すると，道管液のサイトカイニン量の増加はみられなかった．これらのことから，根で合成されたサイトカイニンが腋芽の成長を引き起こし，オーキシンはサイトカイニンの輸送を制御していると考えられてきた．しかし，後述するように，頂芽切除後に腋芽に供給されるサイトカイニンは少なくとも茎で生合成されている（Tanakaら，2006）．

3）頂芽優勢の分子機構

（1）腋芽の休眠解除機構

　腋芽の休眠には，オーキシンの求基的な移動が必要であり，オーキシンの作用点が茎であることに着目して，頂芽切除前後のエンドウの茎で発現の異なる遺伝子が探索された．その結果，頂芽切除後の茎でサイトカイニンの生合成経路の律速段階を触媒するイソペンテニル転移酵素（isopentenyltransferase，IPT）をコードする PsIPT1 と PsIPT2 が発現していることが明らかにされた（Tanakaら，2006）．PsIPT1 と PsIPT2 は頂芽切除によって茎のオーキシン含量が低下すると発現する．換言すれば，植物体が無傷の場合は，頂芽から供給されるオーキシンによって発現が抑制されており，「頂芽優勢におけるオーキシンの役割の1つは，腋芽の休眠を解除するサイトカイニンの生合成を抑制することである」といえる．オーキシンによる PsIPT1 と PsIPT2 の発現抑制，オーキシン低下による発現誘導は切り出した茎切片においても起こる．このオーキシン低下による発現誘導は，切り出した根の切片を，オーキシを含まない緩衝液で処理した場合も起こる．しかし，頂芽切除後の根ではほとんど誘導されな

い.なぜなら,頂芽を切除しても生理的に根のオーキシン含量が数時間のうちに低下することはないからである.このことは,これまで頂芽切除後に増加するサイトカイニンは,根から供給されると考えられてきたが,茎で生合成され腋芽に供給されることを明確に示している.これらのことは *PsIPT* の発現ばかりでなく,茎や腋芽のサイトカイニン含量を経時的に測定することによっても確かめられている.また,頂芽切除後の茎における *PsIPT1* と *PsIPT2* の発現は一過的であり,18時間後には減少してくる.つまり,頂芽切除後の腋芽休眠解除のためのサイトカイニンの生合成は,茎に局所的であり,一過的である.

(2) 腋芽の成長抑制機構

現時点で,腋芽の成長を抑制する物質に関わる最も有力な候補は,β-カロテン由来の未同定の新奇ホルモン様物質である.Leyser のグループはシュートの分枝が盛んになったシロイヌナズナの突然変異体(*max1 – max4*:*more axillary branching*)を4つ単離した(Stirnberg ら,2002).max 変異体の組合せをかえた接ぎ木実験から,① *MAX1*,*MAX3*,*MAX4* 遺伝子は根あるいは茎で発現していること,② MAX1,MAX3,MAX4 は,シュートの分枝を抑制する新奇ホルモン様物質 MDS(MAX-dependent signal)ホルモンの生合成に関わっていること,③ MDS は植物体内を求頂的に移動可能なこと,④ MAX2 は MDS の生合成には関わっておらず,MDS の受容に関わっていると考えられていることが明らかにされた(Turnbull ら,2002;Booker ら,2004;2005).また,遺伝学的優位性解析の結果,MAX1 は生合成経路の MAX3,MAX4 の下流で働いていることも明らかにされている(図 3-6).

max4 および *max3* 変異体の原因遺伝子 *MAX4*,*MAX3* は,その配列からカロテノイドの酸化開裂に関わる酵素に代表されるポリエン鎖を基質にしたカロテノイドジオキシゲナーゼ(*AtCCD8*,*AtCCD7*)のファミリーをコードしている(Booker ら,2004;Sorefan ら,2003).これらの酵素はプラスチドに局在している.このファミリーには ABA 生合成の律速段階の酵素 9-シス-エポキシカロテノイドジオキシゲナーゼ(9-*cis*-epoxycarotenoid dioxygenase,

第3章　栽培の生理

```
MDSの受容，伝達        PIN遺伝子群の     オーキシン輸送     分枝の抑制
                      発現調節    →    の調節      →   腋芽の成長抑制
                              MAX2（F-boxタンパク質）
──────────────────────────────────────────────
MDSの生合成           腋芽の成長抑制ホルモン
                     MDS（MAX-dependent signal）
                     長距離輸送    MAX1（P450）
                              移動可能な中間体
                              カロテノイド由来の開裂産物
                     プラスチド    MAX4（カロテノイド酸化開裂酵素）
                              MAX3（カロテノイド酸化開裂酵素）
                              カロテノイド
```

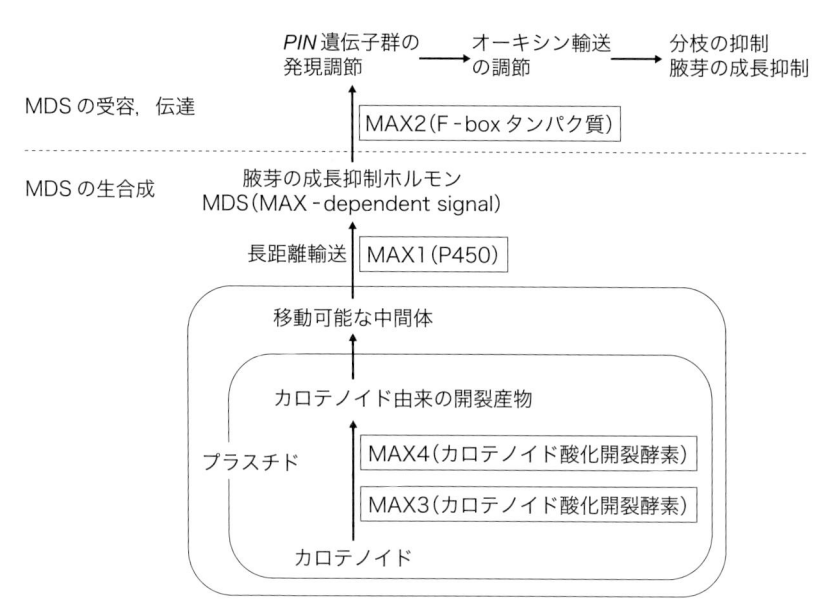

図3-6 腋芽の成長抑制に関わる新奇ホルモン様物質MDSの生合成と成長抑制機構

NCED）などが含まれているが，NCEDとは明らかに違う分岐群に属している．さらに興味深いことに，分枝が盛んなエンドウの rms 変異体（ramosus，ラテン語で「枝の多い」という意味で英語の ramose）として知られていた rms1 の原因遺伝子 RMS1（Sorefan ら，2003）と，ペチュニアの変異体 Dad1（Decrease apical dominance1）（Snowden ら，2005）が MAX4 のオルソログであった．また，イネの分げつが増えた変異体 htd1 の原因遺伝子 HTD1/OsCCD7（Zou ら，2005）とエンドウの rms5 の原因遺伝子 RMS5 は MAX3 のオルソログであった（Johnson ら，2006）．

　max1 変異体の原因遺伝子 MAX1 は，その配列から P450（CYP711A1）（Booker ら，2005）をコードしており，植物体内のさまざまな組織で発現しているが，特に維管束の周辺組織で発現している．一方，max2 変異体の原因遺伝子 MAX2 はロイシンリッチリピートを持つ F-box タンパク質をコードしており（Stirnberg ら，2002），すでにセネッセンスが遅延する変異体として報

告されていた ORE9 (Woo ら, 2001) の対立遺伝子であった. さらに, エンドウの rms4 の原因遺伝子 RMS4 (Johnson ら, 2006), 分げつが増えたイネの変異体 d3 の原因遺伝子 D3 (Ishikawa ら, 2005) は, MAX2 のオルソログと考えられている.

　MAX3, MAX4 の基質とその反応産物の同定が試みられている (Turnbull ら, 2002；Schwartz ら, 2004) が, 現時点ではその基質も, 反応産物も同定されていない. カロテノイド類の生合成の分岐点は, リコペンの環化化段階で, β-カロテンと α-カロテンに分かれる. シロイヌナズナの突然変異体 lut2 は α-カロテン以後を生合成できないが, この植物体の分枝は野生型とかわらない. すなわち, α-カロテン以降の物質が MDS の前駆体になることはない. 同様に, ゼアキサンチンエポキシダーゼを欠損した突然変異体 aba1 の分枝も野生型とかわらないので, アントラキサンチン以後の物質も MDS の前駆体になりえない. このように考えると MDS の前駆体は, β-カロテンかゼアキサンチンが有力となるが, 決定的な証拠はない.

　頂芽優勢の観点からは, オーキシンが MDS 生合成に「正」に関与していると期待が高まるが, オーキシンと MDS 生合成の関係はあまりはっきりしていない. 最近, MAX シグナル伝達経路が茎 (維管束系) のオーキシンの極性輸送を調節することによって, 分枝の成長を制御しているというモデルが提唱された (Bennett ら, 2006). MAX シグナル伝達経路は通常, オーキシンの極性輸送に関わる PIN 遺伝子群の発現を調節して, ある一定のレベルに保っているが (図 3-7 ①), MAX シグナル伝達経路が働かない場合 (max 変異体では) は PIN (PIN-FORMED 1) 遺伝子の過剰発現により, PIN タンパク質が増加し, オーキシンの輸送能力が高まっている (図 3-7 ④). この場合の PIN 遺伝子の転写調節は, 野生型でも axr1 (auxin resistanse 1) 変異体でもかわらないので, いわゆるオーキシンによる発現制御には依存していない. 通常の場合は (あるいは野生型では), 主に頂芽がオーキシンのソース器官となり, シンク器官の茎にオーキシンを輸送している. この場合, 腋芽では PIN 遺伝子群の発現も抑制され, オーキシンのソース器官になれないため, 成長することはできない (図

第3章　栽培の生理

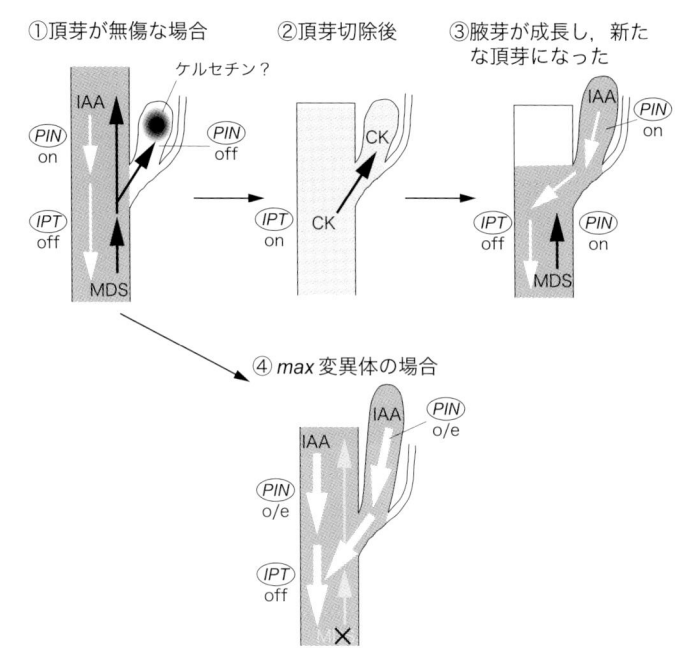

図3-7 頂芽優勢の分子機構モデル
o/e：過剰発現.

3-7 ①)．しかし，*max* 変異体では茎のオーキシンシンク能力が高いので，頂芽のみならず腋芽もオーキシンのソース器官となる（図3-7 ④）．*max* 変異体の腋芽はシュート頂分裂組織から側生器官として派生し，芽に分化したのち，休眠することなく成長する．一方，頂芽が切除されてオーキシンのソース器官が失われると，腋芽がオーキシンのソース器官として働くために，成長を開始する．この新奇なモデルは MDS がどのようにして *PIN* 遺伝子群の発現を調節しているのか，MDS はどのような化学物質か，など解決すべきことが多いが，興味深いモデルであり今後の研究が期待される．

また，MDS がフラボノイド生合成系を正に制御しているために，野生型の腋芽にはケルセチンの蓄積がみられるが（図3-7 ①），*max1* 変異体ではフラボノイド生合成系が抑制されており，ケルセチンの蓄積がみられない（Lazar

ら，2006）．フラボノイド（特にケルセチンなどのフラボノール）のアグリコン（aglycon，糖を結合していない状態の分子）は，以前から PIN タンパク質の機能を抑制する天然のオーキシン輸送阻害物質として考えられていた．さらに，*max1* 変異体にケルセチンを投与すると腋芽の成長が抑制され，野生型の表現型になった．腋芽から茎へのオーキシン輸送が抑制された結果と推測される．このことも腋芽の休眠に関わっている可能性があるが，詳細は今後の研究を待たなくてはならない．

（3）頂芽優勢の分子機構モデル

以上のことを考慮に入れると，現時点で考えられる頂芽優勢の分子機構は図3-7 に示すようなモデルである．すなわち，①植物体が無傷の場合，根あるいは茎で合成された MDS が茎や腋芽に供給され，*PIN* 遺伝子群の発現を適切な量に調節し，その結果，頂芽のみがオーキシンソース器官となり，腋芽は休眠している．同時に頂芽から供給されるオーキシンによって茎のサイトカイニン生合成は抑制され，そのため腋芽が休眠から解除されることはない．しかし，②頂芽が損傷を受け，茎にオーキシンが供給されなくなると，*IPT* が発現し茎でサイトカイニンが生合成されるようになる．節の 1cm 上部で頂芽を切除すると 1 時間後には *IPT* の発現が始まり，数時間後，遅くとも 6 時間後には茎，腋芽ともにサイトカイニン含量は顕著に増加している．このサイトカイニンによって腋芽の休眠は解除される．③成長を再開した腋芽は新たなオーキシンソース器官の頂芽となり，オーキシンを生合成するとともに，PIN タンパク質の働きによって，オーキシンは茎を求基的に流れるようになる．その結果，茎でのサイトカイニン生合成は抑制される．

4）ニホンナシ新梢の花芽形成と頂芽優勢

ニホンナシの花芽は，通常当年枝の頂芽に形成されるが，新梢においては腋芽の一部にも花芽が形成される．'幸水'の新梢を伸長停止期に斜めに傾けると，翌年の開花する花芽の生成率が増加することが知られ，生産現場で行われてい

る．この現象と植物ホルモンの関係を調べたところ，新梢を斜めに傾けると，①新梢内の IAA 含量が減少すること，②腋芽中のサイトカイニン含量が増加することが明らかになった（伊藤，2001）．このことから，新梢を斜めに傾けると頂芽優勢が弱まるため腋芽の発達が促進され，その結果，花芽形成率が増加するという機構が考えられている（☞ 第 4 章 1.「幼若性と花芽形成の機構」）．新梢を傾けたときに，オーキシン含量が減少する機構や，実際に IPT 遺伝子の発現が上昇しているのかなどは明らかにされていない．草本類と木本類（果樹）の違いや，腋芽と花芽の違いなどがあるが，前述した頂芽優勢の分子機構と全体としてよく一致した機構と考えられる．

4．遺伝子発現による生育診断 － DNA アレイ解析の利用 －

1）従来法による発現解析

　これまでも，園芸作物において栽培生理に関わる遺伝子は数多く同定，クローニングされ，実際目にみえる生理現象をそれらの発現で説明できる例も多数報告されている．また，2000 年に植物で初めてシロイヌナズナの全ゲノムの完全解読（全塩基配列の完全決定）が完了し，25,498 個の遺伝子があることが判明した．この中で，成長，開花，栄養要求，耐病性，耐害虫性などに関する遺伝子は，同じアブラナ科のみならず多くの農作物と共通しており，シロイヌナズナの遺伝子を利用して，農作物から有用遺伝子を効率よく探し出すことも可能となった．これらの機能のわかっている遺伝子の園芸作物におけるホモログを利用して，成長を遺伝子発現の有無や強さで解析および診断する手法は，目にみえる現象を分子レベルで解釈することを可能とした．特に，物質代謝や酵素反応を測定するだけでは理解できなかった生理現象を，園芸作物の持つ複雑なゲノム構造に由来する多重遺伝子族（アイソジーン：同一の機能を担いうる遺伝子がゲノム上に複数存在する）の発現を個別に解析することにより，より正確に把握することができるようになった．一方，異なる系統間や生理現象

について，その差異が機能のわかっている遺伝子の解析だけでは理解不可能な場合，系統や現象の間で発現レベルの異なる未知の遺伝子を，「引き算」的手法で釣り上げてくる手法もとられた．このデファレンシャル・ディスプレイ法やサブトラクション法といった手法で単離された遺伝子は，系統間の形質や生理現象の差異を遺伝子発現レベルで解析・診断可能とするツールとなるとともに，遺伝子の構造情報を比較することによって，動物など他の生物での機能の報告などをもとに，植物の新たな生命機能の理解も助けた．このように，分子生物学的手法を園芸作物の生育診断に応用することで，その個別の現象をより深く理解し，正確な診断が行えるようになっている．

しかし，園芸作物における栽培生理現象では，多数の遺伝子が時間的，空間的に相互作用し合うことで進行しており，複雑な現象である生育特性や果実などの可食部の形態・品質形成といった重要な特性を解析するには，個々の遺伝子の発現変動だけではなく，多数の遺伝子群の相互作用を全体的に理解する必要がある．このように，数多くの遺伝子が量的に相互作用して発現する機構を総合的に明らかにするには，大量の遺伝子の発現を網羅的に解析する手法が有効である．ここでは，ヒトのDNA診断や創薬研究などに利用されている手法であるDNAアレイ技術の園芸生理への利用の現状を述べる．

2）DNAアレイとは

DNAアレイとは，支持体（ナイロンフィルターもしくはガラスなどが用いられる）上に，配列情報がわかっている数千から数万種類のcDNAやオリゴヌクレオチドを，高密度に整列，固定したものである．この支持体上に結合されたDNAをプローブと呼ぶ．これに対して，研究対象（ターゲットと呼ぶ）から抽出したRNAを逆転写反応により（ラジオアイソトープもしくは蛍光）標識し，ハイブリダイゼーションさせることで，DNAアレイ上のどのプローブと結合するかで配列情報を得ることができる．また，ラジオアイソトープもしくは蛍光強度により，その量をはかることができる．これにより，1回のハイブリダイゼーションによって数千から数万種の遺伝子の発現情報を得ることが

できる.従来からの遺伝子の発現解析手法であるノーザンブロット法の場合,研究対象(ターゲット)となる「未知」のサンプルを支持体に固定し,「既知」の配列(プローブ)の結合する量を調べるのに対して,DNAアレイでは遺伝子に対する「既知」の配列(プローブ)を支持体に固定させ,「未知」のターゲットの結合する量を調べるという点が異なる(図3-8).解析可能な遺伝子の数はプローブの数によって規定されるため,ノーザンブロット法の場合,一度に1から数種類の遺伝子発現の解析しかできないが,DNAアレイでは一挙に多数の遺伝子の発現パターンが解析できる.シロイヌナズナやイネのように全ゲノムが解読されたモデル植物では,全遺伝子に対応するプローブを固定したDNAアレイを用いることで,全遺伝子の発現状況が一網打尽に解析可能となる.一方,園芸作物においては,扱う植物種は非常に多様であり,固定するプローブの調製が現状では最大の問題となるが,選択すべきDNAアレイの種類について以下に述べる.

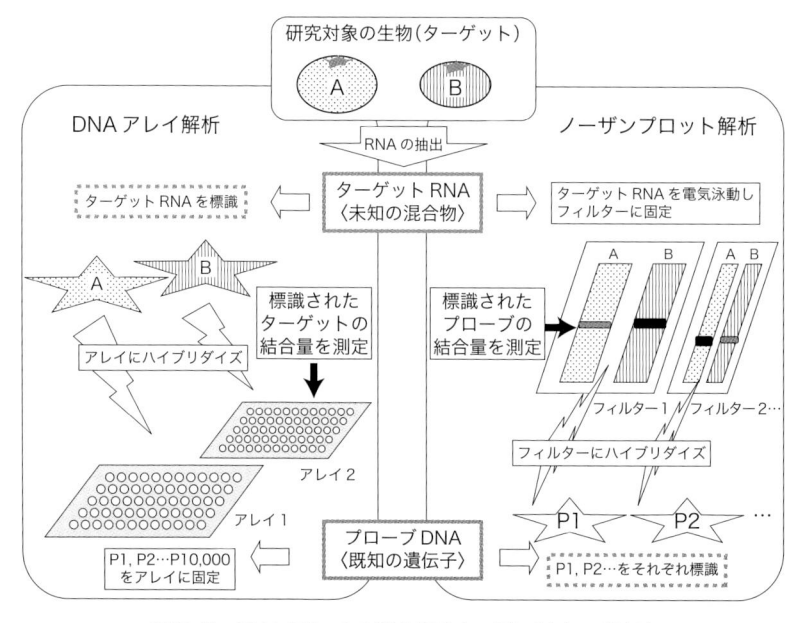

図3-8 DNAアレイの概念図(ノーザン法との比較)

まず，支持体そのものの大きさに注目すると，マクロアレイ法とマイクロアレイ法に分けられる．マクロアレイ法は，約8×12cmの大きさのナイロンフィルターを支持体として，1枚当たり約5,000～7,000のプローブが固定されているものが代表的である．^{33}PでRI標識したターゲットをハイブリダイズさせ，RI強度の検出（イメージングプレートもしくはオートラジオグラフィー）により遺伝子発現量を調べる方法が一般的だが，ターゲットを非RI標識した化学発光による検出も可能である．これに対してマイクロアレイ法で代表的なものは，2.6×7.6cmのスライドグラスを支持体として，固定されているプローブは約10,000～40,000と非常に高密度となっており，蛍光標識したターゲットをハイブリダイズさせ，レーザーを照射し，蛍光を検出する．遺伝子発現の変化を調べる場合に，2つの条件のサンプルからそれぞれ調製したmRNAを異なる蛍光色素（Cy3, Cy5）で標識すれば，1枚のマイクロアレイ上のプローブに競合的にハイブリダイゼーションを行い，各プローブから検出されるそれぞれの蛍光強度を測定することで，その遺伝子の発現状況が測定可能である（Shalonら，1996；DeRisiら，1997）(**口絵1**)．マクロアレイ法の場合，一定面積当たりのスポット数が制限されるが，DNAの固定化が簡便であること，検出プロトコールはすでに確立されたサザンブロット解析と基本的に同じであること，そして何よりも一連の実験を行うのにかかるコストが低いという長所がある．マイクロアレイ法では，必要な専用の読取り装置，アレイそのもの，蛍光標識試薬などが現状ではどれもかなり高価となっている．

　次に，固定するDNA分子によっても大きく2種類，すなわちオリゴヌクレオチドアレイとcDNAアレイに分類することができる．オリゴヌクレオチドアレイは通常，25～80merのオリゴヌクレオチドをプローブとして固定してあるのに対し，cDNAアレイは500～5,000塩基対のPCR産物が固定されている．オリゴヌクレオチドアレイの場合は，プローブの配列は公表されている遺伝子のデータベース上の配列情報から特異性の高い部位を選んで設計することが可能であり，プローブの長さが一定であること，ハイブリダイゼーションの強さに影響するGC含量も揃えることができることから，再現性の高い遺伝子発現

の定量的解析が可能である．逆に，ハイブリダイゼーションする長さが短いためシグナル強度が弱いこと，データベース情報からプローブを作製しているため興味深い遺伝子を選抜できても，改めて cDNA クローンを単離する必要があることなどが問題点としてあげられる．cDNA アレイの長所は，興味深い遺伝子が見出された際にクローンが手元にあること，スポッターがあればいつでもスポットが可能なことであり，逆に短所はスポッターなどのハードウエアがまだ高価なこと，PCR 用のテンプレートとして多数のクローンが手元になくてはならないことなどである．

　オリゴヌクレオチドを固定したマイクロアレイは遺伝子発現解析に適したシステムであるが，効果的なプローブを設計するためにはゲノム規模の塩基配列情報が必要である．つまり，全ゲノム解読が終わった生物ではすべての遺伝子が固定されたアレイを作ることができ，実際に植物ではシロイヌナズナとイネの「全ゲノム」アレイが市販されている．さらに，アフィメトリクス社からは，この 2 種以外に 10 種の植物種のオリゴヌクレオチドアレイが販売されており，カンキツ，トマト，ブドウ，アルファルファの 4 種の園芸作物が含まれる（2006 年 4 月現在）．園芸植物の中でもこれらは，EST 情報の整備が進んでおり，マメ科のモデル植物と捉えられるアルファルファを除いては，加工品を含めた産業規模が大きいために製造されたと思われる．また，各社はオリゴヌクレオチドアレイの設計および製造を請け負っており，ほかの園芸作物でもオリゴヌクレオチドアレイの入手は可能である．しかし，かなり高額なうえ，オリゴヌクレオチドアレイの非常に高い特異性によって，近縁種であっても解析が困難である可能性や，前述したように，各遺伝子の一部の塩基配列しか含まない EST 情報では効果的なプローブを設計するためには不十分である可能性など，園芸生理研究での使用においては考慮すべき問題がある．一方，cDNA アレイの場合は，EST の整備と多数の PCR 反応というコストのかかる作業が必要であるが，プローブのサイズが大きいため系統間や近縁種間から，同じ科内の植物同士でも遺伝子発現パターンの比較ができると想定される．2002 年から農林水産省の支援によって作製されたトマトの cDNA マクロアレイは（Tsugane ら，

2005；Yamamoto ら，2005），実際にトマトの系統間の比較や，同じナス科のナスでの発現解析に利用された．これは，多様な種を扱う園芸生理では有利な点である一方，多重遺伝子族を多く含む園芸作物ではアイソジーン間のクロスハイブリダイゼーションを起こす可能性も高い．また，どちらのアレイにしても園芸作物について全ゲノム遺伝子を網羅したものは整備できないため，モデル植物での利用とは異なる手段であることを留意しなくてならない．

3）モデル植物における研究

前述したように，シロイヌナズナとイネでは，ほぼ全ゲノム遺伝子を搭載したマイクロアレイが市販されており，遺伝子発現の網羅的解析（トランスクリプトーム）とタンパク質，代謝産物，変異系統などにおける形質の網羅的な解析（それぞれプロテオーム，メタボローム，フェノーム）と組み合わせることで，植物の基本的な生理機構の解明が凄まじい速さで進んでいる．ある環境条件や処理によって起こる遺伝子発現量，タンパク質量，代謝産物量，形質の変動を網羅的に解析，統合し，変動の関連性を検証することで生物全体としての生理現象の制御メカニズムが明らかになってくる．また，栽培環境条件による応答を解析した報告は，園芸作物の栽培・生育診断にも応用できると考えられる．

Mission ら（2005）は，リン欠乏に対するシロイヌナズナの反応についての全ゲノムオリゴヌクレオチドマイクロアレイを用いた解析から，脂質代謝系関連遺伝子の発現変動に着目し，リン欠乏に応答して膜中のリン脂質が糖およびスルホ脂質に置き換わるメカニズムを明らかにするとともに，リン欠乏に応答して変動する遺伝子のプロモーター領域をデータベース上で解析し，MYB-type の転写因子 PHR1 が結合する配列が特徴的に存在することを報告している．このように，EST のような転写領域だけでなくプロモーター領域についても全塩基配列が明らかになっているモデル植物では，遺伝子発現の網羅的な解析からそれらを制御する鍵となる転写因子の推定も可能である．これらの情報を園芸生理研究に効率的に応用することが求められる．一方，Jiao ら（2005）は，発芽時の光への反応をシロイヌナズナとイネについて，それぞれの全ゲノ

ムオリゴヌクレオチドマイクロアレイを用いて解析し，両種間の相違と共通性を遺伝子転写レベルで明らかにするとともに，それぞれの光応答遺伝子のプロモーター領域における転写因子結合領域の有無の比較から，両種では異なる転写因子が光応答において重要な役割を担っているとしている．植物種間でのメカニズムの保存性は単純ではないと考えると，園芸作物での網羅的な解析が必要となってくる．

4）園芸作物における生理学的・分子生物学的展開の現状

園芸作物における品種は変異系統そのものであり，遺伝子発現プロファイルと実際の形質を統合し，コードするアミノ酸配列から推定される遺伝子機能を用いて，園芸作物における生理メカニズムの俯瞰図を得ることができる．筆者らは，前述したトマト cDNA マクロアレイを利用して，野生型系統および成熟変異系統 nor トマト果実の成熟における遺伝子発現に対する植物ホルモンの影響を網羅的に解析した（Imanishi ら，2005；図3-9）．各クローンの発現変動パターンを，多変量解析の1つである Self-Organizing Map 法により 20×20 カテゴリーに分類したところ（図3-9b），成熟に関わるエチレン生成の最終反応を触媒する ACO1 と同じカテゴリーに分類されるのは 72 クローンであった．野生型系統と成熟異常系統 nor ともにジャスモン酸で誘導されるこのカテゴリーには，自己防衛・ストレス関連に加えて，代謝関連遺伝子が多く含まれることが明らかとなった（図3-9c）．このことから，ジャスモン酸が NOR の下流およびエチレンより上流でトマトの代謝を制御していることが示唆された．また，機能未知の遺伝子も多く，未知遺伝子の中には果実成熟に深く関わる遺伝子が含まれる可能性がある．

また，トマトにおいては 2003 年から，ゲノム中の遺伝子密度の高いと考えられる部分の塩基配列解読が 10 ヵ国以上参加する国際コンソーシアム（SOL）によって進められており，プロジェクトの一環で cDNA マイクロアレイが研究用に分与されている．Alba ら（2005）はこの cDNA マイクロアレイを利用して，野生型系統およびエチレン非感受系統 Nr トマト果実の成熟における遺伝子発

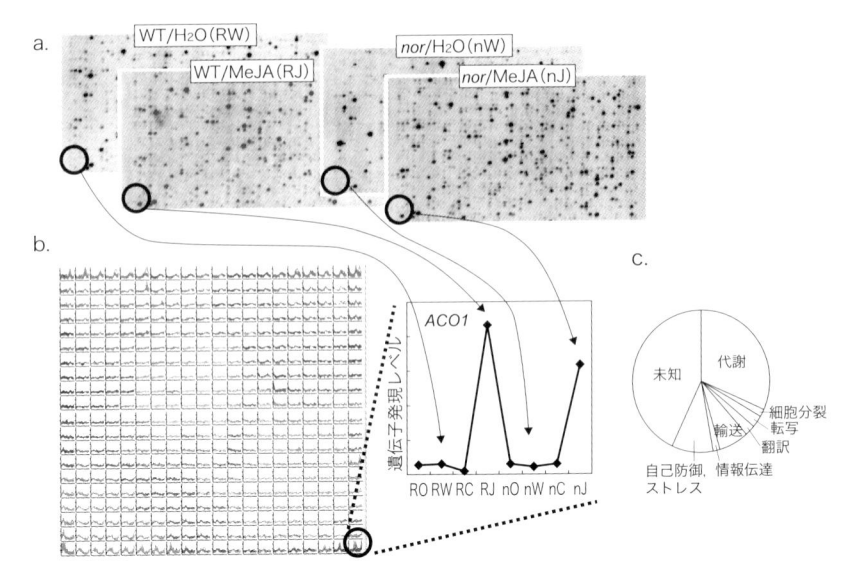

図3-9 DNAマクロアレイの実際の流れ，トマトの生理応答の解析
a：各条件の遺伝子発現レベルを示すトマトDNAマクロアレイ．*ACO1*遺伝子が固定されたスポットを丸で囲った．
b：DNAアレイ上の10,911個の遺伝子の発現パターンを類似性により400のカテゴリーに分類した図．*ACO1*遺伝子が含まれるカテゴリーを丸で囲み，*ACO1*遺伝子のパターンを拡大して示した（RO：野生型系統（WT）未処理，RW：WT水処理，RC：WTエテフォン処理，RJ：WT MeJA処理，nO：*nor*未処理，nW：*nor*水処理，nC：*nor*エテフォン処理，nJ：*nor* MeJA処理）．
c：*ACO1*と同じカテゴリーに分類された遺伝子群の機能推定．

現量の変動を，HPLCで測定したカロテノイド蓄積量の変化と合わせて解析し，カロテノイド生合成系の制御機構を考察している．

5）園芸現場への還元のために残された問題点

　以上述べてきたように，園芸作物におけるDNAアレイ解析の利用例は現状では限られており，生理機構の鍵となる因子および遺伝子の特定には至っていない．しかし，品種間差といった微細な形質の相違点も遺伝子群の発現プロファイルの変化として理解し，形質に関わる遺伝子（群）を明らかにすることで，その背景にある遺伝的機作が解析できると考えられる．このように，数多くの

遺伝子が量的に相互作用して発現する園芸形質の形成機構を総合的に明らかにするには，大量の遺伝子の発現を網羅的に解析するDNAアレイ手法は有効であり，今後技術の低コスト化とアレイの入手が容易になれば爆発的に園芸生理学の理解が深まる可能性は高い．また，育種においても，代謝経路に関わる遺伝子群の発現を網羅的に解析することによって，親系統の持つ目にみえる形質として現れていない潜在的な能力を有効に利用することができると考えられる（図3-10）．

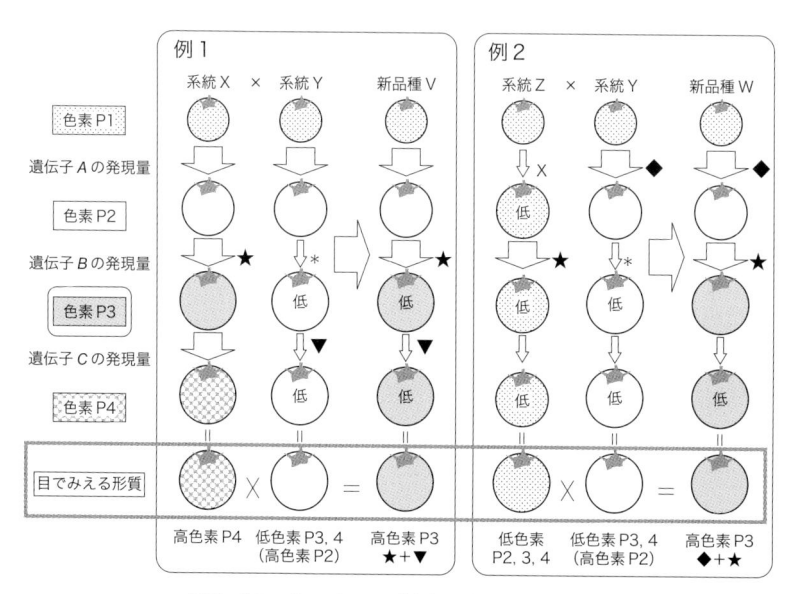

図3-10 トマトでの概念図（育種の効率化）

育種素材間の遺伝子発現レベルの差異をプロファイルし，有用形質に関わる複数の遺伝子の発現を解明することで，効率的な育種母本の組合せを設定することが可能となる．ここでは，色素P3を高めることが求められる育種親系統の組合せを例とした．
例1：アレイ解析により，系統XはP3を生成する遺伝子BとP3を分解する遺伝子Cの発現が高いことを，系統YはP3を分解する遺伝子Cの発現が低いことを明らかにし，★と▼の「遺伝子発現レベルの形質」を集積する．これにより，目にみえる形質としてはP3が高いわけではない系統XおよびYを，育種母本として設定できる．
例2：アレイ解析により，系統ZはP3を生成する遺伝子Bの発現が高いことを，系統YはP3の前駆物質であるP2を生成する遺伝子Aの発現が高いことを明らかにし，★と◆の「遺伝子発現レベルの形質」を集積する．これにより，目にみえる形質としてはP3が高いわけではない系統ZおよびYを，育種母本として設定できる．

シロイヌナズナにおいては，多数の研究者によって得られた実験結果をデータベース化し利用可能にすることで，よりバイオインフォマティクス的な解析を可能としている．ロット間の差が小さく再現性の高い市販のオリゴヌクレオチドアレイを，一定のルールを確認しながら用いているため信頼性が保たれている．これによって，ゲノム全体の遺伝子の発現パターンの相関などから生理機構に関する仮説を立てたあとに，自ら実験を行うことが可能となる．現在は限られた実験数であるが，SOL ではトマト DNA アレイで得られた結果を WEB 上で公開し，誰でも利用できるようにしている．今後，モデル植物と同様に信頼できるデータが蓄積していけば，より効果的に生理機構の鍵となる因子および遺伝子が特定され，現場に分子マーカーなどとして利用されることが期待される．

引 用 文 献

1. 接ぎ木の生理機構

Abe, M. et al. Science 309:1052-1056, 2005.
Ayre, B. C. et al. Plant Physiol. 135:2271-2278, 2004.
Chen, J-J. et al. Plant Cell 9:1289-1304, 1997.
Haywood, V. et al. Plant J. 42:49-68, 2005.
Huang, T. et al. Science 309:1694-1696, 2005.
Imlau, A. et al. Plant Cell 11:309-322, 1999.
Kim, M. et al. Science 293:287-289, 2001.
Lucas, W. J. et al. Science 270:1980-1983, 1995.
Palauqui, J-C. et al. EMBO J. 16:4738-4745, 1997.
Van der Salm, T. P. M. et al. J. Exp. Bot. 49:847-852, 1998.
Xoconostle-Czares, B. et al. Science 283:94-98, 1999.

2. 果樹におけるわい化の生理

Alczar, R. et al. Plant J. 43:425-436, 2005.
Hanzawa, Y. et al. EMBO J. 19:4248-4256, 2000.
Holefors, A. et al. Plant Cell Rept.19:1049-1056, 2000.
Holefors, A. et al. Plant Sci. 136:69-78, 1998.

Kita, M. et al. Biologia Plant. 50:759-762, 2006.
Kitashiba, H. et al. Gene 361:101-111, 2005.
Koshita, Y. et al. J. Japan. Soc. Hort. Sci. 71:529-531, 2002.
Kusaba, S. et al. J. Japan. Soc. Hort. Sci. 68:482-486, 1999.
Lambert, C. et al. Theor. Appl. Genet. 85:105-109, 1992.
Lockard, R. G. and Schneider, G. W. Horticult. Rev. 3:315-375, 1981.
Peng, J. et al. Nature 400:256-261, 1999.
Ueguchi-Tanaka, M. et al. Nature 437:693-698, 2005.
Welander, M. et al. J. Plant Physiol. 153:371-380, 1998.
Zhu, L-H. et al. Plant Sci. 147:75-80, 1999.

3. 頂芽優勢，腋芽促進の機構

Bangerth, F. Planta 194:439-442, 1994.
Bennett, T. et al. Curr. Biol. 16:553-563, 2006.
Booker, J. et al. Curr. Biol. 14:1232-1238, 2004.
Booker, J. et al. Dev. Cell 8:443-449, 2005.
Cline, M. G. Bot. Rev. 57:318-358, 1991.
Gocal, G. F. et al. Plant Physiol. 95:344-350, 1991.
Hillman, J. R. Planta 90:222-229, 1970.
Ishikawa, S. et al. Plant Cell Physiol. 46:79-86, 2005.
伊藤明子 植物の生長調節 36：80-84, 2001.
Johnson, X. et al. Plant Physiol. 142:1014-1026, 2006.
Lazar, G. et al. Proc. Natl. Acad. Sci. USA 103:472-476, 2006.
Li, C. J. et al. Physiol. Plant. 94:465-469, 1995.
Romano, C. P. et al. Genes Dev. 5:438-446, 1991.
Schwartz, S. H. et al. J. Biol. Chem. 279:46940-46945, 2004.
Shimizu-Sato, S. et al. Plant Physiol. 127:1405-1413, 2001.
Snowden, K. C. et al. Plant Cell 17:746-759, 2005.
Snyder, W. E. Plant Physiol. 23:195-206, 1949.
Sorefan, K. et al. Genes Dev. 17:1469-1474, 2003.
Stirnberg, P. et al. Develop. 129:1131-1141, 2002.
Tanaka, M. et al. Plant J. 45:1028-1036, 2006.
Thimann, K. V. Amer. J. Bot. 24:407-412, 1937.
Thimann, K. V. et al. Proc. R. Soc. London Ser. B. 114:317-339, 1934.

Thimann, T. V. Amer. J. Bot. 24:407-412, 1937.
Turnbull, C. N. et al. Planta 165:366-376, 1985.
Turnbull, C. N. et al. Plant J. 32:255-262, 2002.
Wickson, M. et al. Physiol. Plant. 11:62-74, 1958.
Woo, H. R. et al. Plant Cell 13:1779-1790, 2001.
Zou, J. et al. Planta 222:604-612, 2005.

4. 遺伝子発現による生育診断 − DNA アレイ解析の利用 −
Alba, R. et al. Plant Cell 17:2954-2965, 2005.
DeRisi, J. et al. Science 278:680-686, 1997.
Imanishi, S. et al. Acta Hort. 682:149-154, 2005.
Jiao, Y. et al. Plant Cell 17:3239-3256, 2005.
Mission, J. et al. Proc. Natl. Acad. Sci. USA. 102:11934-11939, 2005.
Shalon, D. et al. Genome Res. 6:639-645, 1996.
Tsugane, T. et al. Plant Biotechnol. 22:161165, 2005.
Yamamoto, N. et al. Gene 356:127-134, 2005.

第4章　花芽形成の生理

1．幼若性と花芽形成の機構

1）幼　若　性

(1) 植物の発育相

　植物の発育は質的に異なる3～4の発育相（developmental phase）から成り立っている．発育相に関する言葉の定義については長年議論がなされたが，近年は永年生植物を含めた一般的な植物の生育相は，幼若栄養相（juvenile vegetative phase），成年栄養相（adult vegetative phase），生殖相（reproductive phase）の3つに分類されている（Poethig, 1990, 2003；図4-1）．すなわち，

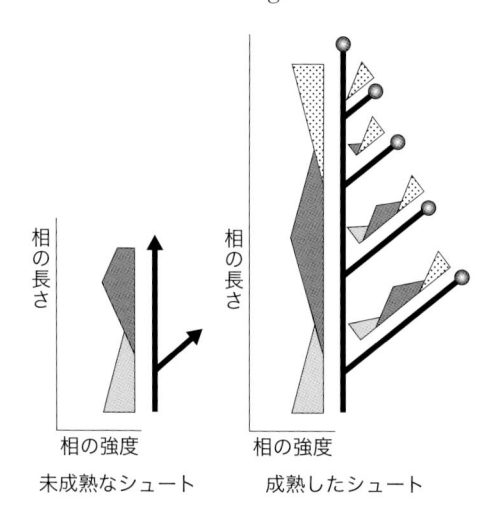

図4-1　植物の生育相
●：花，▨：生殖相，▨：成年栄養相，▨：幼若栄養相．（Poethig, R. S., 1990 より改図）

生育相をまず栄養相と生殖相に分け,さらに栄養相を「外的な花成誘導に反応する能力のない状態」(幼若相)と,「外的な花成誘導に反応する能力のある状態」(成年相)の2つに分けている.幼若栄養相から成年栄養相への相変換は漸進的で識別が困難な植物種が多いが,成年栄養相から生殖相への相変換(phase change)は花芽形成などの急進的な形態変化を伴うため,識別が容易である.

果樹園芸学や林学の分野では,木本植物の発育相を幼若相(juvenile phase)と成年相(adult phase)の2つに分類し,その2相の中間的生育相を過渡相(transition phase)と位置付けていることが多い(Zimmerman, 1972;Hackett, 1985).川田ら(1987)は,キク(*Dendranthema grandiflora*)の発育相を詳細な観察および実験によって4相(ロゼット相,幼若相,感光相,成熟相)に分けている.このように発育相の識別や定義は,植物種の発達様式によっても異なる場合がある.花成誘導条件が解明されている植物は,幼若相の期間を推定することが比較的容易だが,そうでない植物では,周期的,安定的な開花を確認することが幼若相終了の確実な指標となる(Hackett, 1985).

(2) 幼若性と若返り現象

実生が発芽してから一定の間,開花・結実しない期間のことを一般的に幼若期間(juvenile period)と呼んでいる.幼若期間の長さは,1年以下の草本植

表 4-1 植物実生の初開花までに要する期間

植物種	期　間
シロイヌナズナ(*Arabidopsis thaliana*)	1 カ月
トマト(*Lycopersicum esculentum*)	2〜3 カ月
タバコ(*Nicotiana tabacum*)	3 カ月
クリ(*Castanea crenata*)	3〜4 年
核果類(*Prunus* spp.)	4〜5 年
リンゴ(*Malus* spp.)	4〜8 年
カキ(*Diospyros kaki*)	5〜7 年
ナシ(*Pyrus* spp.)	6〜10 年
カンキツ類(*Citrus* spp.)	7〜10 年
アボカド(*Persea americana*)	15 年
ポプラ(*Populus* spp.)	20 年

第4章 花芽形成の生理

物から50～60年以上にも及ぶ木本植物までさまざまである．表4-1に，主要な園芸作物およびモデル植物の幼若期間（開花までに要する期間）を示した．いわゆる「桃栗三年柿八年」といわれるように，果樹などの木本作物は幼若期間の長いものが多く，このような幼若性（juvenility）は効率的な育種の妨げになっている（Zimmerman, 1972；Hackett, 1985）．

幼若相にある実生の形態的・生理的・生化学的特徴を幼若性と呼び，例えば，その形態的特徴としての「棘」はよく知られている．幼若相から成年相への相転換では，形態的特徴として葉形，棘，不定根形成，生理・生化学的特徴として病害虫抵抗性，アントシアニン生成，光合成効率などに関して変化がみられる例がある．樹齢の若い木では，不定根形成能力（挿し木発根性）が高いという特徴が古くから知られていた（表4-2）．

幼若相から成年相への相転換後は，通常の生育条件で再び幼若相に逆行することはまれである．各発育相は，遺伝子の配列変化を直接伴わない要因エピジェネティックス（epigenetics）で維持されている可能性があり，これらの過程におけるDNAメチル化の役割について議論がなされている（Poethig, 1990）．しかし，植物種によっては，相転換後でも何らかの条件によって幼若性を回復することがある．このような現象を若返り（rejuvenation）と呼んでいる．例えば，①不定芽，不定胚からの植物体再生，②幼若性の強い台木への接ぎ木，③ジベレリンなどの植物ホルモンの作用，④強剪定，⑤挿し木による増殖，⑥組織培養による増殖などによって，不定根形成能の上昇および開花遅延など

表4-2 木本植物の幼若性と挿し木発根性

植物種	樹齢 挿し木発根性（％）		
	1年生	2年生	3年生
セイヨウナシ（*Pyrus communis*）	—	64	13
リンゴ（*Malus*）	75	10	1
オウトウ（*Prunus avium*）	—	22	6
モモ（*Prunus persica*）	—	6	11
アメリカヒイラギ（*Ilex opaca*）	100	64	47
タエダマツ（*Pinus taeda*）	46	6	0
セイヨウアカマツ（*Pinus sylvestris*）	77	8	0

（Gardner, F.E., 1929を一部改変）

の幼若性の特徴が発現することが知られている（Hackett, 1985）．接ぎ木や強剪定による若返りは生理的に生育旺盛になった結果であり，発生学的な老化（ontogenetic aging）に逆行するものではない．完全な若返りを誘導できる例はまれであるが，前述したいくつかの方法によりさまざまな植物に対して部分的な若返りを誘導することは可能である．

(3) 幼樹開花と試験管内開花

グレープフルーツ（*Citrus paradise* Macf.）などのカンキツ類では，発芽後数ヵ月で開花し，再び長期の栄養成長過程に入る現象がしばしば観察されている．このように，幼若性を有しながら花芽が形成される例を幼樹開花と呼ぶが，その生理・遺伝学的な解明はなされておらず，幼若性維持あるいは花成誘導機構を考えるうえでも興味深い現象である．一方，これとは性質が異なるが，栄養繁殖している組織培養シュートにまれに花芽が形成されること（試験管内開花，*in vitro* flowering）がある（図4-2）．試験管内開花は，培養に用いた組織が成年相由来である場合は起こりやすく，幼若相由来では起こりにくい（Scorza, 1982）．しかし，約3年の幼若期間を持つチョウセンニンジンの子葉由来外

図4-2 組織培養中に開花したセイヨウナシ
（写真提供：黒坂美穂）

殖片（幼若性組織）の再分化個体は，約半数が10週間で試験管内開花した（Leeら，1990）．このような実験系をほかの園芸作物に応用することによって幼若性や若返り，植物ホルモンの働きを含めた花成誘導条件などを個々に解明することができるかもしれない．

（4）幼若期間の短縮技術

果樹などの永年生作物は幼若期間が長いため，古くからさまざまな開花促進技術が考案され，利用されている（Hackett，1985）．まず，生育温度，受光量，日長，養分などの栽培条件の最適化や休眠の抑制によって持続的に成長させることで幼若期間を短縮する方法がある．これは，「実生が花芽形成能を獲得するためにはその植物体にとって最小限の大きさ（細胞分裂回数）が必要である」との考え方に従っている．接ぎ木による方法もよく知られており，リンゴでは，わい性台木への接ぎ木が幼若期間の短縮に有効である（Visser，1964，1973）．果樹の育種では，わい性台木や高接ぎ（成木上部への接ぎ木）による幼若期間の短縮技術が実際に利用されている．しかし，接ぎ木による開花促進効果についての生理的・分子的基礎は明らかにされていない．

2）花芽形成の機構

（1）花器官形成の機構

双子葉植物の典型的な花は，外側からがく（sepal），花弁（petal），雄ずい（stamen），雌ずい（carpel）が4つの花輪（whorl）に配置される構造から成り立っている（図4-3上）．1990年代初期の植物科学において最も重要でかつ魅力的なテーマの1つは，花器官形成の決定機構を説明する分子遺伝学的基礎を明らかにすることであった．シロイヌナズナおよびキンギョソウにおける3種類の花のホメオティック変異体，すなわちクラスA（外側の花輪から雌ずい－雄ずい－雄ずい－雌ずい），クラスB（がく－がく－雌ずい－雌ずい），クラスC（がく－花弁－花弁－がく）変異体の解析から，4つの花器官の分化決定機構を説明する仮説（ABCモデル）が提案された（Coenら，1991；図4-3上）．

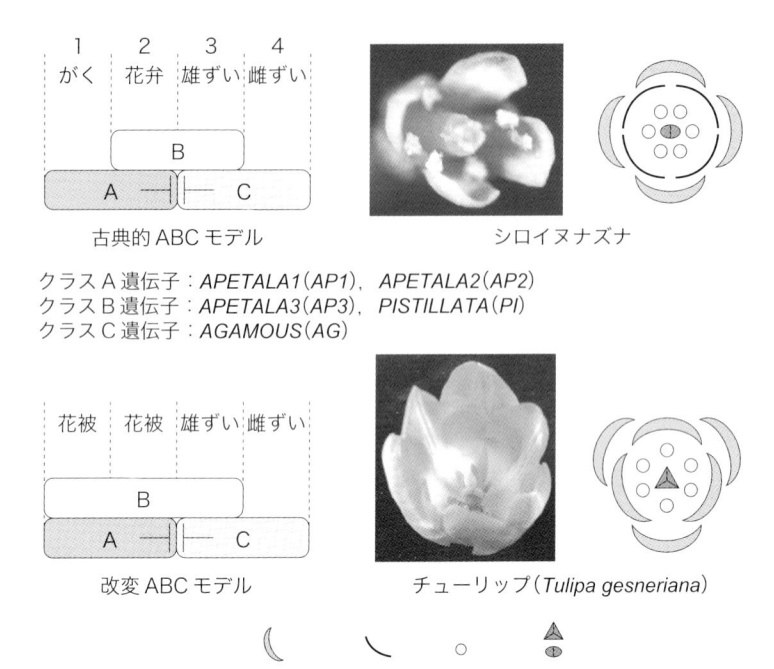

図4-3 花器官形成のABCモデル

上：古典的ABCモデル，下：改変ABCモデル．シロイヌナズナではクラスA遺伝子として*APETALA1*(*AP1*)，および*APETALA2*(*AP2*)，クラスB遺伝子として*APETALA3*(*AP3*)および*PISTILLATA*(*PI*)，クラスC遺伝子として*AGAMOUS*(*AG*)が同定されている．

この仮説では，ホメオティック変異に関わる遺伝子群をA，B，Cの3グループに分け，それぞれの花輪における3つの遺伝子の機能の仕方（発現の有無）によって花器官の決定がなされると考える．A遺伝子のみが機能するとがく，AとB遺伝子が機能すると花弁，BとC遺伝子が機能すると雄ずい，C遺伝子のみが機能すると雌ずいとなり，いずれの遺伝子も機能しない場合は葉になる．また，A機能とC機能は互いに拮抗している．これがよく知られている古典的ABCモデルの基本概念である．モデル植物のシロイヌナズナでは，A，B，C機能を司っている遺伝子がそれぞれ同定されている（図4-3上）．これらの遺伝子は*APETALA2*(*AP2*)を除きすべて*MADS*-box遺伝子ファミリーに属し，転

写因子として機能している．花器官形成に関与する遺伝子はさまざまな植物で単離および同定され，ABCモデルは多くの植物に適用できることがわかっている．

園芸的に古くから親しまれている八重咲き品種（図4-4）も，このような花器官形成に関わるホメオティック遺伝子の変異が原因の1つであろう．'スペンサー・シードレス'，'ラ・イメ'などの種なしリンゴは花の形態にも特徴があり（図4-5B），ギリシャ・ローマの時代から観賞用・加工用リンゴとして知られていた．この花はBクラス変異体と同じような表現型を示していたことから，B遺伝子の機能欠損変異体であると考えられた．これらの変異体では，*MdPI*（リンゴの*PI*相同遺伝子）のイントロンにレトロトランスポゾン様配列が挿入され（図4-5C），*MdPI*が発現していなかった（Yaoら，2001）．単子葉植物であるチューリップは，がくと花弁が合わさった花被（tepal）を形成するため，クラスB遺伝子が1番目の花輪にも拡張して発現していることが推測された（図4-3下）．その後チューリップからはクラスB遺伝子が3種類単離され，これらの遺伝子が1〜3番目の花輪に発現していることが実験的に証明された（Kannoら，2003）．

胚珠の決定に必要な*MADS-box*遺伝子*FBP11*がペチュニアにおいて同定され（D機能），さらにシロイヌナズナにおいて，BおよびC機能の発現には*MADS-box*遺伝子ファミリーに属する*SEP*遺伝子が必要であること（E機能）

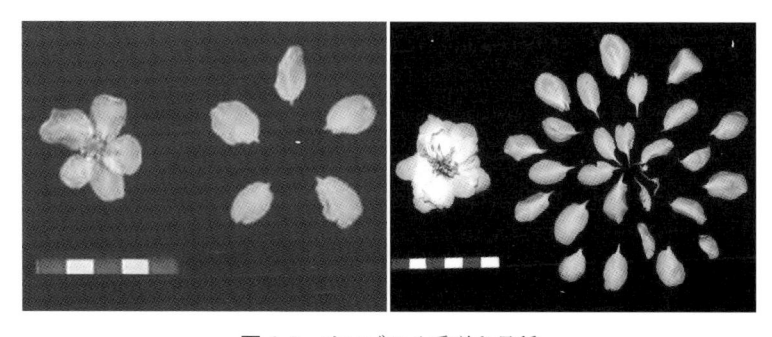

図4-4　リンゴの八重咲き品種
左：'ふじ'（対照），右：'プリンスジョージクラブ'（八重咲き品種）．1目盛り＝1cm．

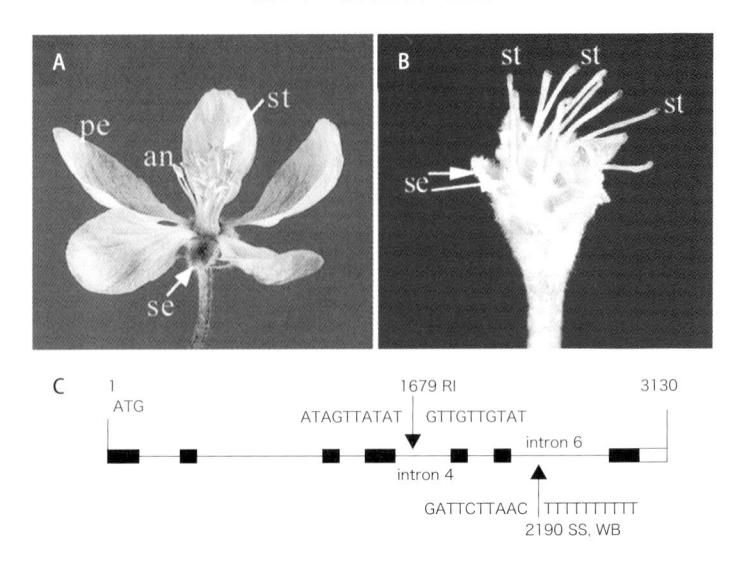

図4-5 リンゴのクラスB変異体とその原因遺伝子
A:'ふじ'の花(対照), B:'ラ・イメ'の花, C:*MdPI*遺伝子の変異部位.'ラ・イメ'は*MdPI*遺伝子の第4イントロン,'スペンサーシードレス'と'ウェリントンブルームレス'は第6イントロンにトランスポゾン様配列が挿入されている. se:がく, pe:花弁, an:葯, st:柱, RI:'ラ・イメ', SS:'スペンサーシードレス', WB:'ウェリントンブルームレス'. 数字(1, 1,679, 3,130)は翻訳開始点からの塩基数を示す.（Yao, J. L. et al, 2001）

がわかり，現時点ではABCモデルをさらに拡張したABCDEモデルが提案されている（Theissen, 2001）．花器官決定の分子的基礎が明らかになった結果，私たちは遺伝子組換え技術を用いてこれらの花器官形成遺伝子を異所的（ectopic）に発現させることにより，本来とは異なる花の形態を作り出すことが可能となった．

(2) 花芽形成遺伝子

シロイヌナズナでは，*AP1*あるいは*LEAFY*（*LFY*）を強制的に発現させると花成が促進され，花序が有限化する（Mandelら，1995；Weigelら，1995）（図4-6B）．この形質転換体と酷似した表現型を示すものが*terminal flower1*（*tfl1*）突然変異体（図4-6C）である．*tfl1*変異体では*LFY*が茎頂において異所的に

図 4-6 シロイヌナズナの *tfl1* 突然変異体および *AP1* 過剰発現個体
A：野生型（対照），B：*AP1* 過剰発現個体，C：*tfl1* 突然変異体．

発現し，*TFL1* の強制発現シロイヌナズナは，*ap1/lfy* 二重機能欠失変異体様の花序を形成する．*TFL1* は *LFY* と *AP1* を抑制することにより花序分裂組織を維持し，栄養相から生殖相への移行を遅らせている．*TFL1* は，ホスファチジルエタノールアミン結合タンパク質（PEBP，Raf-1 キナーゼの活性阻害タンパク質）と相同性があるが，その詳細な生化学的機能は明らかになされていない．

　FT は花成促進遺伝子と同定され（Kardailsky ら，1999；Kobayashi ら，1999），光周期的促進経路下流の *CONSTANS*（*CO*）(Putterril ら，1995）により正の発現制御を受けている．*FT* を強制的に発現させると *tfl1* 突然変異体に酷似した形態を示す．*TFL1* と *FT* は相同遺伝子であるにもかかわらず，機能的に拮抗関係にあるのは興味深い．葉で発現した *FT* の mRNA は茎頂に移行し，そこで bZIP 転写因子 FD と複合体を形成し花成を誘導する（Abe ら，2005）．このような *FT* の挙動は花成ホルモン（フロリゲン）の概念（Chailakhyan，1968）と一致している．

第4章 花芽形成の生理

　花芽形成遺伝子を用いた木本植物の幼若期間短縮は，シロイヌナズナの *LFY* を強制発現させたポプラで初めて成功した（Weigel ら，1995）．その後，シロイヌナズナの *LFY* および *AP1* を強制発現させたオレンジが，12～20 ヵ月で開花することが報告された（Peña ら，2001）．また，リンゴにおいては，*MdTFL1*（リンゴの *TFL1* 相同遺伝子）アンチセンスの強制発現により内生 *MdTFL1* の発現が低下した組換えリンゴ（*Malus × domestica*）が 8～25 ヵ月で開花し（口絵 2A，B），*MdTFL1* はリンゴの幼若性維持に関わっていることが示されている（Kotoda ら，2006）．一方，*FT* と相同な塩基配列を持つ遺伝子 *CiFT*（<u>C</u>itrus <u>u</u>nshiu <u>FT</u>）がカンキツ類のカラタチ（*Citrus tolifoliata*）に導入され，その組換えカラタチは 3～22 ヵ月で開花した（Endo ら，2005；口絵 2D，E）．カラタチは幼若期間が長く開花まで通常 10 年ほどの年月がかかることから，*CiFT* は花成誘導を著しく促進し，結果として幼若期間を短縮したと考えられる．いずれの組換え体も花粉稔性，種子稔性は正常であり，果実および後代実生が獲得されている（口絵 2C，F）．

　イネの *FT* 相同遺伝子 *HEADING DATE 3a*（*Hd3a*）を強制的に発現させると

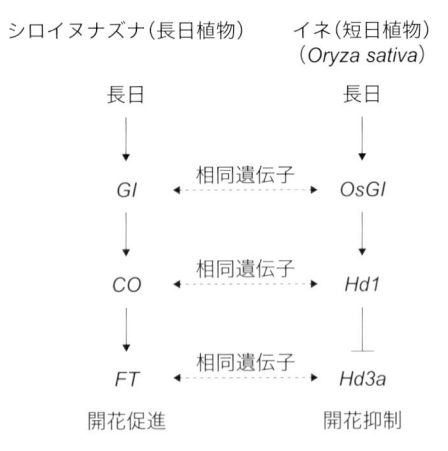

図4-7　シロイヌナズナとイネにおける花成誘導機構
GI(*GIGANTEA*)，*CO*(*CONSTANS*)，*FT*(*FLOWERING LOCUS T*)，*OsGI*(イネの *GI* 相同遺伝子)，*Hd1*(イネの *CO* 相同遺伝子)，*Hd3*(イネの *FT* 相同遺伝子)．(Hayama, R. et al., 2003 を一部改変)

第4章　花芽形成の生理

出穂期が早まり，逆にアンチセンス方向に発現させると出穂期が遅れる．また，イネには光周期的促進経路遺伝子群に属する Zinc finger タンパク質の CO 相同遺伝子 HEADING DATE 1 (Hd1) が存在する．興味深いことに，長日条件下においては，シロイヌナズナの CO は FT の発現および開花を促進するのに対し，イネの Hd1 は Hd3a の発現および開花を抑制する (Hayama ら，2003；図4-7)．TFL1/FT 遺伝子をはじめ花成に関わる重要な遺伝子の多くは植物種間で保存されているが，花成経路遺伝子群の機能的作用や発現様式に相違がみられる．これが花成誘導や花芽形成における種の特異性に重要な役割を果たしていると考えられている．園芸植物の花芽形成機構を解明するには，各花成遺伝子の発現様式の違いについて詳細に調べ，遺伝子導入実験により機能解析を行っていくことが必要である．

(3) 誘引や植物成長調節剤による花芽形成の促進

果樹園芸では，枝を垂直方向から水平方向に誘引することによって栄養成長を抑制し，開花・結実を促進させる効果のあることが古くから知られてい

図 4-8　枝の誘引によるニホンナシ'幸水'の開花促進
左：直立枝，右：誘引枝．前年の 6 月中旬から 7 月上旬の間に直立枝を 45°に曲げる処理を行うと，翌年は誘引枝の腋芽に多くの花芽がつく．(写真提供：伊東明子)

る．誘引による花成促進技術はニホンナシの栽培において確立されており，直立した新梢を6月中旬から7月上旬の間に45°に曲げる処理が行われる（図4-8）．このような誘引処理による花成促進は，内生成長調節物質がきわめて重要な役割を果たしている．ニホンナシ'新水'の誘引処理では，新梢成長の停止，芽へのジベレリン供給の減少，腋芽のサイトカイニンの上昇によってりん片が形成され，花芽形成が進行すると考えられた（伴野ら，1985a）．同様にニホンナシ'幸水'の腋芽における内生オーキシン（インドール酢酸，IAA），アブシジン酸（ABA），ジベレリン（GA_{1+3}, GA_{4+7}）およびサイトカイニン（CK）に及ぼす誘引処理の影響を定量的に分析した結果，誘引枝の腋芽では，対照（直立枝）と比較しIAAとGA_{4+7}濃度が低下し，ABAとCK濃度が上昇することが確かめられた（Itoら，1999）．誘引処理はIAAの求基的な（頂芽から根への）移動を弱めるので，このことが腋芽のIAAを低下させていると考えられる．IAAの減少は不活性型GAから活性型GAへの変換を抑え，CKの代謝や維管束内の輸送を促進させることから，誘引枝の腋芽では，IAAの低下によりGA_{4+7}が減少しCKが増加したと考えられる（図4-9）．

ニホンナシ（'新水'および'豊水'）では，成長停止前の6月中旬にサイ

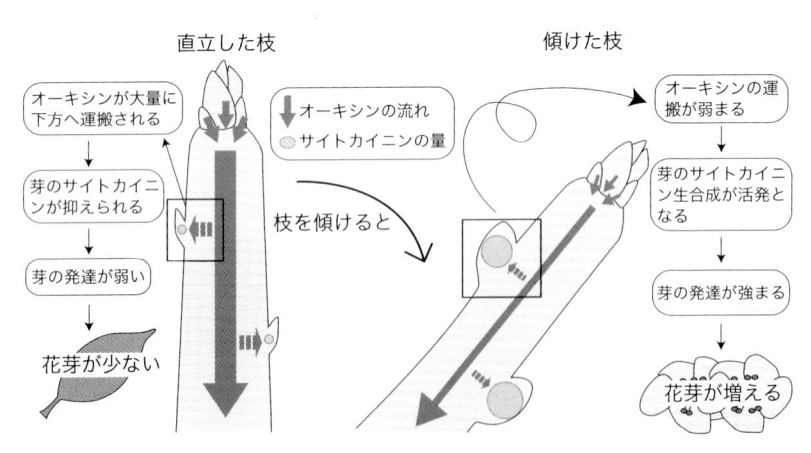

図4-9 枝の誘引による果樹(ニホンナシ)の花芽形成促進メカニズム
（伊東明子　原図）

トカイニン（ベンジルアデニン，BA）を直立した新梢に散布すると，腋芽の休眠が打破され萌芽伸長する結果，枝の誘引と同様に花芽形成率が上昇する（伴野ら，1985b）．リンゴではBAを処理することによりフェザー（羽毛状枝）を発生させ，花芽形成を促進する方法が考案されている．またスクシニック酸-2,2-ジメチルヒドラジド（SADH）のような成長抑制剤の散布も花成促進効果があり，リンゴやニホンナシにおいてその効果が確かめられている．

2．バーナリゼーションおよび休眠

1）バーナリゼーション

　花芽形成は園芸分野において重要な問題の1つである．収穫物の生産に花芽形成が必要な果樹，果菜類および花き類では当然ながら，生殖成長に至る前に収穫される葉根菜類においても，抽苔（seed stalk formation, flower stalk development, あるいは bolting）の抑制や採種のために花芽形成が関わってくる．

　花芽形成に関係する要因としては，温度，日長，植物の齢や栄養状態などがあげられる．その中で温度に関しては，ダイコンやキャベツのように低温により花芽分化が引き起こされるものと，レタスのように高温によって引き起こされるものとがある（表4-3）．低温によって開花が促進される現象は，いろいろな植物で知られていたが，Lysenkoによるコムギの研究によって解明が進んだ．コムギには，秋に播種され，冬を経て春の長日条件下で出穂する秋播性品

表4-3　野菜の花成要因の例

温度	低温	種子春化型	カブ，ダイコン，ツケナ類，ハクサイ
		植物体春化型	イチゴ，キャベツ，ゴボウ，セルリー，タマネギ，ニンジン，ニンニク，ネギ，ブロッコリー
	高温		レタス
日長	短日		イチゴ，キュウリ，シソ
	長日		シュンギク，タカナ，ホウレンソウ

種と春になってから播種される春播性品種とがある．秋播性品種は生殖成長に切りかわるために低温を必要とするため，春に播種すると十分な低温に遭遇することがなく，出穂しない．そこで，吸水した状態の種子に低温を与えてから播種すると，その後低温に遭遇することがなくても開花結実することが明らかとなった．こうした一定期間低温に遭遇することによって花芽形成が引き起こされることを春化（バーナリゼーション，vernalization）という．そして，種子あるいは植物体に低温を人為的に与えて花芽分化させることを春化処理という．

(1) バーナリゼーションのタイプと関連要因

バーナリゼーションは，植物が低温に感応するようになる生育ステージによって大きく2つに分類される．種子の状態で低温感応する種子バーナリゼーションと，植物体がある程度以上の大きさに成長してからでないと低温感応しない植物体バーナリゼーションである．前者に含まれる野菜としては，カブ，ダイコン，ハクサイなどがあり，後者には，キャベツ，タマネギ，ニンジンなどがある．

植物体バーナリゼーション型であるキャベツは，一部の品種を除いて，種

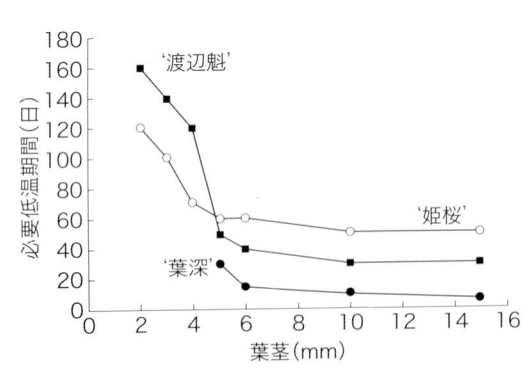

図4-10 キャベツの花芽分化が起こるために必要な低温(9℃)継続期間と感応する苗の大きさの関係
（伊東秀夫：農業及び園芸，養賢堂，1962より改図）

子での低温処理によっては花芽分化しない．低温に感応するようになる生育ステージと必要な低温遭遇期間は品種によって異なり，同じ品種でも生育ステージによって必要な低温遭遇期間が異なる．キャベツで苗の茎径を生育ステージの指標とした実験では，苗の茎径が太くなるほど短期間の低温処理により花芽分化を引き起こすことが明らかとなった（図4-10）．低温により花芽分化が誘起されたあとは，温度の上昇によって抽苔，開花が促進される．抽苔は，結球・ロゼット状態にある葉根菜類で，花芽が発育して花茎が伸長してくることをいう．花芽分化すると葉分化は停止してしまうため，結球開始前であってもバーナリゼーションにより花芽分化し，開花する（図4-11）．

　低温による花芽分化と日長との関係についても研究されており，長日植物でその長日を低温で置きかえる，あるいは短日植物で低温によって代替することのできるものもある．イチゴでは，低温や短日条件，植物体内の低窒素濃度，あるいはそれらが組み合わさって花芽分化が引き起こされる．14℃以下の低温では，連続照明下でも花芽分化し，温度が上がると適当な短日条件（8時間日長）ほど効果があり，30℃以上では日長に関係なく花芽形成しない．

　バーナリゼーション植物では，光周性の感応部位が葉であるのと違い，低温は主に成長点のある茎頂部で感受されると考えられている．また，バーナリゼーションのさまざまな物質との関係が研究されているが，植物ホルモンであるジベレリンは，ある程度バーナリゼーションの代替・補足作用を持つものの，イチゴなどでは花芽形成が抑制される場合もあり，その機作は解明されていない．

　バーナリゼーションの途中で高温にさらされると低温の効果が打ち消されて，花芽分化が抑制，あるいは停止す

図4-11 開花したキャベツ
2001年，野菜・茶業試験場（盛岡）にて撮影．

る現象があり，デバーナリゼーション（脱春化，devernalization）と呼ばれている．ブロッコリーの花らい形成について，夜間の低温は昼間の高温によって部分的に打ち消される脱春化作用のあることが報告されている．ダイコンやネギなどでは，脱春化に関する知見をもとにして，低温期間中にトンネル被覆を利用して，日中に高温を与えることで抽苔を抑制する栽培法が普及している．

(2) バーナリゼーションの機作

バーナリゼーションの植物体内で起きている遺伝子レベルでの制御については，キャベツと同じアブラナ科の植物であるシロイヌナズナを用いた研究で徐々に解明が進んでいる．シロイヌナズナで *FRIGIDA*（*FRI*）と MADS-box 転写抑制因子をコードしている *FLOWERING LOCUS C*（*FLC*）という花芽形成を抑制する遺伝子がみつかった．*FRI* は *FLC* の発現を促進し，通常は *FLC* が働いて植物体の花芽形成を抑制しており，バーナリゼーションによって *FLC* のmRNAやタンパク質の発現量が低下することが確認されている（Michaelsら，1999）．開花遅延やバーナリゼーションに関するシロイヌナズナの変異体から *VERNALIZATION*（*VRN*）遺伝子や *VERNALIZATION INSENTIVE 3*（*VIN3*）遺伝子がみつけられた（Chandlerら，1996；Sungら，2004）．*VRN1* は DNA 結合タンパク質（Levyら，2002），*VRN2* は Polycomb グループタンパク質をそれぞれコードしており（Gendallら，2001），バーナリゼーションによって誘導される *VIN3* は，PHD フィンガータンパク質をコードしていることが明らかとなった（Sungら，2004）．バーナリゼーションによる *FLC* の発現低下では，*FLC* のクロマチンがメチル化などのヒストン修飾によってサイレンシングを受けており，*VIN3* はヒストン修飾によって *FLC* の発現を低下させ，*VRN1* と *VRN2* は *FLC* の発現が低下した状態の維持に関わっているのではないかと考えられている（Bastowら，2004）．

なお，コムギにおいては，シロイヌナズナと異なる経路が考えられている．*VRN1* と *VRN2*（どちらもシロイヌナズナの同名遺伝子とは別）の2つの遺伝子がバーナリゼーションの中心的な役割を果たし，*VRN2* は花芽形成の抑制因

子として働き，低温に曝されていない状態では VRN1 の発現を抑制していると
みられる（Yan ら，2004）．

　このように現時点では，植物によって異なるバーナリゼーション機構が提示
されているものの，バーナリゼーションに関与する遺伝子の働きによって花芽
分化を抑制している因子を減少させることが栄養成長から生殖成長に切りかわ
る要因となっている点では，類似がみられる．

2）休眠と休眠打破

　植物には，冬や夏に生育を停止させて休眠（dormancy）に入るものがある．
休眠することで植物は，低温，高温，あるいは乾燥などの不良環境に対して耐
性を獲得できる．休眠には，良好な環境においても休眠が破れない自発休眠（生
理的休眠）と環境が不良な期間だけ続く強制休眠とがあるが，強制休眠を狭義
の休眠には含まないとする考え方もあるなど，休眠の定義に関しては混乱があ
る．そこで，Lang ら（1987）は，成長の停止が休眠器官自体に由来する原因
によって起こる休眠（endodormancy），成長の停止が休眠器官以外の器官に
由来する原因で起こる休眠（paradormancy），成長の停止が不適当な環境条件
によって起こる休眠（ecodormancy）というような新しい用語の使用を提案し
ている．

　温帯性の木本性植物は，季節変化に適応して，夏以降の短日と気温の低下
によって成長が停止し，落葉し，休眠状態で越冬する．この休眠状態から覚醒
する（休眠覚醒，breaking endodormancy）には一定期間低温に遭遇しなけれ
ばならない（低温要求，chilling requirement）．植物種によって低温に遭遇す
る花芽形成のステージは異なるが，低温が花芽の発育や成熟に促進的な作用を
持っていると考えられ，冬期間の十分な低温に遭遇することで春の萌芽や開花，
成長の再開が可能となっている．そのため，暖冬などの気象変動を受けて，開
花の遅れや不揃いなど果実生産上の問題を引き起こすこともある．また，温帯
性果樹を亜熱帯地方などで栽培することが難しい原因の1つとなっている．

　球根性植物の休眠は，高温乾燥に対するものと低温に対するものとがある．

また，花芽分化については，チューリップやスイセンのように花芽分化後に休眠するタイプと，休眠覚醒後に新芽が球根より伸張してから花芽分化するアイリス，テッポウユリ，フリージアなどのようなタイプがある．前者では，夏季に分化した花芽が成熟して開花するために低温を必要とする．一方，後者では，高温に遭遇後，休眠から覚醒して成長を再開し，その後の低温によって花芽分化が誘導される．球根性植物の休眠は，温湯浸漬や燻煙処理によっても打破されることが知られている．

　タマネギ，ニンニク，ワケギなどは長日条件で鱗茎（bulb）を形成して休眠に入り，夏の高温によって休眠は打破される．鱗茎を形成しないネギ類であるネギやニラでは，低温短日条件で休眠状態となり，十分な低温によって覚醒する．こうした休眠は，ジャガイモ塊茎の成長阻害物質やカエデ芽中の休眠に関連する物質として見出された植物ホルモンであるアブシジン酸（ABA）との関連が強く示唆されており，ワケギで鱗茎の休眠の深さとABA濃度との間に関係があることが報告されている（Yamazakiら，1995；図4-12）．休眠機構におけるABAの関与については，主に種子休眠に関して，内生量の測定と処理による休眠への影響の解析のほかにABA欠損変異体やABAに対する感受性が低い変異体などの利用による研究も進められている．モモの栄養芽について休

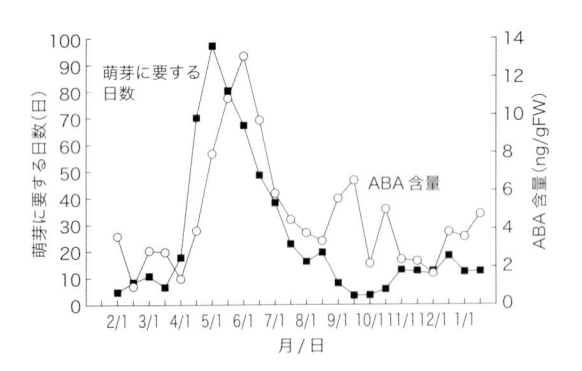

図4-12　ワケギの鱗茎におけるアブシジン酸含量と休眠の深さの季節変化
（Yamazaki, H. et al., 1995より改図）

眠中における4つの原形質膜H$^+$-ATPaseの遺伝子発現の違い（Gévaudantら，2001），ポプラでは休眠期間に関与する量的形質遺伝子座（QTL）の解析が行われたが（Frewenら，2000），花芽の休眠機構に関する分子生物学的な解明はあまりなされていない．

イチゴは秋になると低温短日条件下で花芽分化し，その後ランナーの発生が停止し，株全体が矮化したロゼット状となって休眠に入る．休眠は冬期間の低温によって打破されるが，それに必要な低温遭遇期間は品種間差が大きい．イチゴには，休眠中は連続的に花芽分化するという性質がある．これを利用して，一度休眠に入ったイチゴを完全には休眠打破せず，矮化もしない程度に覚醒させた半休眠状態に維持することで，連続的に出蕾させて収量を増加させる低温カット栽培と呼ばれる栽培法が確立されている．休眠中も花芽分化などが進むイチゴの休眠は，相対的休眠と分類されることもある．

以上のように，植物の栄養成長から生殖成長への切換えや，休眠から成長再開への転換に大きな役割を果たしている要因の1つが温度である．この温度に対する反応を利用して，収穫時期を拡大させるさまざまな作型や安定的な生産をするための技術が開発されている．

引 用 文 献

1. 幼若性と花芽形成の機構

Abe, M. et al. Science 309:1052-1056, 2005.
伴野　潔ら 園学雑 53:365-376, 1985a.
伴野　潔ら 鳥取大農研報 38:11-15, 1985b.
Chailakhyan, M.K. Ann. Rev. Plant Physiol. 19:1-37, 1968.
Coen, E.S. et al. Nature 353:31-37, 1991.
Endo, T. et al. Transgenic Res. 14:703-712, 2005.
Gardner, F.E. Proc. Amer. Soc. Hort. Sci. USA 26:101-104, 1929.
Hackett, W.P. Hort. Rev. 7:109-155, 1985.
Hayama, R. et al. Nature 422:719-722, 2003.
Ito, A. et al. HortScience 34:1224-1228, 1999.

Kanno, A. et al., Plant Mol. Biol. 52:831-841, 2003.
川田穣一ら 野菜・茶業試験場報告 A.1:187-222, 1987.
Kardailsky, I. et al. Science 286:1962-1964, 1999.
Kobayashi, Y. et al. Science 286:1960-1962 , 1999.
Kotoda, N. et al. J. Amer. Soc. Hort. Sci. 131:74-81, 2006.
Lee, H.S. et al. HortScience 25:1652-1654, 1990.
Mandel, M.A. et al. Nature 360:273-277, 1995.
Peña, L. et al. Nature Biotechnol. 19:263-267, 2001.
Poethig, R.S. Science 250:923-930, 1990.
Poethig, R.S. Science 301:334-336, 2003.
Putterril, J. et al. Cell 80:847-857, 1995.
Scorza, R. Hort. Rev. 4:106-127, 1982.
Theissen, G. Curr. Opin. Plant Biol. 4:75-85, 2001.
Visser, T. Euphytica 13:119-129, 1964.
Weigel, D. et al. Nature 377:495-500, 1995.
Yao, J.L. et al. Proc. Natl. Acad. Sci. USA 98:1306-1311, 2001.
Zimmerman, R.H. HortScience 7:447-455, 1972.

2. バーナリゼーションおよび休眠

Bastow, R. et al. Nature 427:164-167, 2004.
Boss, P. K. et al. Plant Cell 16:S18-S31, 2004.
Chandler, J. et al. Plant J. 10:637-644, 1996.
Frewen, B. E. et al. Genetics 154:837-845, 2000.
伊東秀夫 農業及園芸 37:635-637, 1962.
Gendall, A. R. et al. Cell 107:525-535, 2001.
Gvaudant, F. et al. Planta 212:619-626, 2001.
香川　彰 野菜の発育生理と栽培技術 4 章 158-255, 1967.
Lang, G. A. et al. HortScience 22:371-377,1987.
Levy, Y. Y. et al. Science 297:243-246, 2002.
Michaels, S. D. et al. Plant Cell 11:949-956, 1999.
大久保敬 新園芸学全編 436-442, 1998.
斎藤　隆 園芸学全編 304-313, 1973.
Sung, S. et al. Annu. Rev. Plant Biol. 56:491-508, 2005.
Sung, S. et al. Nature 427:159-164, 2004.

高樹英明 新園芸学全編 242-245, 1998.

Yamazaki, H. et al. J.Japan. Soc. Hort. Sci. 64:589-598, 1995.

Yan, L. et al. Science 303:1640-1644, 2004.

第5章 開花, 受精, 結実の生理

1. 開 花 の 機 構

　「花が咲く」, この現象は誰もが目にするきわめて自然な現象である. 植物にとって開花は, 訪花昆虫を引き寄せ, 受粉 (pollination) 受精 (fertilization) につなげる重要な意味を持つ現象である. 園芸産業上においても, 開花は切り花や鉢物などの観賞用植物の品質に関わる大きな要素の1つである. つまり, 切り花や鉢花では蕾からいかに美しく咲き, そしていかに長く観賞できるかが品質の1つの指標といえる. 現在では, 観賞花きの品質については花の老化を遅らせることを中心に研究され, 切り花観賞期間 (vase life) の延長のため多くの技術が実用化されている. バラ (*Rosa hybrida*) では切り花に糖処理することで開花後の老化を遅らせ, 花色の発現を改善することができる. カーネーション (*Dianthus caryophyllus*) では, チオ硫酸銀 (silver thiosulphate, STS) 処理によりエチレンによる老化を著しく阻害できる. しかしながら, 老化だけでなく開花現象そのものにも着目し, その機構を明らかにすることで観賞花きの品質向上につなげることも重要である. 特にバラなどは, 蕾から徐々に花弁が成長し開花していく過程が消費者を引き付ける大きな魅力の1つでもある. また, トルコギキョウ (*Eustoma grandiflorum*), デルフィニウム (*Delphinium grandiflorum*) などのように1本の花茎に複数の小花があり, まだ開花していない蕾を完全に開花させることも切り花の品質向上につながる. 今までの植物生理学や園芸学の分野では花弁成長そのものにターゲットを置いた研究が少なく, 開花現象はそれほど解明されていない. ここでは, 花弁の肥大成長を中心とした開花現象について, 現在までに調べられている結果や今後の研究の流れを中心にまとめた.

1）開 花 と は

　ある程度成長して成熟状態に達した植物は，適当な条件下で花芽を分化させる．まず，包葉（bract leaf）原基と小花（floret）原基が分化し，小花原基はがく（calyx），花弁（petal），雄ずい（stamen），雌ずい（pistil）を分化して発達する（Kinetら，1985）．多くの花きでは，温度によって花弁の数が変化する．例えば，チューリップ（*Tulipa gesneriana*）の花葉（がく片）やバラやカーネーションの花弁数は低温によって増加し，シュッコンカスミソウ（*Gypsophila paniculata*）では高温により花弁数が増えることが知られている．いずれも最適温度によって花葉（floral leaf）原基の細胞分裂が促進され，花葉の分裂期間が長くなり，結果的に花葉数が増えている．花弁細胞の分裂は，花蕾（flower bud）のきわめて小さい時期に停止し，その後もっぱら肥大成長によると考えられる．

　開花とは多くの場合，花弁組織の背軸側への反り返りを伴う成長であり，

図5-1　バラ'ソニア'の開花に伴う花弁の成長
下の写真はそれぞれのステージにおける花弁の横断切片をトルイジンブルーで染色してある．写真の右上もしくは上側が花弁の表側の表皮に当たる．

その成長は花弁表層と裏層の肥大成長差によって引き起こされる（図5-1）．チューリップ花弁では，開花時に花弁の内側と外側の表皮細胞（epidermal cell）のみが成長し，柔組織（parenchyma）の細胞は表皮細胞の肥大成長に引っ張られるだけである．その外側の表皮細胞の成長に最適な温度は，内側の表皮細胞に比べ10℃ほど低い（Wood, 1953）．これにより，気温が上昇すると開花し，気温の低下によって閉花が引き起こされる．そのほかにも気温と開花の関係は数多く報告されており，実際に露地栽培のアサガオでは季節によって開花時刻は変化している．また，光も開花に影響しており，人工気象室などで照明を制御して昼夜を逆転させると夕方にアサガオを開花させることもできる．また，数日かけてゆっくり開花するバラでも，花弁の肥大は夜間から早朝に盛んであるといわれている．

2）花弁成長と炭水化物の代謝

開花における肥大成長は，花弁細胞内での貯蔵糖の分解やアポプラスト（apoplast）からの糖の流入などによってまず浸透圧調整物質が蓄積して，その結果，花弁細胞内の浸透圧が高まり水が流入することで引き起こされる．さらに，花弁細胞の急激な肥大には，呼吸基質として，また細胞壁合成のために多量の糖が必要となる．多くの植物の若い花弁細胞にはデンプンとフルクタンが相当量含まれており，開花の直前にグルコースやフルクトースに変換される（Ho and Nichols, 1977；Hammond, 1982）．サンダーソニア（*Sandersonia aurantiaca*）のように，開花前にはデンプンもフルクタンもわずかしか含まれていない花もある．そのような花弁では，アポプラストからのスクロースの取込みによって開花時にフルクトースとグルコースの含量が増加する（Easonら，1997）．バラでは，開花に伴い花弁細胞中にグルコースとフルクトースが著しく蓄積している（図5-2）．転流糖であるスクロースを花弁においてグルコースとフルクトースに代謝しているのは，主に酸性インベルターゼ（acid invertase, β-fructosidase）であると考えられており，バラ花弁からは細胞壁型と液胞型の酸性インベルターゼ活性がともに強く検出されている（Yamada

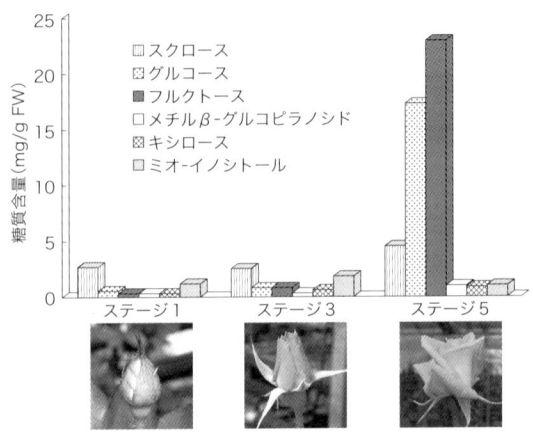

図5-2 バラ'ソニア'花弁成長に伴う可溶性糖質含量の変化
樹上で開花した花弁中における可溶性糖質含量を新鮮重当たりで示した．花弁の反り返り成長に伴ってグルコースとフルクトースが蓄積していることがわかる．

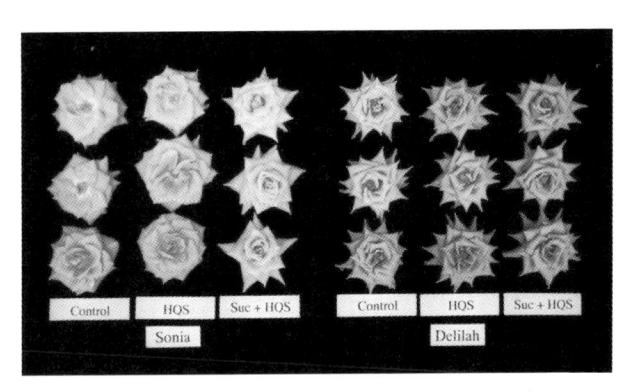

図 5-3 切りバラ'ソニア'（左）と'デリーラ'（右）の収穫後4日目における花弁の比較
両品種とも収穫後，水（control），抗菌剤8-ヒドロキシキノリン硫酸塩（8-hydroxyquinoline sulphate, HQS）およびスクロース＋HQS（Suc + HQS）の3処理区で23℃に4日間置いた．花弁中の糖含量が多い'デリーラ'では水処理のみでも剣弁状に花弁が反り返っていることがわかる．

ら，In press）．花弁に転流してきたスクロースが，そのまま花弁細胞内へ取り込まれるのか，もしくはアポプラストで単糖に分解されてから取り込まれるのか，現在のところ詳しくは調べられていない．バラの蕾を通常より少し小さ

い段階で収穫し,葉をすべて取り除くと,水を与えただけでは開花せず,スクロース処理により開花するが樹上ほどは大きく開かない.切りバラ花弁中のインベルターゼ活性は,樹上で成長した花弁とは異なり顕著に低下している.このことは,切りバラにスクロースを与えても樹上ほど大きく開花しない原因の1つと考えられる.切り花において切り口から吸わせたスクロースがどのように花弁細胞内に取り込まれるかについては,まだ不明な点が多いが,樹上での師管を通した糖の転流とは区別して考える必要もあるかもしれない.また,切りバラに対する糖処理は,品種により開花促進効果があるものとほとんどないものとがある.さらに,収穫する蕾のステージによっても,糖添加の開花に及ぼす効果は変化する.収穫後の開花のしやすさは蕾に含まれる糖質含量と相関がみられ,蕾の段階で糖質含量の高いバラ品種'デリーラ'は収穫後に糖処理をしなくてもよく開花するが,それほど糖含量の高くない'ソニア'は糖処理によりよく開花するようになる(Ichimuraら,2005;図5-3).これは,糖質が開花に大きく影響を与えていることを示す顕著な例といえる.

3) 開花と植物ホルモン

樹上での花は,切り花と比較して明らかに大きく開花し,花持ちもよい.切り花への糖処理だけでは樹上の花ほど大きく成長しない場合が多いが,切りバラに糖とジベレリン酸(GA_3)を与えることで,より大きく開花したという報告もある(Kuiperら,1991).アサガオでは開花がアブシジン酸により促進され,オーキシンにより阻害されることが調べられており,それらはエチレンを介した作用であると考察されている(van Doorn and van Meeteren,2003).エチレンによる開花への影響についてはさまざまな報告があるが,植物種によって開花阻害的に働いたり促進的に働いたりするようである.バラなどにみられる開花時の花弁の反り返りはエチレンが深く関与しており,エチレン処理やエチレン作用阻害剤であるSTS処理により,花弁の成長が促進されたり逆に正常な反り返りが阻害されたりすることが知られている(Reidら,1989).シロイヌナズナでは,開葯や開花に異常のある突然変異の原因遺伝子がジャスモ

酸合成経路上の酵素をコードしていることが調べられており,開花とジャスモン酸との関係も示唆されている(Ishiguroら,2001).

4)花弁成長と細胞壁のゆるみ

植物細胞は強固な細胞壁を有するため,細胞が肥大成長するためには細胞壁のゆるみが必要となる.細胞内への水の流入は浸透圧差と細胞壁強度の両方で制御されており,細胞壁強度は開花速度を決める重要な要因の1つであるといえる.細胞壁は酸性下でゆるむことが知られているが,さまざまな酵素も開花と関係があることが調べられている.成長中のカーネーションの花弁中にはセルラーゼやペクチンエステラーゼの活性が高い(Panavasら,1998).これらの酵素は細胞壁成分を分解し,細胞壁を軟化させる.一方で,酸性下で細胞壁をゆるめる働きのあるエクスパンシン(expansin)の発現がトマトの花弁で検出されている(Brummelら,1999).エクスパンシンは最近着目されてきたタンパク質であり,セルロースとキシログルカンとの水素結合を切断することで,壁の伸展性を増加させる(図5-4).バラ花弁においてもエクスパンシン様cDNAが少なくとも3タイプ存在していることが明らかになっており,

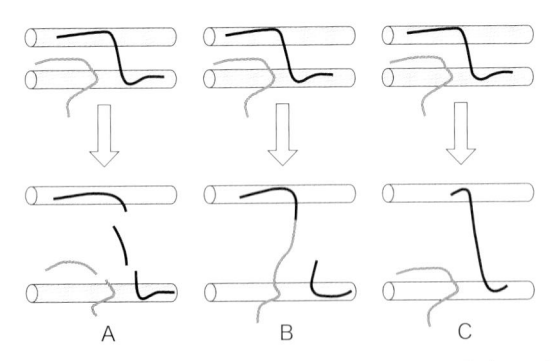

図5-4 セルロース繊維とキシログルカン網状構造の再編
A:キシログルカン繊維を加水分解する酵素により細胞壁のネットワークを部分的に破壊,B:キシログルカン分子鎖のつなぎ換え反応による細胞壁の再編,C:セルロース繊維とキシログルカン分子間の水素結合を切断.円柱はセルロース繊維,黒線と白線はキシログルカン.

花弁成長に伴うそれら mRNA の発現パターンなどが調べられている．これらの結果は，成長中の花弁では，アポプラスト中の酵素およびタンパク質の働きなどにより細胞壁がゆるみ，細胞が肥大しやすい状況になっていることを示している．しかしながらアサガオでは，pH の影響やプロトン勾配などは開花に影響を与えないといわれており（Raab and Koning, 1987），今後さまざまな植物について，開花に伴う細胞壁の強度に関する研究が期待される．

5）花弁細胞への水の流入

　花弁の細胞肥大に関して，水チャネルの研究はほとんど行われていなかった．最近，アサガオやチューリップなどで，水チャネルの発現変動やリン酸化による水輸送活性の制御などと開花との関係についての研究が行われつつある．水チャネルについて詳しくは第6章を参照されたい．アサガオの開花と水チャネル活性との関係を結び付ける研究データも徐々に出つつある．水チャネル自体に関する研究も今後急速に進展が期待でき，アサガオのみならず開花における水チャネルの役割について解明が待たれる．

6）開花機構の解明に向けて

　アサガオは古くから開花現象の研究材料として用いられており，開花と光および温度などの外部環境要因との関係はよく調べられている．また最近では，アサガオ EST 解析も進められており，その中で開花時に特異的に発現する遺伝子も解析されている．これら遺伝子を網羅的に発現解析し，開花に特異的な分子が特定できれば，その機能解析などを通して新たな切り口での研究が見込まれる．植物生理学上でのシロイヌナズナやイネのように，園芸学の分野でもトマトやアサガオなどのモデル植物が研究のターゲットになりつつあり，この分野での分子機構の解析が今後話題を呼ぶと思われる．一方で，バラ，カーネーション，キクといった園芸産業上重要な品目について，それぞれの特徴的な成長や産業上重要な問題点などを各論的に解析することも，今後とも必要と考えられる．このようなさまざまな研究アプローチによって，花きの開花現象を広

く深く理解し，農業生産性向上へとつなげていくことが重要である．

　花きの開花現象に関する分子生物学的研究は，まだ始まったばかりである．今後，多くの研究者により，さまざまな観点から開花に関わるタンパク質，遺伝子の解析がなされるものと思われる．これらの知見は，切り花の輸送・貯蔵方法の改善，開花のコントロール，さらには切り花の日持ち性の飛躍的向上など花き産業に有用な情報となるものと期待される．

2．不和合性の機構

1）自家不和合性現象

　高等植物が自殖を防ぎ他殖を促すことで近交弱勢や遺伝子の消失を回避し，種内の多様性を保つために発達させてきた遺伝的機構の1つに自家不和合性（self-incompatibility）がある．自家不和合性機構とは，自己花粉や遺伝的に似通った個体の花粉が柱頭に付着した場合には花粉発芽や花粉管伸長が阻害され受精に至らないが，同一種内の遺伝的に異なる個体の花粉が受粉した場合には，花粉発芽に続く花粉管伸長と受精が起こり種子が形成される仕組みである．植

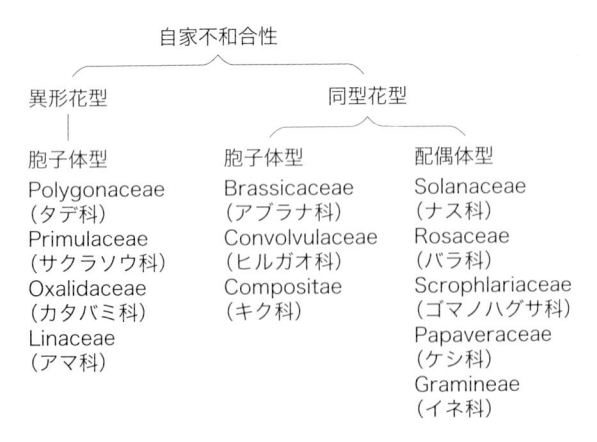

```
                    自家不和合性
            ┌───────────┴───────────┐
          異形花型              同型花型
            │            ┌────────┴────────┐
          胞子体型      胞子体型          配偶体型
          Polygonaceae  Brassicaceae      Solanaceae
          （タデ科）    （アブラナ科）    （ナス科）
          Primulaceae   Convolvulaceae    Rosaceae
          （サクラソウ科）（ヒルガオ科）  （バラ科）
          Oxalidaceae   Compositae        Scrophlariaceae
          （カタバミ科）（キク科）        （ゴマノハグサ科）
          Linaceae                        Papaveraceae
          （アマ科）                      （ケシ科）
                                          Gramineae
                                          （イネ科）
```

図5-5　高等植物にみられる自家不和合性の分類

第5章 開花，受精，結実の生理

物の自家不和合性を実験的に初めて示したのは，進化論で有名なダーウィンであり，その後多くの植物で自家不和合性現象が認められている．

自家不和合性は，異形花型（heteromorphic self-incompatibility）と同形花型（homomorphic self-incompatibility）の2つのタイプに大別される（図5-5）．異形花型の自家不和合性とは，同一種内に形態の異なる花を着ける個体が存在し，同じ形態の花を着ける個体間の交雑は阻害され，異なる形態の花を着ける個体間でのみ交雑が起こるタイプである（図5-6）．タデ科のソバ（*Fagopyrum esculentum*）がこのタイプの不和合性を示す植物として有名であるが，園芸植物ではサクラソウ科のサクラソウ（*Primula sieboldii*）やカタバミ科のスターフルーツ（*Averrhoa carambola*）などがこのタイプの自家不和合性を示

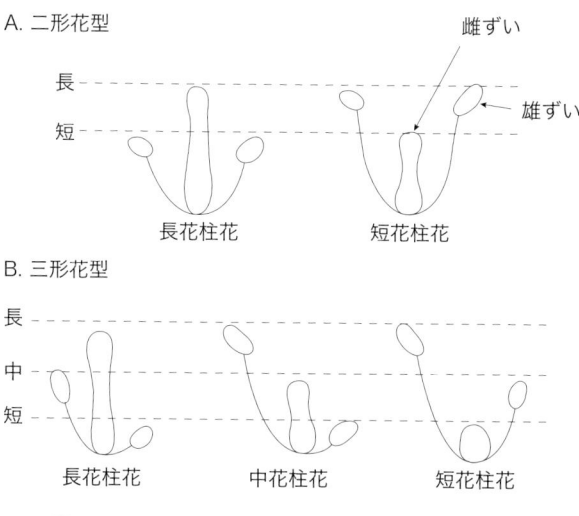

図5-6 異形花型の自家不和合性にみられる花型

A：二形花型の場合は，雌ずいが長く柱頭が雄ずいの葯より上に位置する長花柱花（pin型）と，雌ずいが短く柱頭が雄ずいの葯より下に位置する短花柱花（thrum型）を着ける個体が存在する．受精は，異なる花型の花を咲かせる個体間でのみ可能である．
B：三形花型の自家不和合性では，雌ずいと雄ずいの長さに3通りのパターンがみられ，雌ずいと同じ長さの雄ずい由来の花粉が受粉したときにのみ受精する．例えば，長花柱花には長い雌ずいと中程度の長さと短い長さの雄ずいが混在して存在するが，この長花柱花に受精できるのは中花柱花および短花柱花の長い雄ずい由来の花粉のみである．（de Nettancourt, D., 2001）

す.一方,同形花型の自家不和合性とは花の形態とは無関係に不和合性反応が生じるタイプである.園芸植物においては,花きや蔬菜類ではアブラナ科やナス科に属するもの,また果樹類ではバラ科に属するものがこのタイプの自家不和合性を示すものとして有名である.

　自家不和合性は,アブラナ科植物のF_1種子採取のように積極的に利用される場合もあるが,一般には果実や種子生産の妨げになる.このため,自家不和合性を示す作物では,自家不和合性による生産性の低下を回避するための栽培管理が行われている.例えば,果実や種子を生産物とするバラ科果樹では,安定した果実生産のために人工受粉や受粉樹の混植を行う.しかし,これらには高いコストと多大な労力がかかり,生産性を低くする要因となっている.したがって,安定した効率のよい生産を行うためには不和合性反応が生じずに交雑可能な組合せを早期に判別する技術の確立や受粉受精の制御が必要であり,自家不和合性の分子機構の解明が進められている.

2）自家不和合性の遺伝制御

　多くの場合,同型花型の自家不和合性における不和合反応は,古典遺伝学的には単一の遺伝子座（S遺伝子座）に座乗する複対立遺伝子を想定することで説明できる.また,自家不和合性は認識機構の違いから,さらに胞子体型と配偶体型の2つに分類される（図5-7）.胞子体型自家不和合性（sporophytic self-incompatibility）の場合には,花粉の表現型が花粉を形成した親植物（胞子体）のS遺伝子型によって決定される.例えば,S対立遺伝子間に優劣がなく共優性の場合,花粉のS表現型を決定する親植物の持つ2つのS対立遺伝子が,雌ずいの持つ2つのS対立遺伝子のいずれとも異なる場合にのみ花粉発芽し受精に至る.実際には,胞子体型の自家不和合性ではS対立遺伝子間に優劣があったり,またその優劣関係も花粉側と雌ずい側で異なったり,さらには対立遺伝子間で相互作用が起きたりすることもあり,その不和合性反応はかなり複雑である.これに対して配偶体型自家不和合性（gametophytic self-incompatibility）では,花粉自体のS遺伝子によって花粉のS表現型が決定さ

第5章　開花，受精，結実の生理

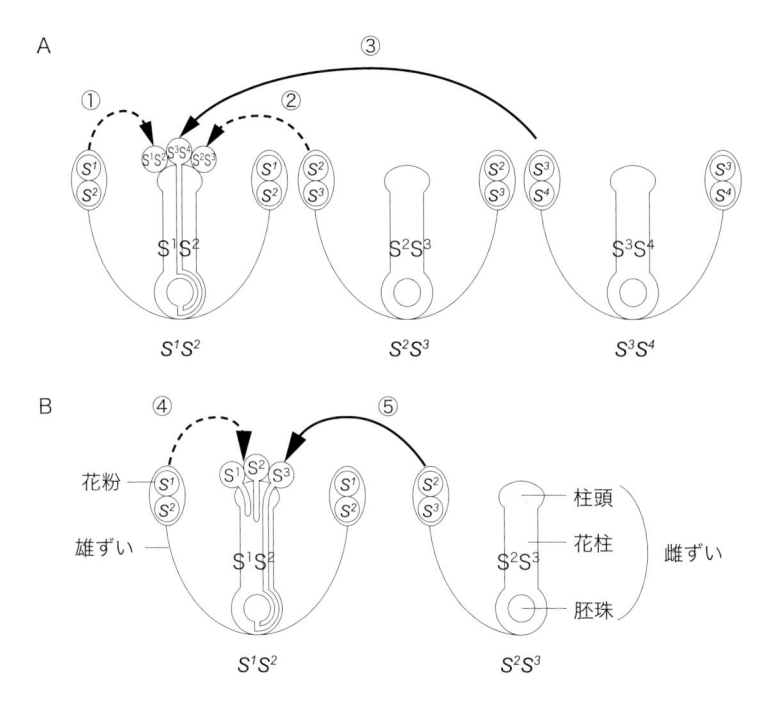

図5-7　胞子体型(A)と配偶体型(B)の自家不和合性反応

A：胞子体型自家不和合性では，花粉のS表現型はその花粉を作った親植物のS遺伝子によって決定されている．S対立遺伝子間に優劣のない場合，S遺伝子型がS^1S^2の個体の花粉では，花粉自体のS遺伝子型にかかわらず，S表現型はS^1S^2となり，S^1とS^2両者の性質を持つ．また同様に，S^2S^3およびS^3S^4の個体ではそれぞれ表現型はS^2S^3およびS^3S^4となる．このため，①と②の受粉では受精に至らないが，③の受粉では受精に至ることになる．

B：配偶体型自家不和合性では，花粉のS表現型は花粉自体のS遺伝子型によって決定されている．このため，遺伝子型がS^1S^2の個体からは，表現型がS^1あるいはS^2の花粉が形成され，またS^2S^3の個体からは表現型がS^2あるいはS^3の花粉が形成される．④の自家受粉の場合は，花粉のS表現型と雌ずいのS表現型が一致するので受精に至らない．⑤における，遺伝子型がS^1S^2とS^2S^3個体間の受粉では，表現型(遺伝子型)が$S^2(S^2)$の花粉の受粉では受精に至らないが，$S^3(S^3)$花粉の受粉では受精に至る．

れている．すなわち，花粉の持つS対立遺伝子が雌ずいの持つS対立遺伝子のいずれとも異なる場合に花粉管が伸長し，受精に至る．また，胞子体型の自家不和合性反応では柱頭に付着した花粉が発芽しないのに対し，配偶体型の自家不和合性反応では花粉は発芽するが，花柱の途中で花粉管の伸長が停止すると

いう違いもある．胞子体型の自家不和合性では，花粉側 S 遺伝子産物が葯壁を通じて親植物より供給されるのに対して，配偶体型では四分子期以降の花粉自体で S 遺伝子が発現することで花粉遺伝子産物が作られているために，このような不和合性反応の差異がもたらされているものと考えることができる．

3）自家不和合性の分子機構

　自家不和合性は，園芸学的見地からだけではなく植物学的見地からも興味が持たれ，古くより精力的に研究が進められてきた．植物には動物でみられる免疫系がないため，自家不和合性は植物の細胞間認識反応のモデルケースとして多くの研究がなされてきたのである．また，自家不和合性の遺伝子座（S 遺伝子座）には 1 つの種の中で 50 以上もの対立遺伝子の存在が報告されている場合もあり，植物で最も多型に富んだ遺伝子座の 1 つであると考えられている．このように多様な対立遺伝子がどのように分化してきたかということに対しても，進化遺伝学的な見地から大きな関心が持たれている．

　近年の分子生物学的な実験手法の発達により，自家不和合性の制御メカニズムを解明するための研究が進められ，自家不和合性反応を司る機構の一端が明らかにされてきている．古典遺伝学的には単一の遺伝子座の複対立遺伝子を想

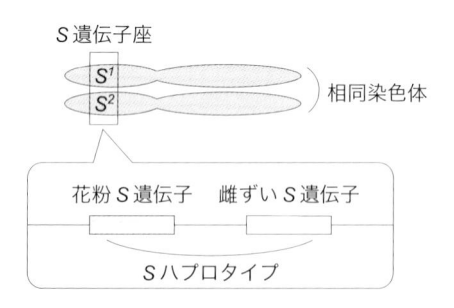

図5-8　S 遺伝子座領域の構造
古典遺伝学的には 1 つの遺伝子しかないと思われていた S 遺伝子座領域には，実際には密接に連鎖した花粉 S 遺伝子と雌ずい S 遺伝子が存在することが示された．このため，雌ずい S 遺伝子と花粉 S 遺伝子の組を指して S ハプロタイプという用語を用いて表すようになった．

定することでうまく説明できる不和合性現象であるが，実際には S 遺伝子座には，雌ずい側と花粉側の不和合性の特異性をそれぞれ決定する雌ずい S 遺伝子と花粉 S 遺伝子の 2 種類の遺伝子が存在することが明らかになった（図 5-8）．最近，多くの園芸植物が属するアブラナ科，ナス科，ゴマノハグサ科，バラ科植物の雌ずい側ならびに花粉側の両遺伝子が同定された．このように S 遺伝子座には，組換えが生じないほど密接に連鎖した雌ずい側と花粉側の特異性を制御する 2 種類の遺伝子が存在することが明らかになったことから，現在では S 遺伝子座の種類を示すのには S ハプロタイプという用語が，また雌ずい S 遺伝子と花粉 S 遺伝子の種類を表すのには，それぞれ雌ずい S 対立遺伝子および花粉 S 対立遺伝子という用語が用いられている．

(1) アブラナ科植物の自家不和合性
a．雌ずい S 遺伝子

アブラナ科植物の自家不和合性雌ずい側因子の候補として，まず分泌型の糖タンパク質である SLG（S locus glycoprotein）が同定され，その cDNA が単離された（Nasrallah ら，1985）．これが契機となり，膜貫通型のリセプターキナーゼである SRK（S locus receptor kinase）が同定された（Stein ら，1991）．SRK の N 末端にあるリセプター領域は同じ S ハプロタイプの SLG と高い相同性を示すとともに，これらをコードする遺伝子は S 遺伝子座に座乗して柱頭特異的に発現している．さらに，両者とも対立遺伝子特異的な配列多様性を示すことなどから，当初はいずれも自家不和合性反応に必須のものであると考えられていた．しかしながら，遺伝子組換え実験で不和合性反応の増強に SLG が機能してはいるものの，不和合性反応の特異性は SRK のみで与えられることが明らかになった（Takasaki ら，2000）．さらには，SLG の存在しない S ハプロタイプが発見されたことなどから，現在では SRK が真の雌ずい側因子とみなされている．ただし，SLG の欠失変異のために自家和合化している S ハプロタイプも存在していることから，SLG は自家不和合性反応を安定化し，補強する作用を果たすことで不和合反応に関与しているものと考えられている．

b．花粉 S 遺伝子

　高等植物の自家不和合性機構にはさまざまなタイプが存在しているが，そのような多様な自家不和合性機構の中にあって，初めて花粉 S 遺伝子が同定されたのがアブラナ科植物の自家不和合性である．アブラナ科植物の花粉 S 遺伝子は日本（Takayama ら，2000）とアメリカ（Schopfer ら，1999）の異なる研究グループによってほぼ同時に同定されたことから，SP11（S locus protein 11，日本の研究グループによる命名）と SCR（small cysteine rich protein，アメリカの研究グループによる命名）という 2 種類の異なる名称が混在して使われている．SP11/SCR は分泌型の分子量の小さいタンパク質である．不和合性反応の認識に関わるタンパク質であることから，対立遺伝子間のアミノ酸の一致度は 20％弱から 90％を超える組合せまであり，対立遺伝子間の多型が大きい．SP11/SCR 遺伝子は胞子体型自家不和合性機構から想定される通りの発現パターンを示し，葯壁のタペータム組織で転写発現し花粉表面に沈着している．

c．不和合性認識機構

　自家不和合性雌ずい側因子と花粉側因子が同定されたことから，現在では，自家不和合性認識機構の解明がアブラナ科植物の不和合性研究の中心に据えられている．まず，生化学的な実験により，SP11/SCR と SRK が S ハプロタイプ特異的に相互作用し，SRK の自己リン酸化を誘導することが示された（Takayama ら，2001）．このことから，自己花粉が受粉すると SP11/SCR が柱頭にある乳頭細胞の SRK のリセプター領域に S ハプロタイプ特異的に結合し，SRK の自己リン酸化が誘導され，さらに下流への情報伝達が行われ，最終的には柱頭乳頭細胞上での自己花粉の吸水と発芽阻害が生じるものと考えられている（図 5-9）．不和合性反応のシグナル伝達に関しては，これまでのところあまり確定的な情報は得られていないが，U-box モチーフを持ちプロテアソームによるタンパク質分解系における E3 複合体（ユビキチンリガーゼ）として働くと考えられている ARC1（armadillo repeat containing 1）やプロテインキナーゼの MLPK（M locus protein kinase）がシグナル伝達過程で働く分子

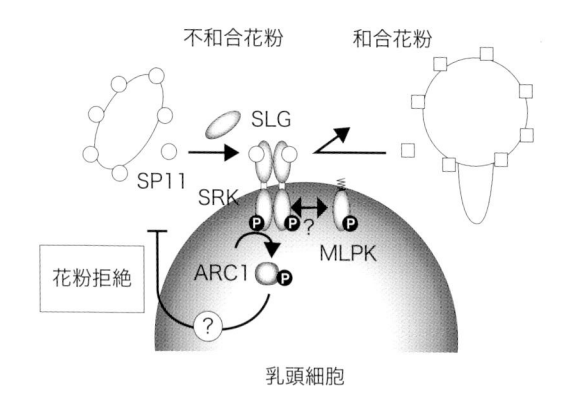

図5-9 アブラナ科植物の自家不和合性の認識機構のモデル
和合受粉では正常な吸水反応が生じ，花粉発芽する．一方，不和合花粉では，花粉表面に存在するSP11/SCPが柱頭乳頭細胞のSRKに認識され，吸水が妨げられる．(Takayama, S. et al., 2005を改変)

種の候補として同定されている．

(2) バラ科およびナス科植物の自家不和合性
a．雌ずいS遺伝子

　バラ科，ナス科，ゴマノハグサ科植物の自家不和合性雌ずい側因子は，S-RNaseと呼ばれるRNA分解酵素（ribonuclease, RNase）である．ナス科のペチュニアにおいてS対立遺伝子と行動をともにする塩基性の糖タンパク質が発見され，S糖タンパク質と命名された（Andersonら，1986）．その後，S糖タンパク質の一次構造の中にコウジ菌のRNaseの活性中心と似た配列が存在することが指摘され，実際にRNase活性を持つことが明らかになった（McClureら，1989）．このため，S糖タンパク質はS-RNaseと呼ばれるようになった．ナス科植物でS-RNaseが同定されてから数年を経たのちに，バラ科のニホンナシやリンゴでもナス科植物と同じく，T_2/SタイプのRNaseを雌ずい側因子とする自家不和合性機構を持つことが明らかにされた（Broothaertsら，1995；Sassaら，1992，1996）．バラ科植物とナス科植物は進化遺伝学的には遠縁に当たり，これら2つの科を含めた分類単位を想定すると双子葉植物の75%が

属すことになることから,この発見は大きな驚きを持って迎え入れられた.その後,ナス科に近縁なゴマノハグサ科植物の雌ずい側因子も S-RNase であることが示された.S-RNase は N 末端にシグナルペプチドを有する分泌型のタンパク質であり,その成熟タンパク質は花粉管伸長の場である花柱伝達組織の細胞間隙に存在する.S-RNase は対立遺伝子特異的な配列多様性を示すが,多くの対立遺伝子由来の S-RNase 遺伝子の解析結果から,S-RNase には 5 つの保存領域と 2 つ(ナス科)あるいは 1 つ(バラ科)の超可変領域が存在することが明らかになった.この超可変領域は親水性が高く,また結晶構造解析の結果タンパク質表面に位置することが明らかとなっており,花粉側因子との認識反応に関わっているものと考えられている.

b. 花粉 S 遺伝子

 S-RNase の関与する自家不和合性における花粉側因子は,雌ずい S 遺伝子が同定されたあとも長い間不明であった.当時,最も研究の進んでいたナス科植物の S 遺伝子座は,反復配列が多い動原体付近に存在することから,染色体歩行(chromosome walking)が困難であったためである.そのような状況の中,ゴマノハグサ科のキンギョソウの S 遺伝子座に花粉で発現する F-box タンパク質をコードする遺伝子($AhSLF$-S^2)が存在することが明らかにされた(Lai ら,2002).しかしながらこの研究では,キンギョソウの単一ハプロタイプに由来する F-box 遺伝子を同定したに留まり,また同定された遺伝子が他の S ハプロタイプ由来の $AhSLF$ と非常に高い配列一致性を示すことなどから,$AhSLF$ の機能は不明であった.そのような状況下,わが国の 2 つの異なる研究グループによってほぼ同時に,バラ科サクラ属の S 遺伝子座に存在する F-box 遺伝子(S haplotype-specific F-box protein gene, SFB, あるいは S locus F-box protein gene, SLF)が,花粉 S 遺伝子の候補として同定された(Entani ら,2003;Ushijima ら,2003;Yamane ら,2003).この F-box 遺伝子は,花粉で発現して S ハプロタイプ特異的な配列多様性を示すことや(Ikeda ら,2004),自家和合性の S ハプロタイプでは変異が生じていることから(Ushijima ら,2004),花粉 S 遺伝子としてふさわしい性質を備えている.F-box 遺伝子が花

粉S遺伝子であることの直接的な証明は，ナス科のペチュニアにおいて形質転換実験において行われた（Sijacicら，2004）．ナス科植物において2種類の異なる花粉S遺伝子を持つ花粉の自家不和合性反応がなくなり，自家他家和合性になる現象（競合的相互作用）を利用して，ナス科植物のS遺伝子座に存在するSLFが花粉S遺伝子であることを証明したのである．

c. 不和合性認識機構

花粉S遺伝子が同定される以前より，雌ずい側因子のS-RNaseが細胞毒として働くという事実に基づいて，自己・非自己認識モデルがいくつか提唱されていた．その中でも，インヒビター説が有力なモデルとして考えられていた（Thompsonら，1992）．インヒビター説は，花粉Sタンパク質はS-RNaseの活性を抑制するインヒビターであり，非自己のSハプロタイプ由来のS-RNase活性を抑制するが，自己のSハプロタイプ由来のS-RNaseのみは不活性化できず，このため自己花粉の花粉管伸長が阻害され，受精に至らないとするモデルである．花粉因子として同定されたF-boxタンパク質は，26Sプロテアソームによるタンパク質分解系に関与するタンパク質であり，Skp1やCullin，Rbx1とともにSCF複合体を形成し，ユビキチンリガーゼとして働くことが知られている．SCF複合体によって認識され，ポリユビキチン化されたタンパク質は26Sプロテアソームによって分解される．SCF複合体において，F-boxタンパク質はポリユビキチン化するタンパク質を認識する働きをしている．このため，SFBを含むSCF複合体（SCF^{SFB}）によって，非自己のSハプロタイプ由来のS-RNaseはポリユビキチン化され，その後26Sプロテアソームによって分解されるが，自己のSハプロタイプ由来のS-RNaseは特異的にポリユビキチン化されずRNase活性が保持されるため，自己花粉の花粉管の伸長が阻害され停止するという，インヒビターモデルに即した自己非自己認識のモデルが提唱された（Ushijimaら，2003，2004）（図5-10）．しかしながら，バラ科サクラ属の甘果オウトウにおいてSFBが完全に欠失した自家和合性Sハプロタイプの存在が報告されたことや，ナス科植物を用いて和合受粉と不和合受粉後の花粉管内のS-RNaseの活性と分布を調べた実験結果から，S-RNaseの細胞内分

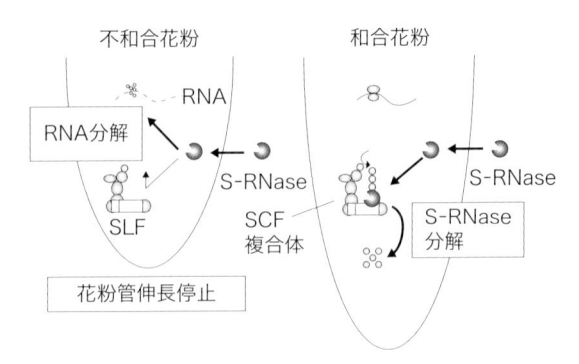

図5-10 S-RNase による自家不和合性の認識機構のモデル
和合受粉では花粉管内に取り込まれた S-RNase は SCF^{SFB} によって認識され,ポリユビキチン化されることで,26S プロテアソームによって分解される.一方,不和合受粉では,花粉管内の S-RNase の活性は維持され,花粉管内の RNA が分解されるため,花粉管伸長の停止がもたらされる.

画が不和合性機構に関わっているのではないかとの指摘もあり(Goldraij ら,2006),不和合性認識機構全貌の解明には今後の研究の進展が待たれる.

4)自家不和合性研究成果の園芸学的利用

アブラナ科植物の F_1 種子採取やバラ科自家不和合性果樹類における受粉樹の選定の際に,S 遺伝子型の情報が非常に重要になる.これまで,S 遺伝子型の決定は,交配と花粉管伸長試験によって行うしか方法がなかった.この試験は行うことのできる時期が限られるうえに,天候や気象条件の影響を受けやすく,得られる結果も安定しないなど,効率の悪いものであった.しかしながら,自家不和合性を制御する雌ずい S 遺伝子と花粉 S 遺伝子が同定されたことにより,遺伝子診断により,迅速かつ簡便に S 遺伝子型を決定できるようになった.自家不和合性を示す園芸作物で,DNA ブロット法や PCR 法を利用した S 遺伝子型の決定法が開発され,広く利用されている.特に,自家不和合性反応が非常に強いうえに,単為結果性がなく種子数も 1 個と少なく,さらに開花期も早く,受粉と受精が安定せず結実が不安定になりやすいバラ科サクラ属果樹類(核果類)では,S 遺伝子型の情報が非常に重要であることから,わが国で開発

されたPCR法によるS遺伝子型の遺伝子診断技術（Taoら，1999）を利用したS遺伝子型の整理が世界的規模で進められている（図5-11）．また，この分子マーカーを利用することで，ウメやアーモンドにおける自家和合性形質の遺伝様式なども解明された．その後，自家和合性の分子マーカーも開発され，育種の現場で利用されている．一方で，形質転換により自家和合性形質が賦与された遺伝子組換えリンゴも作出されているが，パブリックアクセプタンスの問

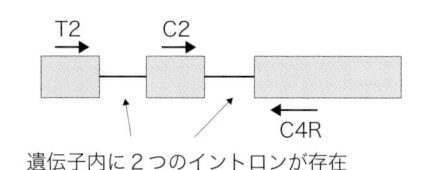

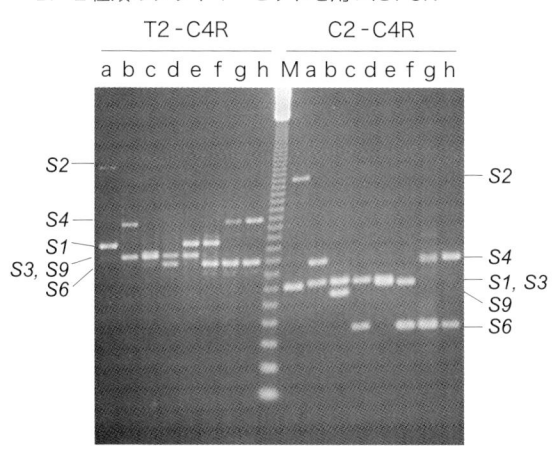

図5-11 サクラ属のS-RNaseの遺伝子構造(A)とRCR法によるS遺伝子型のタイピング

A：サクラ属植物のS-RNase遺伝子には，対立遺伝子によって長さの異なるイントロンが2つ存在する．
B：甘果オウトウ8品種のゲノムDNAを2種類のプライマーセット（T2-C4RとC2-C4R）を用いてPCR増幅し，アガロース電気泳動することで，対立遺伝子特異的な増幅産物を得られる．このため，PCRバンド長に基づいて品種のS遺伝子型のタイピングが可能になる．

3．単為結果および単為生殖の機構

1）不受精果実形成

通常植物は，受粉と受精を経て子房（ovary）を発達させ果実形成を行うが，受精しないで果実を形成することがある．このように，不受精で果実が形成される現象には，単為結果や単為生殖がある（図5-12）．単為結果の場合は，受精せずに果実が形成されるが種子形成は行われない．一方，単為生殖とは，狭義には受精せずに発芽力のある種子ができる現象（種子単為生殖）を指し，この場合も不受精で果実形成が行われる場合がある．広義には単為生殖は受精なしに行われる生殖のすべてを含む．このため，種子単為生殖のみならず，むかご形成や不定芽形成，また地下茎の形成と分離などによる栄養生殖も単為生殖に分類される（図5-13）．種子単為生殖は，さらに配偶体単為生殖と不定芽胚発生に分類される．不定芽胚発生はカンキツやマンゴーなどにみられるもので，胚のう（embryo sac）の近くの珠心細胞（nucellar cell）から胚が形成される珠心胚形成と呼ばれている現象であり，園芸とも関連が深い．単為生殖を利用することで種子による栄養繁殖が可能になるため，農業上の利用価値は高い．このため，単為生殖現象を分子レベルで解明しようとした研究が近年盛んに行わ

図5-12 結実の種類と単為結果
（中川昌一，1978）

第5章　開花，受精，結実の生理

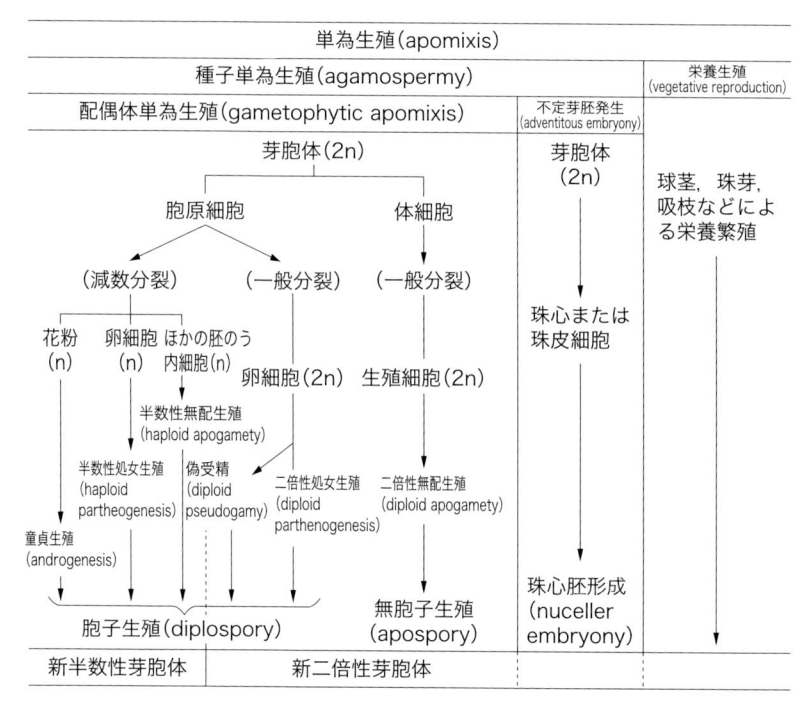

単為生殖 (apomixis)			
種子単為生殖 (agamospermy)			栄養生殖 (vegetative reproduction)
配偶体単為生殖 (gametophytic apomixis)		不定芽胚発生 (adventitous embryony)	

```
                           芽胞体(2n)
                          ／        ＼
                    胞原細胞          体細胞          芽胞体(2n)      球茎，珠芽，
                   ／      ＼           ｜                 ｜          吸枝などによ
              (減数分裂) (一般分裂) (一般分裂)                          る栄養繁殖
               ／  ＼        ｜         ｜            珠心または
             花粉  卵細胞 ほかの胚のう                珠皮細胞
             (n)   (n)  内細胞(n)
                    ｜       ｜
                    ｜    半数性無配生殖
                    ｜    (haploid apogamety)
              半数性処女生殖  偽受精   卵細胞(2n)  生殖細胞(2n)
              (haploid      (diploid     ｜           ｜
              partheogenesis) pseudogamy) 二倍性処女生殖 二倍性無配生殖
                                        (diploid     (diploid
                                        parthenogenesis) apogamety)
      童貞生殖
      (androgenesis)                                           珠心胚形成
         ｜                                                    (nuceller
         ↓           ↓                      ↓        embryony)
         胞子生殖(diplospory)              無胞子生殖
                                          (apospory)
```

| 新半数性芽胞体 | 新二倍性芽胞体 | | |

図5-13 単為生殖の分類
一般分裂とは，減数しないという意味．(中川昌一, 1978)

れているが，その詳細は全く明らかになっていないのが現状である．

　野生植物には単為生殖を行うものが数多く知られているが，単為結果を行うものはあまり多くない．種の存続にとって種子形成は非常に重要であるので，単為結果は野生植物にとっては好ましい形質ではないのである．一方，園芸植物についてみると，種なしの果実は利用価値が高いので，単為結果を行うものがしばしばみられる．特に果樹類では，種なしの突然変異体が大切に栄養繁殖により保存されてきたため，ブドウやイチジクやカンキツ類，バナナやパイナップルなど，単為結果を行うものが多い．単為結果についてさらに詳しくみると，外部からの刺激なしに果実形成が行われる自動的単為結果と，受粉やそのほかの刺激によって果実が形成される他動的単為結果の2種類に分類することが

できる.なお,ブドウの一部の無核品種などでは,受精しても種子形成が途中で停止して種なしの果実が形成されるが,このような場合は受精後に果実形成が行われるため,偽単為結果という用語を用いて,単為結果とは厳密に区別している.

2) 自動的単為結果

果樹類には自動的単為結果のみられるものが多い.例えば,わが国で栽培されている'マスイ・ドーフィン'をはじめとする普通種のイチジクでは果托内部に雌花を密生し,それらが自動的単為結果する.また,カキやウンシュウミカンなどは花粉遮断条件下では自動的単為結果する.

カキでは,品種によって自動的単為結果力が異なることが古くより知られており,各品種の種子形成力と単為結果力の関係が図5-14のように整理されている.しかしながら,その後の研究で単為結果力が弱いとされる品種でも,条件によっては高率で単為結果することが明らかにされてきた.例えば,'富有'は単為結果力の弱い品種に分類されているが,一樹に種子数の多い有種子果が多く着生している条件下では無種子果は落果しやすいが,有種子果の種子数が

強弱		1	2	3	4	5	6
強	VI	平無核 宮崎無核	尾谷	会津身不知	四溝		
	V			清道柿	舎谷柿		田倉
	IV	清州無核		紋平	衣紋		
	III			横野 花御所	次郎		晩御所
	II		御所 藤原御所	天神御所	甲州百日	袋御所 富有,甘百日	
弱	I					水島	藤八 徳田御所
単為結果力		1	2	3	4	5	6
種子形成力		少 → 多					

図5-14 カキの単為結果力と種子形成力の品種間差異
(梶浦 実,1941)

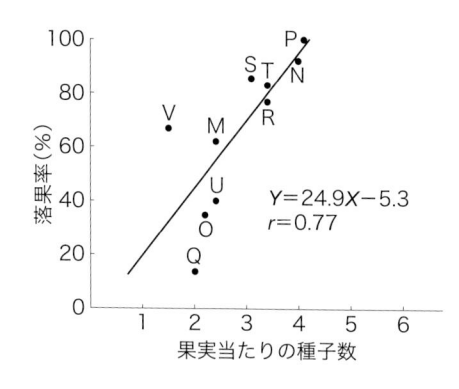

図5-15 樹体別（M-V樹）の花粉遮断果実（無種子果実）の落果率と放任受粉果実の種子数の関係
(Kitajima, A. et al., 1992)

少ない場合は，無種子果の着果率も高くなることが示されている（図5-15）．この違いは，果実間の養分競合によってもたらされており，有種子果において無種子果よりもシンク（sink）力が強く，また種子数が増加するにつれ果実のシンク力が強くなり，シンク力の強い種子数が多い果実が多く存在する場合はシンク力の弱い無種子果が選択的に落果するが，そのような有種子果が存在しない場合は無種子果の着果も優れるものと考えられている．また，単為結果力は樹体の栄養条件などによっても左右されることが知られている．このため，系統や品種間の単為結果力を論じる場合には注意が必要である．なお，図5-14にあがっている'平核無'や'宮崎無核'は九倍体であり，通常の六倍体品種の花粉を受粉しても種子が正常に形成されないことが明らかにされた．花粉遮断時の結果率が高いことから，これらの九倍体の品種の自動的単為結果力が高いことは明白ではあるが，花粉が存在し受粉が行われる通常の栽培条件下では，偽単為結果によっても種なし果実が形成されていると考えて差し支えないであろう．

　自動的単為結果の遺伝制御や分子制御に関しても近年興味が持たれ，いくつかの知見が得られている．通常，トマトやナスの栽培時には安定結果を促すために植物成長調節剤処理やハチの放飼を行うが，単為結果性品種ではこれらが不要なために省力化をはかることが可能である．このため，単為結果性品種の育種と利用が進められている．トマトでは，エチルメタンスルホン酸

(EMS)による突然変異で作られた parthenocarpic fruit（*pat*）遺伝子（Soressi ら，1975），ロシアの品種 'Serverianin' が持つ単為結果性遺伝子 *pat-2* 遺伝子（Philouze ら，1978），ドイツの RP75/59 系統に由来する *pat-3/pat-4* 遺伝子（Nuez ら，1986）に関する解析が進められ，実際にこれらの単為結果遺伝子を利用してわが国における栽培に適した単為結果性の品種も育成されている（菅原ら，2002）．これらの遺伝子は，いずれもジベレリンなどの植物ホルモンやポリアミンなどの代謝制御を介して単為結果を促進するものであると考えられている．例えば，*pat-2* 遺伝子により単為結果性を持つ系統では，野生型の系統と比較して，子房における GA_{20} の含量が高い（図 5-16）．GA_{20} の含量が高く維持されることで，GA_{20} を前駆体として生合成される GA_1 や GA_3 など，活性型のジベレリン含量が高くなり単為結果が誘発されるものと考えられている．事実，*pat-3/pat-4* により単為結果したトマト子房では，GA_1 や GA_3 含量が高いことが実験的に確かめられており，このことが *pat-3/pat-4* による単為結果の原因となっているものと考えられている（Fos ら，2001）．

　単為結果の分子機構についても，知見が得られつつある．リンゴ品種 'Spencer Seedless'，'Wellington Bloomless'，'Rae Ime' では，花弁と雄ずいを欠き，2組のがく片と心皮を持った花を咲かせ，その後，単為結果により果実を発達させる．この形質は 1 つの劣性遺伝子によって支配されていることが知られていたが（Tobutt ら，1994），分子生物学的手法を用いた研究により，これらの単為結果性リンゴ品種ではシロイヌナズナにおける ABC モデルの B クラス

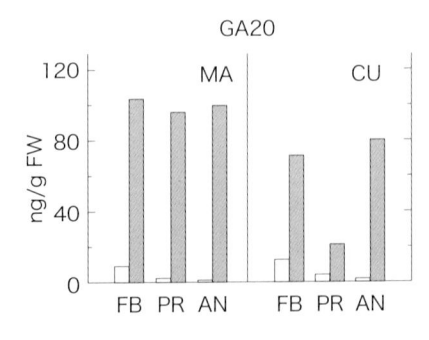

図5-16 *pat-2* 遺伝子による単為結果性トマト2品種（MA：'madrigal'，CU：'Cuarenteno'）およびその野生型系統（単為結果性なし）の蕾(FB)，開花直前の花(PR)，および開花時の花(AN)の子房中の GA_{20} 含量
黒塗りが単為結果性トマトで，白抜きがその野生型系統である．（Fos, M. et al., 2000）

遺伝子に相当する MADS box 遺伝子（*MdPI*）にレトロトランスポゾンの挿入があり，転写阻害が生じていることが明らかにされた（Yao ら，2001）．現存の単為結果性の品種の果実品質は優れないが，単為結果の分子機構が明らかにされることで，将来的に優れた果実形質の単為結果性の品種が作出されることが期待されている．

3）他動的単為結果

自然界で他動的単為結果を誘発する刺激としては，受粉や高温や低温など，温度や気象条件による刺激がある．受精を伴わない受粉によって無種子果実の着果が促進される例は，カンキツ類やブドウ，またリンゴなどで知られている．一方，温度や気象条件による他動的単為結果の例は，ナシやリンゴで報告がある．人為的に他動的単為結果を誘発する試みも行われており，ブドウのジベレリン処理が有名である．

優良な無核ブドウ品種を持たないわが国では，ジベレリン処理による単為結果の誘起による無核ブドウの生産技術の開発に関する試験が積極的に進められ，昭和30年代に有核品種である'デラウェア'の無核化に成功した．その後，ジベレリン処理による無核化技術は，処理時期や濃度などに若干の変更を加えることで'マスカット・ベーリーA'や'巨峰'，'ピオーネ'などの品種にも適用することが可能になっている．'デラウェア'へのジベレリン処理では，開花2週間前と満開10日後の2回，100ppmの濃度でGA$_3$を花穂（果房）(fruit

表5-1 ブドウ'デラウエア'の開花前のジベレリン処理が花粉発芽に及ぼす影響

処理年	処理日	無処理の開花日	開花日までの日数	発芽率	
（年）	（月／日）	（月／日）	（日）	無処理	GA処理
1962	5/21	6/2	12	16.5	0.0
1963	5/10	6/29	19	14.0	0.0
	5/15	〃	14	〃	〃
	5/20	〃	9	〃	〃
	5/27	〃	2	〃	〃
1964	5/4	5/17	13	11.5	0.0
1965	5/28	6/5	8	14.6	0.0

(Sugiura, A. ら，1966)

表 5-2 ジベレリン処理の花蕾の開花当日の胚のうの状態

処理日	花蕾数	胚のうの発育状態				
		1〜2核性	4核性	4〜8核性	8核性	
					極核合一前	極核合一後
		全体に対する割合（％）				
満開 20 日前	80	26.3	17.5	45.0	7.5	3.8
〃 15 日前	106	19.8	23.6	30.2	14.2	12.3
〃 10 日前	44	15.9	27.3	22.7	15.9	18.2
〃 5 日前	67	11.9	6.0	11.9	11.9	58.2
無処理	90	2.2	7.8	5.6	5.6	78.9

（杉浦 明，1969）

cluster, bunch）へ浸漬処理するのが一般的である．開花前の処理によっては花穂の伸長，開花や無核化が促進され，開花後の処理によっては果粒（berry）肥大が促進される．開花前のジベレリン処理によって，花粉稔性が著しく低下するとともに（表 5-1），開花時の胚のうの完成が遅れるため（表 5-2），受精が妨げられ無核になると同時に，高濃度のジベレリンの作用によって単為結果と果実肥大が促されるものと考えられている．しかしながら，ジベレリン処理が分子レベルでどのような影響を及ぼしているかについては，これまで全く知見は得られておらず，今後の研究が待たれるところである．

引用文献

1. 開花の機構

Brummel, D.A. et al. Plant Mol. Biol. 39:161-169, 1999.

Easton, J.R. et al. Postharvest Biol. Technol. 12:43-50, 1997.

Hammond, J.B.W. Scientia Hort. 16:283-289, 1982.

Ho, L.C. et al. Annals of Botany 41:227-242, 1977.

Ichimura, K. et al. J. Hort. Sci. Biotechnol. 80:280-286, 2005.

Ishiguro, S. et al. Plant Cell 13:2191-2209, 2001.

Kinet, J. et al. The physiology of flowering.Vol. I -Ⅲ. CRC Press. Boca Raton, Florida, 1985.

Kuiper, D. et al. Acta Hort. 298:93-98, 1991.

Panavas, T. et al. Plant Physiol. Biochem. 36:379-388, 1998.

Raab, M.M. et al. Amer. J. Botany 74:921-927, 1987.

第5章 開花，受精，結実の生理

Reid, M.S. et al. J. Amer. Soc. Hort. Sci. 114:436-440, 1989.
van Door, W.G. et al. J. Exp. Botany 54:1801-1812, 2003.
Wood, W.M.L. J. Exp. Botany 4:65-77, 1953.
Yamada, K. et al. Postharvest Biol. Technol., In press.

2. 不和合性の機構

Anderson, M.A. et al. Nature 321, 38-44, 1986.
Broothaerts, W. et al. Plant Mol. Biol. 27:499-511, 1995.
Entani et al. Genes Cells 8:203-213, 2003.
Goldraij, A. et al. Nature 439:805-810, 2006.
Ikeda, K et al. Sex. Plant Reprod. 16:235-243, 2004.
Kao, T.-h. et al. Plant Cell 16 (suppl.) :S72-S83, 2004.
Lai, Z. et al. Plant Mol. Biol. 50:29-42, 2002.
McClure, B.A. et al. Nature 342:955-957, 1989.
Nasrallah, J.B. et al. Nature 318:263-267, 1985.
Sassa, H. et al. Mol. Gen. Genet. 250:547-557, 1996.
Sassa, H. et al. Plant Cell Physiol. 105:751-752, 1992.
Schopfer, C.R. et al. Science 26:1697-1700, 1999.
Sijacic, P. et al. Nature 429:302-305, 2004.
Stein, J.C. et al. Proc. Natl. Acad. Sci. USA 88:8816-8820, 1991.
Takasaki, T. et al. Nature 403:913-916, 2000.
Takayama, S. et al. Annu. Rev. Plant Biol. 56:467-489, 2005.
Takayama, S. et al. Nature 413:534-538, 2001.
Takayama, S. et al. Proc. Natl. Acad. Sci. USA 97:1920-1925, 2000.
Tao, R. et al. J. Amer. Soc. Hort. Sci. 124:224-233, 1999.
Thompson, R.D. et al. Trends Genet. 8:381-387, 1992.
Ushijima, K et al. Plant Cell 15:771-781, 2003.
Ushijima, K. et al. Plant J. 39:573-586, 2004.
Yamane, H. et al. Plant Cell Physiol. 44:764-769, 2003.

3. 単為結果および単為生殖の機構

Bickenell, R. A. et al. Plant Cell 16 (suppl.) S228-S245, 2004.
Fos, M. et al. Physiol. Plant. 11:545-550, 2001.
Fos, M. et al. Plant Physiol. 122:471-479, 2000.
George, Jr. W. L. et al. Hort. Rev. 6:65-84, 1984.

梶浦　実 園学雑誌 12:247-283, 1941.
Kitajima, A. et al. J. Japan. Soc. Hort. Sci. 61:499-506, 1992.
Nuez et al. Z. Pflanzenzchtg 96:200-206, 1986.
Philozu, J. et al. Tomato Genet. Coop. 28:12-13, 1978.
Soressi, G.P. et al. Rep. Tomato Genet. Coop. 25:22, 1975.
菅原眞治ら 愛知農総試験報 34:37-42, 2002.
杉浦　明 植物の化学調節 4:63-67, 1969.
Sugiura, A. et al. J. Japan. Soc. Hort. Sci. 35:233-241, 1966.
Tobutt, K.R. et al. Euphytica 77:51-54, 1994.
Yao, J.-L. et al. Proc. Natl. Acd. Sci. USA. 98:1306-1311, 2001.

第6章 果実の成長と肥大の生理

1．果実の成長と植物ホルモン

　果実においては1割のサイズの違いが，価格の大きな差になったり，収益性の高い贈答用は大玉であるため，果実の成長および肥大を促進させることにより，大玉を生産し，高収入を得ることは，果物生産において大きな目的の1つである．しかしながらその成長促進は，糖度の低下などの果実の品質を損なうものであってはならない．果実の人為的成長促進には，ジベレリン（GA）などの植物ホルモンの利用が実用化されている．いずれにせよ，このような方法の開発に当たっては，果実成長のメカニズム，つまり果実のどの部分が，いつどのように成長するのかを理解する必要がある．

1）細胞分裂と細胞肥大

　果実の大きさは，基本的には果実の細胞数×個々の細胞の大きさで決定される．換言すれば，果実の細胞分裂（cell division）と細胞肥大（cell expansion あるいは cell enlargement）によって決定付けられる．細胞分裂は，開花・受精前より始まり，活発になり，果実成長のかなり早い時期に終了する．細胞分裂の期間は，果実の種類によって大きく異なっているが，例えば，ブドウでは開花後1〜2週間，トマトでは2週間，オウトウやモモのような核果類やリンゴでは3〜4週間，カンキツ類では7〜9週間，ニホンナシでは早生品種で4〜5週間，晩生品種では6〜7週間と品種によっても大きく異なっている．また，アボカドのように収穫期まで細胞分裂が続くものや，キイチゴ類のように開花期に終わっているものまである．また，果実の表皮（epidermis）の細胞分裂は，一般に遅くまで続き，果実のすべての細胞が同時期に停止するもの

ではない．このように，果実初期成長は主に細胞分裂による影響が大きく，細胞分裂終了後は，個々の細胞の肥大によって果実は成長していくことになる．リンゴなどでは，細胞肥大に伴い，細胞間隙（intercellular space）が発達し，最終的には全体の容量の20～35％を占め，細胞数，細胞肥大に加えて細胞間隙も果実の大きさの決定要因となっている．

2）果実の成長曲線

受精（fertilization）後，結実した果実は，成熟期（maturation period あるいは ripening stage）まで成長を続ける．成熟までの期間は果物の種類，品種によって大きく異なるが，それぞれの果実の成長を果径，新鮮重，容積といったパラメーターで経時的に測定していくと，2つの成長パターンに分類することができる．1つは単一S字型成長曲線（single sigmoid growth curve）を示すもので，緩やかな初期成長ののち，成長中期には著しく成長し，成熟期前になると肥大速度が鈍くなる．リンゴ，ナシなどの果樹やスイカやカボチャの果菜類がこの成長パターンを示す．もう1つは二重S字型成長曲線（double sigmoid growth curve）を示すもので，開花後の緩やかな成長に続き，急激な肥大を示すところまでは単一S字型と同じであるが，その後いったん肥大速度が鈍り，一時的な成長停滞期を迎えたのち，再び成長が活発になり，成熟期前になると肥大速度が鈍くなる．このグループでは，初期の急速な肥大期を果実成長第1期，途中の成長停滞期を第2期，成熟前の肥大期を第3期として区分する．モモ，スモモ，オウトウなどの核果類やブドウ，イチジク，カキなどの果樹がこの成長パターンを示す（図6-1）．第2期の成長停滞期はブドウ，カキ，ビワなどでは種皮（seed coat），モモやオウトウなどの核果類では核（内果皮，endocarp）がリグニン化する硬核期（stone hardening）に当たり，この時期，種子内部の胚などの組織が急激に発達し，発芽可能な状態に近付く．さらに，ブドウやカキの無核品種やジベレリンなどで単為結果（parthenocarpy）させた果実では，第2期が認められにくくなることから，種子成長に多くの養分が奪われ，果実に養分がまわらないことが大きな要因と考えられている．

第6章　果実の成長と肥大の生理

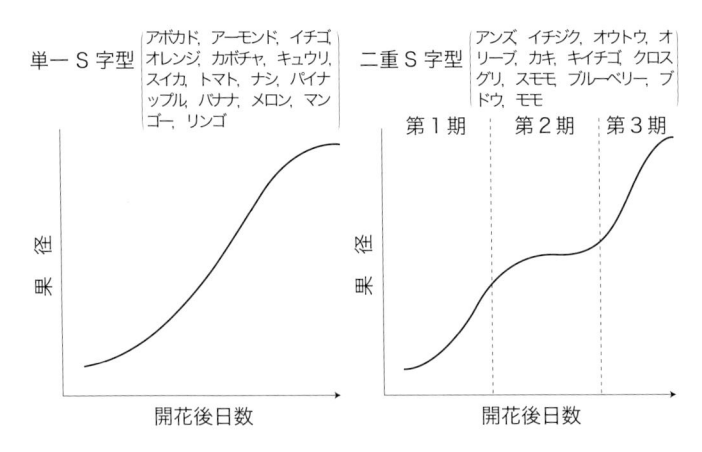

図6-1　果実の成長パターンによる果物の分類
単一S字型(左)と二重S字型(右).

単一S字型：アボカド，アーモンド，イチゴ，オレンジ，カボチャ，キュウリ，スイカ，トマト，ナシ，パイナップル，バナナ，メロン，マンゴー，リンゴ

二重S字型：アンズ，イチジク，オウトウ，オリーブ，カキ，キイチゴ，クロスグリ，スモモ，ブルーベリー，ブドウ，モモ

しかし，カキなどの無核果実では第2期が認められにくくなるものの，なくなるわけではないので，何らかの要因で果実への光合成産物の流入が少なくなることが関与していると思われる．

3）生理的落果

　果樹の生理的落果（physiological fruit drop）は成熟期までの生育期間中に，台風などの物理的な要因や病害虫などの要因以外で落果することをいい，樹性などの生理条件や栄養条件，環境要因などによって起こる．生理的落果の発生の大部分は，開花1～2ヵ月後に起こり，その後はほとんど落果せず，収穫期前になり再び落果するものもある．前者を早期落果といい，後者を後期落果という．

　早期落果も開花2週間後までに起こる落果と，リンゴ，カキ，モモなどでは開花直後に加えて6月中下旬～7月初旬に起こる落果に分けることができる．開花直後の生理的落果は，胚珠（ovule）や胚嚢（embryo sac）の異常発達や退化や受粉条件不良による不受精が原因である．また，6月中下旬～7月初旬に起こる落果はジューンドロップ（June drop）といわれ，新梢成長や他果

実との競合や梅雨による栄養供給不足で起こると考えられている．生理落果と植物ホルモンの関係については，カキやリンゴにおいて，離層を挟む果実側と樹体側のオーキシン（IAA）の濃度勾配が原因の1つであることが示唆されている．すなわち，新梢成長に伴うオーキシンの輸送により，樹体側に比べて果実側のオーキシンの濃度が低下すると離層におけるエンドグルカナーゼ(endo-β1,4-glucanase, EGase)やポリガラクツロナーゼ（polygalacturonase, PG）などの細胞壁分解酵素遺伝子の発現を活発にし，細胞間の結合を弱め落果に至るというものである（Kalaitzisら，1995；Liら，2003；Robertsら，2000）．カキでは果頂部にオーキシンを塗布したところ，落果が抑えられたとの報告がある（寿松木ら，1989）．一方，後期落果はリンゴ，カキ，晩生カンキツの一部の品種ではかなり起こることがあり，直接収量に影響するので，きわめて大きな問題である．この後期落果についてもオーキシン処理の有効性が示されており，オーキシン活性を示す物質であるジクロロプロップ（2,4-ジクロロフェノキシプロピオン酸）とMCPB（2-メチル-4-クロロフェノキシ酪酸）が落果しやすいリンゴのデリシャス系や'つがる'などに実用化されている．

4）果実成長と植物ホルモンの関係

種子の存在が果実の成長に大きな影響を及ぼすことはよく知られており，一般に果実の大きさはしばしば種子数と関連し，種子数の多い果実ほど果実が大きい．また，同じ果実の中で，種子の存在する部位はない部位に比べ果肉の発達が促進され，奇形果の原因となると同時に種子が果実の初期成長にきわめて重要な役割を担っていることを示している．種子は，珠心（nucellus），胚乳（endosperm），胚（embryo）の順に組織を発達させるが，その際きわめて高濃度の植物ホルモンを生成することが知られている．この生成される植物ホルモンが，果実成長のための細胞分裂および細胞肥大を制御していると考えられる．さらに，植物ホルモンは，同化産物やさまざまな物質を果実に引き入れる巨大な力（シンク力）を形成し，それにより果実が肥大していく．植物ホルモンとしては，古くからその存在がわかっていたものに，オーキシン，ジベ

レリン（GA），サイトカイニン，アブシジン酸（ABA），エチレンがあり，近年ではこの5つに加え，ブラシノステロイド，ジャスモン酸が同定され，植物の発生，分化，成長，環境応答などの重要な因子として働いていることが知られている．果実中の内生植物ホルモン含量を測定すると，成長初期・中期にはサイトカイニン，ジベレリン，オーキシンの含量が高く，後期になるとABAやエチレンの生成がみられることが多い（Houら，2004；Koshiokaら，1994；Mehouachiら，2000；Perezら，2000；Rodrigoら，1997；Symonsら，2006）（図6-2）．これらのことから，果実の肥大に関係する植物ホルモンは，主としてジベレリン，サイトカイニン，オーキシンであると考えられる．ジベレリン，サイトカイニン，オーキシンの果実の成長に伴う含量変化については，生物検定法によって行われたデータが中心となっており，GC-MS，HPLC-ELISA，LC-MSなど最新の機器や方法で調べられた例は少ない．最新の分析法にて調べられた例について，いくつか紹介したい．GC-MSによって果実成長に伴うジベレリン含量の変化について調べられた例としては，トマトに

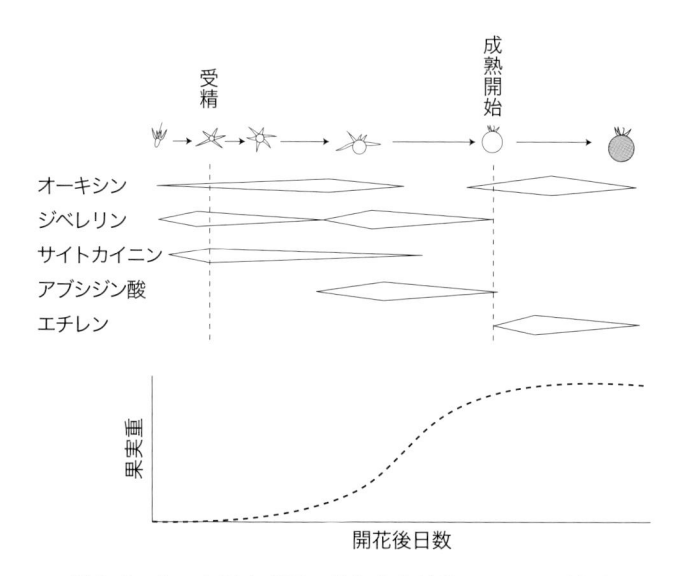

図6-2 トマト果実成長に伴う内生植物ホルモンの消長
（Gillaspy, G. ら，1993を改変）

おいて，GA_1，GA_8，GA_{15}，GA_{17}，GA_{19}，GA_{20}，GA_{24}，GA_{25}，GA_{29}，GA_{44} が同定され，活性型の GA_1 は，開花 10 日頃高い含量を示し（Bohner ら，1988），スイートオレンジでは，GA_1，GA_{17}，GA_{19}，GA_{20}，GA_{29}，GA_{53}，GA_{97} が同定され，GA_1 は開花期頃最も高い含量を示すことが報告されている（Ben-Cheikh ら，1997；Talon ら，1990）．いずれにしても，その含量は，果肉に比べ種子組織で非常に高いことが報告されている．サイトカイニンについては，モモの果肉および種子において，ゼアチン（zeatin），ゼアチンリボシド（zeatin riboside），ジヒドロゼアチン（dihydrozeatin），イソペンテニルアデニン（iso-pentenyl adenine）などが同定され，果肉では，これらの含量は開花 1 週目頃まで高い含量を示すのに対して，種子では開花後 4～7 週の成長中期に高い含量を示すことが報告されている（Arnau ら，1999）．キウイフルーツでは，GC-MS によってゼアチン，ゼアチンリボシド，イソペンテニルアデニン，イソペンテニルアデノシン（iso-pentenyl adenosine）が同定され，ラジオイムノアッセイ（RIA）による定量が行われ，すべてのサイトカイニンが，開花から果実成長初期に非常に高い含量を示し，その後低下するが，ゼアチン，ゼアチンリボシドについては成熟期にもう一度含量が増加することが報告されている（Lewis ら，1996）．オーキシンについては，メロン果実では，受精時から開花 3 週間頃まで高いインドール酢酸（indole acetic acid，IAA）含量を示すことが（Hayata ら，2002），ウンシュウミカンやヒュウガナツ果実では，IAA 含量は，開花 10 日頃にピークを迎え，その後低下することが報告されている（Kojima，1996；Kojima ら，1996）．以上のことからも，ジベレリン，サイトカイニン，オーキシン含量は，果実の初期・中期成長と密接に関わっているものと思われる．以下，それぞれの植物ホルモンについて果実肥大との関係について概説する．

(1) ジベレリン

ジベレリン（gibberellins，GA）は，現在その化学構造の違いと発見順から GA_1 から GA_{136} まで存在が明らかになっている．また，*Gibberella fujikuroi*（イ

ネ馬鹿苗病菌）の培養により，GA_3 の大量生産がなされ，果実肥大促進に最も用いられる植物ホルモンである．一般に，細胞肥大を促進するホルモンであると考えられている．ブドウのレーズン用無核品種に用いられたのが，果実肥大促進の最初の例である．現在でも，二倍体ブドウ品種'デラウエア'，'マスカット・ベーリー A'などの無核果生産および果実肥大促進，果実熟期促進や四倍体品種'巨峰'，'ピオーネ'などの花振るい（shatter）防止，無核果生産および果実肥大促進に GA_3 が用いられている．'デラウエア'においては，満開 14 日前に 1 度目の GA_3 の水溶液を果房に浸漬処理を行い，胚珠と花粉の受精能力をなくし，無核化をはかり，満開 10 〜 14 日後の 2 度目の水溶液処理で果実肥大促進をはかるものである．一方，ニホンナシでは，GA_4 に効果が認められ，開花 40 日後までに GA_4 を含むペーストを果梗（peduncle）に処理することで果実肥大促進，果実熟期促進効果がある（図 6-3）．このように，果実の種類によって効果のある GA の種類が異なっている．そのほか，GA はネーブルオレンジやカキの落果防止やトマトの空洞果（puffy fruit）防止にも利用されている．これら果実肥大に効果のある GA は，C20 位と C3 位が酸化され

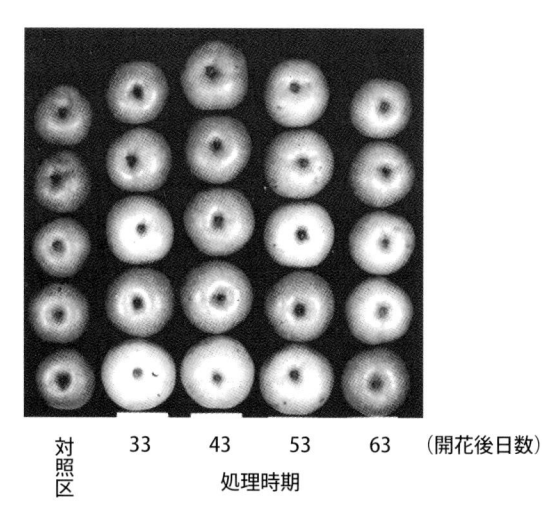

図 6-3 ジベレリン（GA）がナシ果実の肥大に及ぼす影響
GA ペーストの処理時期が早い方が果実肥大が促進している．（林 真二ら , 1982）

ている GA_1, GA_3, GA_4 であり，活性型 GA と呼ばれている．実際，最近日本人グループによって世界で初めて同定された GA 受容体タンパク質（GID）は，GA_1, GA_3, GA_4 と高い親和性を示すことが報告されている（Ueguchi-Tanaka ら，2005）．

高等植物における活性型 GA 生合成経路は，早期 13 位水酸化経路（early-13-hydroxylation pathway）と早期非水酸化経路（early-non-hydroxylation pathway）の 2 つが存在することが知られている（図 6-4）．前者の経路では，GA_{53} の C20 位が GA20 位酸化酵素により酸化され，続いて GA3 位酸化酵素により C3 位が酸化されて活性型 GA_1 が生成される．後者では，GA_{12} が同様に C20 位，C3 位が酸化されて活性型 GA_4 が生成される．その後，活性型の GA_1 は GA2 位酸化酵素により C2 位が酸化されると不活性型の GA_8 に転換され，GA_4 が同様に不活性型の GA_{34} に転換される．高等植物では，GA20 位酸化酵素，GA3 位酸化酵素，GA2 位酸化酵素が活性型 GA の内生レベルを調節している．ニホンナシ果実成長に伴う種子と果肉のこれら酵素遺伝子の発現をみると，活性型 GA の生成に関わる GA3 位酸化酵素遺伝子（*PpGA3OH2*）は，種子のみで発現しており，種子が GA の供給源として重要な役割を担っていることがわかる．一方，不活性化に関わる GA2 位酸化酵素遺伝子（*PpGA2OH1*）は，果肉においては生育初期に高く，中期以降発現が消え，種子においては生育初期には発現がみられず，生育後期に高い発現がみられるようになり，時間的，空間的にその発現が制御されている（板井ら，未発表）（図 6-5）．すなわち，果実生育初期には，まず胚珠，胚など種子組織を発達させ，果肉を肥大させないよう活性型 GA が果肉に存在しない機構が働いており，生育後期になり，種子組織が完成に近付くと，果肉にお

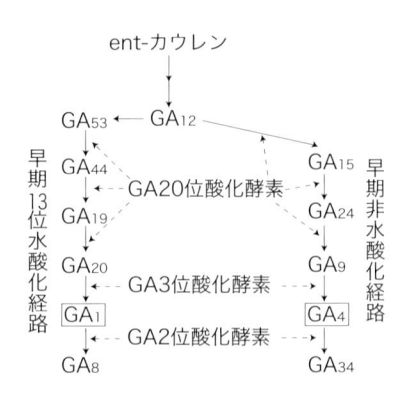

図6-4 高等植物における GA 生合成および代謝経路の概略
□で囲んだものが，活性型 GA（GA_1, GA_4）である．

第6章　果実の成長と肥大の生理

| 開花後週間 | 3 | 5 | 7 | 9 | 11 | 13 | 15 | 17 | 19 |

PpGA3OH1　果肉／種子

PpGA3OH2　果肉／種子

PpGA2OH1　果肉／種子

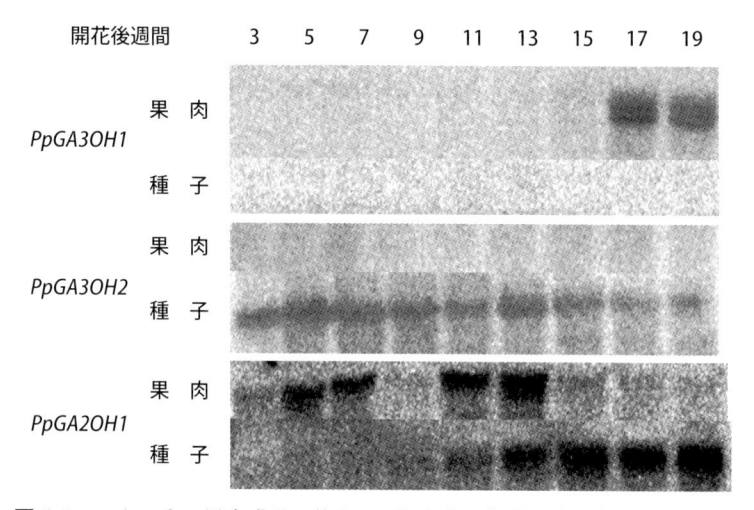

図6-5　ニホンナシ果実成長に伴うGA生合成・代謝関連酵素遺伝子の発現の変動
PpGA3OH1, 2：GA3位酸化酵素遺伝子，*PpGA2OH1*：GA2位酸化酵素遺伝子．色が黒いほど遺伝子発現量が多いことを示す．*PpGA3OH1*は果実成長後期に果肉のみで発現がみられ，*PpGA3OH2*はすべての時期で種子のみで発現がみられる．また，*PpGA2OH1*は果実成長初期から中期にかけては果肉で，中期から後期にかけては種子で高い発現がみられる（板井章浩ら，未発表）．

いて活性型GAが不活性化されず，急激な果肉の肥大がみられるものと思われる．トマトにおいても，果実生育初期の中果皮（mesocarp）において，GA3位酸化酵素遺伝子（*LeGA3OH1*）の発現が消失することが報告されており，同じような肥大制御機構を持つ可能性がある（Rebersら，1999）．

(2) サイトカイニン

　サイトカイニン（cytokinins）は，細胞分裂を促進するホルモンの総称であり，天然の活性型としては，イソペンテニルアデニンおよびt-ゼアチンの2つが考えられている．果実発育初期の細胞分裂による細胞数増大に深く関わるものと考えられる．事実，カキやキウイフルーツの開花前から開花後すぐの子房に強い活性を示すフェニル尿素系合成サイトカイニン（4-PU30あるいはKT-30，商品名：フルメット）を処理することにより，細胞数増大に伴う

果実肥大促進がみられる．現在，ブドウ，キウイフルーツ，ビワなどの果実肥大促進に実用化されている．開花初期に活発に細胞分裂が行われ，その後停止するメカニズムは，まだはっきりしていないが，近年，細胞の分裂する過程（細胞周期，cell cycle）に関わる遺伝子の関与が考えられている．細胞周期のコントロールは，サイクリン（cyclin）やサイクリン依存性キナーゼ（cyclin dependent kinase, CDK）が関与していると考えられている．タバコやシロイヌナズナにおいて，サイトカイニン処理により，著しいCDK活性の上昇がみられることが報告されている．トマトにおいては，サイクリンD3遺伝子の発現が胚珠において開花・受精後に急激に上昇し，受精3日後にピークに達する（Kvarnhedenら，2000）．ちょうどこの時期，サイトカイニン含量もピークを迎えることから，サイトカイニンによる細胞分裂促進にこのサイクリン遺伝子の関与が考えられている．．

(3) オーキシン

オーキシン（auxin）と果実肥大の関係については，イチゴの果托（fruit receptacle, 通称果実）の成長には，痩果（achene，一般に種子と呼ばれている）からのオーキシン供給が鍵になっていることが示され，以後，果実肥大に重要な役割を担っていると考えられてきた．天然型としてインドール-3-酢酸（IAA）とインドール-3-酪酸（IBA）が植物体内に存在するが，非常に不安定なため，合成オーキシンである4-クロロフェノキシ酢酸（4-CPA, 商品名トマトトーン）が，トマトなどの果菜類の着果促進および果実肥大の目的に用いられている．トマトのオーキシン耐性を示す突然変異体である *dgt*（*diageotropica*）は，側根の消失などさまざまな形態変化を示すが，その1つに果実の肥大が抑制される現象がある．この原因として，果実成長初期にオーキシンの受容タンパク質（TIR）と結合し，オーキシンの情報伝達を負に制御する転写因子 *Aux/IAA* の発現上昇がみられることが要因の1つになっていることが報告されており（Balbiら，2003），オーキシンの情報伝達が，果実の初期成長に大きな役割を果たしていることが示唆されている．

第6章　果実の成長と肥大の生理

また，細胞肥大には細胞壁の構造変化に伴う伸長性が関与すると考えられるが，オーキシンはこの構造変化に関わることにより果実肥大を促進している可能性がある．実際，トマトにおいて細胞壁のヘミセルロースとセルロースの分解や再構成に関わるエクスパンシン（expansin）遺伝子，エンド型キシログルカン転移・加水分解酵素（xyloglucan endotransglycosidase/hydrolase）遺伝子，エンドグルカナーゼ（endo-β1,4-glucanase）遺伝子がオーキシンにより発現が増大すること，および果実の急激な肥大時期に発現が増大することが報告されている（Catalaら，2000）．

（4）そのほかの植物ホルモン

ブドウはベレゾーン（veraison）以後，アブシジン酸（ABA）含量が上昇し，果実肥大の促進と糖含量の上昇がみられる．また，ブドウ果実に外生的にABAを処理すると着色，そして成熟が促進されることから，ABAが後期肥大に関与していると考えられている．ブドウ果実において，糖とABAのクロストーク（cross talk）による制御を受けるASR（ABA-, stress and ripening-induced）タンパク質の遺伝子の存在が明らかになっており，後期肥大への関与が示唆されている（Carrariら，2004）．さらに，ABAは種子内の胚の成熟や休眠に関わると考えられ，種子の果実内での発芽を抑制することにより，果実の後期肥大を促している可能性がある．そのほかの植物ホルモン（ブラシノステロイド，ジャスモン酸）も含めて，植物ホルモンと果実肥大との関係については不明な点が多い．しかし現在，それぞれの植物ホルモンの情報伝達経路が分子レベルで急速に明らかになりつつあり，今後，果実肥大への重要性がより明らかになると思われる．

2．同化産物の蓄積機構

1）転流糖の合成

(1) 園芸作物における転流糖

　転流糖とは，ソース（source）器官，すなわち光合成を行い同化産物を供給する器官において合成され，師部を通じてシンク（sink）器官，すなわち同化産物を主に消費，貯蔵する果実などの器官へ移動する化学形態をいう．

　葉は成熟して十分な光合成を行うようになるとソースとして機能するが，未熟なうちはむしろシンクとして同化産物を消費して発達する（図6-6）．また果樹では，春先は，幹などが炭水化物の供給源となって新梢の成長を促すが，秋には逆に，成葉から供給される同化産物が幹などに蓄えられる．このように，同一器官でもシンクとソースの転換が生じる．

　スクロースは一般的によく知られている転流糖であるが，園芸作物では，そのほかにもソルビトールやラフィノース族オリゴ糖が知られている（表6-1）．溶解度が高いこと，化学的に安定であることなどが転流糖としての条件である．

　果実を収穫物とする果樹や果菜類において，果実に同化産物を効率的に送る

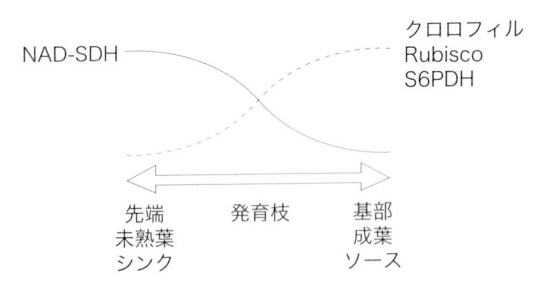

図6-6 バラ科果樹における葉のシンクからソースへの転換

未熟葉の段階ではシンクで機能するNAD依存性ソルビトール脱水素酵素(NAD-SDH)活性が高いが，発達してクロロフィル含量やリブロースジリン酸カルボキシラーゼ・オキシゲナーゼ(Rubisco)活性が上昇してソースとして機能するようになると，ソルビトール合成に関わるソルビトール-6-リン酸脱水素酵素(S6PDH)活性が上昇する．

第6章　果実の成長と肥大の生理

表6-1　園芸作物における主な転流糖

作　物	主な転流糖
カンキツ類，カキ，トマト，ブドウ	スクロース
リンゴ，モモ，ナシ	ソルビトール，スクロース
メロン，キュウリ	ラフィノース，スタキオース，スクロース
セロリ，パセリ	マンニトール，スクロース

ことは重要である．果実は，細胞分裂，細胞肥大によって大きく成長し，糖をはじめとする食品として重要な物質を蓄積して，食品としての価値を持つようになる．果実に供給された炭水化物は，呼吸やさまざまな物質合成に利用されるとともに，肥大のための膨圧形成に寄与し，さらに成熟時には糖の濃度を上昇させることによって食味の向上に貢献する．

　果実の生産現場では，作物の光合成環境を良好に保って，十分な同化産物の供給が行われるような努力がなされている．例えば，果樹の栽培においては，栽植密度を適正に保つことや，整枝および剪定によって受光態勢を改善することは重要である．また，適切な樹体管理は，翌年の光合成器官となる新梢の成長に影響する．このように，光合成が十分に行われ，同化産物の果実への供給能を維持するための基本的な栽培技術は確立されているといえる．

　一方，光合成はシンクによって制御されており，光合成環境が良好でも，シンクが制限されて十分な転流が行われないと光合成は抑制される．具体的には，転流が抑制されて葉における糖の濃度が上昇すると，光合成関連遺伝子の発現が抑制される（Rollandら，2002）．したがって，シンク能を向上させることが高い光合成能を引き出すことにつながる．

　もちろん，樹の能力を超えて過剰に着果させた場合は，果実同士の競合が原因となって果実のサイズは小さくなる．しかし，現在の一般的な果樹栽培のように，摘果が十分に行われてシンクが制限された状態では，さらなる糖度の向上を求めるには個々の果実のシンク能の改善がポイントとなる．

　シンク能は，同化産物から転流糖を合成し，師部における転流（translocation）に乗せ（ローディング，loading），シンクでは転流糖を師部からおろして（アンローディング，unloading），ほかの糖，さらには貯蔵炭水化物に変換するな

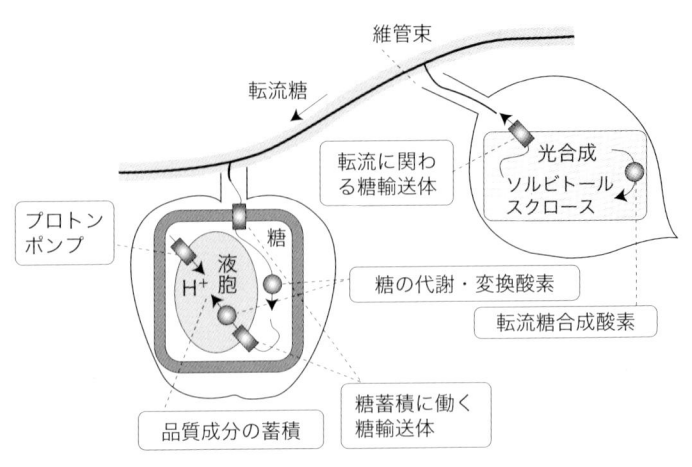

図6-7 果実への同化産物の蓄積に関わるステップ

どの各ステップによって成立する（図 6-7）．ここでは転流糖合成ステップについて述べる．

(2) スクロースの合成

葉でのスクロース合成過程は図 6-8 の通りである．光合成に由来するトリオースリン酸が葉緑体よりサイトゾルへ移動し，フルクトース -1,6- リン酸に変換される．これがフルクトースビスホスファターゼ（fructose bisphosphatase）によってフルクトース -6- リン酸となったのち，グルコース -6- リン酸イソメラーゼによる異性化を経て UDP グルコースに変換される．さらに，UDP グルコースとフルクトース -6- リン酸からスクロースリン酸合成酵素（sucrose-phosphate synthase）によってスクロース -6- リン酸が合成され，脱リン酸化ののち，スクロースとして転流する．これらの過程の中で，特にフルクトースビスホスファターゼとスクロースリン酸合成酵素の過程がスクロース合成の調節部位として知られている．

スクロースリン酸合成酵素の調節機構は，ホウレンソウの葉などを用いて明らかにされてきた．スクロースリン酸合成酵素にはシンクとソースの変換に伴

第6章　果実の成長と肥大の生理

```
クロロプラスト              サイトゾル
  CO₂
   ↓
  カルビン
  回路  → トリオースリン酸 → トリオースリン酸
              ↓
         フルクトース-1,6-リン酸
         [フルクトースビスホスファターゼ]
              ↓
         フルクトース-6-リン酸
         グルコース-6-リン酸
         グルコース-1-リン酸
         UDPグルコース
         [スクロースリン酸合成酵素]
              ↓
         スクロース-6-リン酸
              ↓
           スクロース
```

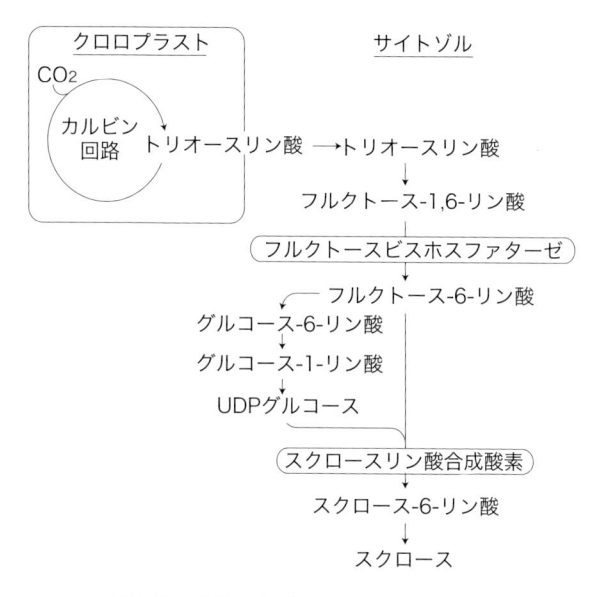

図6-8 成葉におけるスクロース合成経路

う転写調節があり（Chavez-Barcenasら，2000），また翻訳後調節としてリン酸化による活性の調節や，グルコース-6-リン酸や無機リン酸のような正負のエフェクターによる活性の調節もみられる（Huber and Huber, 1996）．スクロースリン酸合成酵素には3つのリン酸化部位があり，明暗条件下における活性の調節に関わっている．すなわち，暗条件下では，スクロースリン酸合成酵素のセリン残基がリン酸化されて活性が抑制されるが，明条件下ではホスファターゼによって脱リン酸化されて活性が復活する（図6-9）．また，さまざまなタンパク質の調節因子として知られている14-3-3タンパク質結合部位を持つことも知られている（Comparotら，2003）．

双子葉植物にはいくつかのスクロースリン酸合成酵素遺伝子が存在しており，アミノ酸配列の比較によって

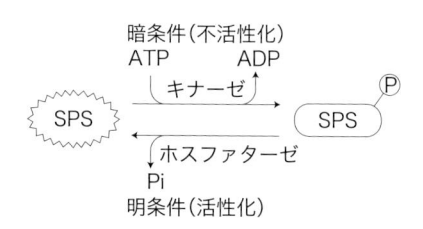

```
         暗条件(不活性化)
         ATP    ADP
          ↘   ↙
    SPS ── キナーゼ ──→ SPS-Ⓟ
          ↖   ↙
         ホスファターゼ
           ↓ Pi
         明条件(活性化)
```

図6-9 スクロースリン酸合成酵素（SPS）の光による活性調節

ABCの3つのファミリーに分けられる（Chenら，2005）．実際，シロイヌナズナでは少なくとも4つのスクロースリン酸合成酵素遺伝子が転写されている．一方，単子葉植物では，さらにDファミリーに属するスクロースリン酸合成酵素遺伝子も知られている．Aファミリーに属するスクロースリン酸合成酵素遺伝子は，植物体のさまざまな器官で発現する主要なイソ酵素である．実際，Aファミリーのアンチセンス遺伝子の導入個体ではスクロース合成が低下することが確かめられている（Strandら，2000）．また，スクロース合成を通して環境ストレス耐性に寄与していることも，アンチセンス遺伝子の導入実験において調べられている．一方，Cファミリーに属するスクロースリン酸合成酵素遺伝子の発現はソース特異的で，夜間における葉のデンプンに由来する炭水化物の移動に関与している（Chenら，2005）．以上については，主に，イネ科作物，ジャガイモ，ホウレンソウ，およびシロイヌナズナにおいて調べられてきた．

　スクロースを主な転流糖とする果樹，果菜類では，カンキツにおいてスクロースリン酸合成酵素遺伝子ファミリーの発現が調べられている（Komatsuら，1996）．また，トマトでは，形質転換体を用いた研究例もあるが，食用作物やモデル実験植物における成果に比べると，その知見は乏しい．

　スクロースリン酸合成酵素の活性を遺伝子組換えによって向上させる試みは，食用作物を中心に数多く試みられている．結果としてはスクロース濃度の向上はみられるが，シンク器官の生産性向上に結び付くかどうかはケースバイケースである．園芸の生産現場では，スクロースリン酸合成酵素活性の改善を明確に意識した栽培技術はないと思われる．栽培技術の向上や品種改良の過程で，スクロースリン酸合成酵素が果実の生産や品質の向上にどのように寄与したかについて，明らかにすることが望まれる．

(3) ソルビトールの合成

　ソルビトールはグルシトールともいい，グルコースの還元基のかわりにアルコール基を持つ糖アルコールである（図6-10）．園芸作物においては，セロリ

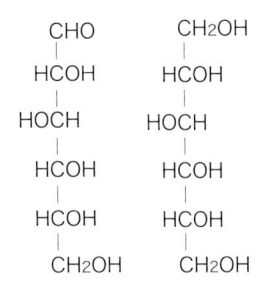

第6章　果実の成長と肥大の生理　　　127

```
    CHO         CH2OH
    |           |
   HCOH        HCOH
    |           |
   HOCH        HOCH
    |           |
   HCOH        HCOH
    |           |
   HCOH        HCOH
    |           |
   CH2OH       CH2OH
```

図6-10　グルコース(左)とソルビトール(右)の化学式
グルコースはアルデヒド基を持つアルドースと呼ばれる還元糖であるのに対して，ソルビトールは非還元糖である．

などにみられるマンニトールとともに，比較的よく研究されている糖アルコールである．ソルビトールは転流糖としての機能のほかに，環境ストレス耐性に関与することや，整腸作用という食品としての機能性もあり，注目すべき化合物である．スクロース代謝に関わる研究がシロイヌナズナやイネ科作物などで進んでいるのとは対照的に，ソルビトールを主要な転流糖として合成する作物はバラ科果樹に限られることから，園芸学の分野で研究が進展してきた経緯がある．したがって，シロイヌナズナやイネといったモデル植物での研究はほとんどみられない．

　ソルビトールはバラ科果樹において，ソース器官である成葉で最も多い可溶性炭水化物であり，可溶性炭水化物の80％以上を占めている（図6-11）．スクロースも転流していると考えられるが，師管液の分析や，トレーサー実験

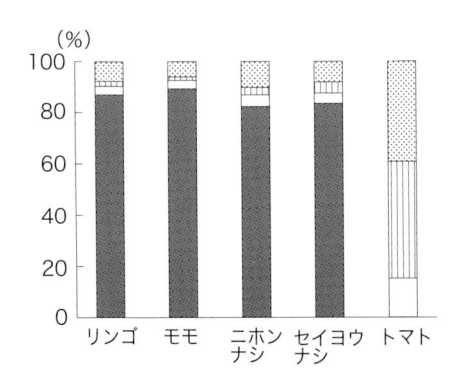

図6-11　バラ科果樹およびトマトの成葉における糖組成
▨スクロース，▥フルクトース，□グルコース，■ソルビトール．

において光合成産物が取り込まれる物質の解析から，ソルビトールが主要な転流糖であることがわかっている．ソルビトール合成に関わる酵素としては，成葉において最も活性が高いソルビトール-6-リン酸脱水素酵素（sorbitol-6-phosphate dehydrogenase）が精製され（Hirai, 1981），cDNAがクローニングされた（Kanayamaら, 1992）（図6-12）．また，ソルビトール-6-リン酸ホスファターゼは，ソルビトール-6-リン酸に特異性の高いホスファターゼとしてリンゴから精製されている．すなわち，ソルビトール-6-リン酸脱水素酵素によって，光合成に由来するグルコース-6-リン酸からソルビトール-6-リン酸が合成され，その後，ホスファターゼによって脱リン酸化されてソルビトールが生産される．通常，ソルビトールを合成しない植物種にソルビトール-6-リン酸脱水素酵素遺伝子のみを導入するとソルビトールが生産されることから，ソルビトール-6-リン酸脱水素酵素がソルビトール合成の鍵酵素であることや，特異的ホスファターゼがソルビトール合成に不可欠ではないことがわかる．

リンゴ，モモ，あるいはナシにおいて，種子発芽における貯蔵炭水化物からのソルビトール合成に対応したmRNA量の増加や，未熟葉では低く，ソースとして機能している成葉で高い発現様式から，ソルビトール-6-リン酸脱水素酵素が転流糖としてのソルビトール合成に寄与するための発現制御を受けていることは明らかである（Suzueら，2006）．また，リンゴの形質転換によって本酵素遺伝子の発現を抑制したところ，ソルビトールの蓄積が著しく減少したことからもソルビトール-6-リン酸脱水素酵素がソルビトール合成酵素であることが裏付けられている（Kanamaruら，2004）．

糖アルコールは，浸透圧調節や生体高分子の保護などの機能を持つ適合溶質である．実際，ソルビトール-6-リン酸脱水素酵素は，バラ科果樹では環境ス

ソルビトール-6-リン酸脱水素酵素
　　グルコース-6-リン酸＋NADPH＋H$^+$　→　ソルビトール-6-リン酸＋NADP$^+$
ソルビトール-6-リン酸ホスファターゼ
　　ソルビトール-6-リン酸＋H$_2$O　→　ソルビトール＋H$_3$PO$_4$

図6-12　ソルビトール合成経路の酵素反応

トレスで誘導される遺伝子であり，耐寒性などに関与している．バイオテクノロジーへの利用としては，ソルビトール-6-リン酸脱水素酵素遺伝子を形質転換に用いたソルビトール合成能の付与による，環境ストレス耐性の増進が試みられている（Gaoら，2001）．ただし，一定レベル以上のソルビトールが合成されると形質転換体の成長の抑制がみられることが問題となっている．果樹では，この成長抑制を矮化に利用するとの考え方もある．

　遺伝子組換えを利用しない場合，ソルビトール-6-リン酸脱水素酵素を園芸生産に利用するには，本酵素の遺伝的な多様性や栽培条件による発現や活性の制御機構を明らかにする必要がある．また，合成系におけるもう1つのメンバーであるソルビトール-6-リン酸ホスファターゼについては．分子レベルでの解析によって，本酵素がバラ科果樹のソルビトール合成にいかに貢献しているのかを明確にする必要がある．

(4) マンニトールの合成

　マンニトールはマンノースの還元基がアルコール基となった糖アルコールである（図6-13）．マンニトールは微生物から植物に至るまで，広く自然界に存在する．園芸作物ではセリ科野菜であるセロリやパセリに含まれており，古くから研究されてきた．果実での報告は少ないが，オリーブ果実における主要な可溶性炭水化物の1つであることが知られている．シロイヌナズナなどのモデル植物は主要な可溶性炭水化物としてマンニトールを含まないことから，モデル植物におけるマンニトール代謝に関する知見は乏しい．したがって，ここ

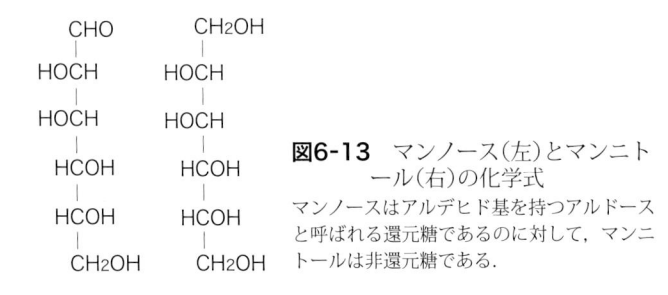

図6-13 マンノース（左）とマンニトール（右）の化学式

マンノースはアルデヒド基を持つアルドースと呼ばれる還元糖であるのに対して，マンニトールは非還元糖である．

では，最もよく研究されているセロリにおけるマンニトール代謝の知見を中心に概要を説明する．

セロリの葉にはマンニトールが主要な可溶性炭水化物として含まれており，トレーサー実験によって，固定された炭素の約半分がマンニトールに取り込まれることが示されている．したがって，マンニトールが主要な光合成産物であり，転流糖としても重要であると考えられている．提唱されているマンニトール合成経路は図6-14に示された通りであり，スクロース合成系との共通の基質であるフルクトース-6-リン酸からホスホマンノースイソメラーゼによって分岐した経路で合成される．マンニトール合成の鍵酵素はNADPHを補酵素として利用するマンノース-6-リン酸還元酵素（mannose-6-phosphate reductase）であり，精製（Loescherら，1992）やcDNAの単離（Everardら，1998）を通じてソース器官における働きが示されている．すなわち，本酵素は成葉において，光合成能の上昇に対応して機能し，マンニトール合成を担う．マンノース-6-リン酸還元酵素のアミノ酸配列は，同じアルドースリン酸還元酵素であるソルビトール-6-リン酸脱水素酵素（☞(3)「ソルビトールの合成」）と相同性が高く，合成系の酵素としてソースで機能するなど共通点が多い（☞図6-6）．

マンニトールはソルビトール同様，糖アルコールであり，適合溶質としての

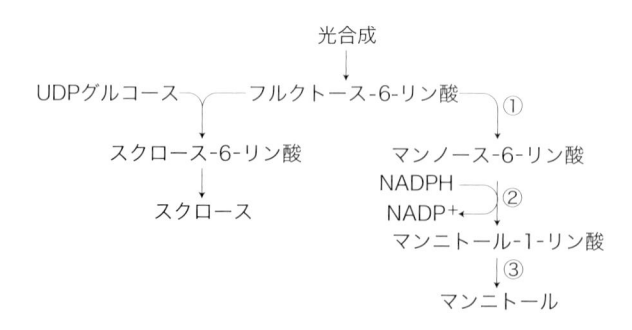

図6-14 成葉におけるマンニトールの合成経路
①ホスホマンノースイソメラーゼ，②マンノース-6-リン酸還元酵素，③ホスファターゼ．

機能を持つ．したがって，マンニトール合成能の付与による環境ストレス耐性増進の試みが盛んに行われてきた．これらの試みの多くは微生物由来のマンニトール合成系酵素遺伝子を利用したものであったが，最近では，セロリ由来のマンニトール-6-リン酸還元酵素遺伝子を導入して，塩ストレス耐性を向上させた例が報告されている（Zhifang and Loescher, 2003）．

(5) ラフィノース族オリゴ糖の合成

ラフィノース族と呼ばれるオリゴ糖，すなわちラフィノースやスタキオースは，スクロースとともにウリ科作物において転流糖として重要である（図6-15）．スクロースへガラクトースを付加するために，UDPガラクトースとミオイノシトールからガラクチノール合成酵素（galactinol synthase）の働きによってガラクチノールが合成される（図6-16）．このガラクチノールとスクロースからラフィノース合成酵素（raffinose synthase）によってラフィノースが合成され，またスタキオース合成酵素（stachiose synthase）によって，さらにガラクトースが付加されてスタキオースが合成される．

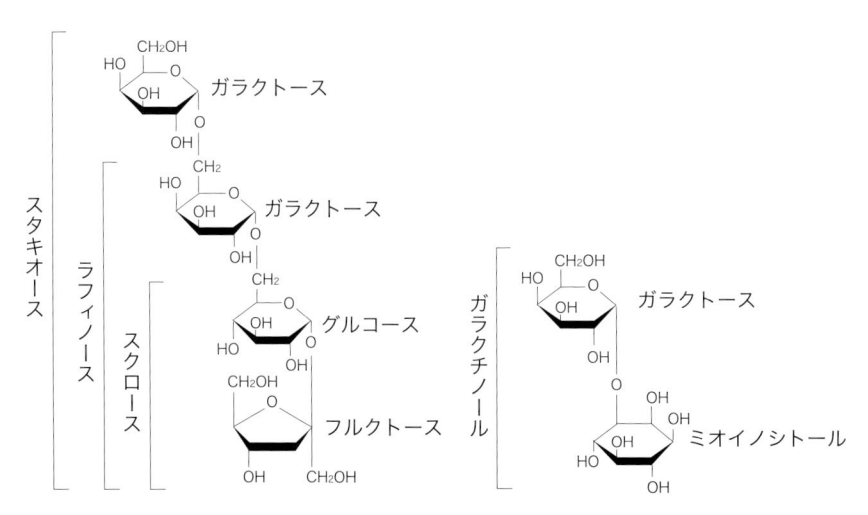

図6-15 ラフィノース族オリゴ糖およびガラクチノールの化学構造

ガラクチノール合成酵素
　　UDP-ガラクトース＋ミオイノシトール　→　ガラクチノール＋UDP
ラフィノース合成酵素
　　ガラクチノール＋スクロース　→　ラフィノース＋ミオイノシトール
スタキオース合成酵素
　　ガラクチノール＋ラフィノース　→　スタキオース＋ミオイノシトール

図 6-16　ラフィノース族オリゴ糖の合成経路の酵素反応

　ラフィノース族オリゴ糖は，メロンでは，葉において転流糖として合成されるが，種子においてもその発達中に合成，蓄積される．合成に必要なガラクチノール合成酵素も，これらの組織において発現が高い（Volk ら, 2003）．一方，ウリ科以外では，シロイヌナズナにおいて，乾燥，低温，塩などの環境ストレスによってラフィノース含量とその合成系の酵素であるガラクチノール合成酵素遺伝子の発現が上昇し，ストレス耐性の増進に寄与する．

　ラフィノース合成酵素とスタキオース合成酵素のアミノ酸配列は，ウリ科作物とシロイヌナズナのほかに，マメ科作物においても公表されている．これらの配列の解析や，両酵素の類似した反応からも予想されるように，両酵素が近縁であることがわかっている．ウリ科作物ではメロンにおいて，スタキオース合成酵素が成葉の維管束に局在してローディングに関わることがわかっている（Holthaus and Schmitz, 1991）．一方，マメ科作物の種子の乾燥時期にもラフィノース族オリゴ糖が蓄積することから，エンドウなどにおいても，合成系の酵素遺伝子の解析が行われている．

　ラフィノース族オリゴ糖は，糖アルコールと同じように環境ストレス耐性に効果があると考えられることから，合成系の酵素遺伝子の導入によるストレス耐性の増進が期待できる．一方，これらの合成系酵素の遺伝的多様性，あるいは栽培条件による発現や活性の変化，さらには果実の生産性との関連について明らかにすることが，今後の応用面での進展につながると考えられる．

2）転流糖のローディングとアンローディング

　ソース器官である光合成葉で合成された転流糖は，維管束の師管（sieve tube）を通り花，果実，根などのシンク器官へと運ばれ，成長のために利用されたり貯蔵されたりする．ソース器官において糖が師管に積み込まれることをローディングといい，シンク器官において師管から糖が積み下ろされることをアンローディングという（図6-17）．転流糖のローディングとアンローディングは，光合成葉からシンク器官へと光合成同化産物を送る律速段階の1つであり，光合成と並んで作物の生産性を決定する重要な過程である．

　転流糖のローディングとアンローディングの機構は，植物種や転流糖の種類により異なる．さまざまな植物種を園芸作物として利用するうえで，個々の作物の転流糖の種類やそのローディングとアンローディング機構を理解することは，園芸作物の栽培や育種を行ううえで重要となる．

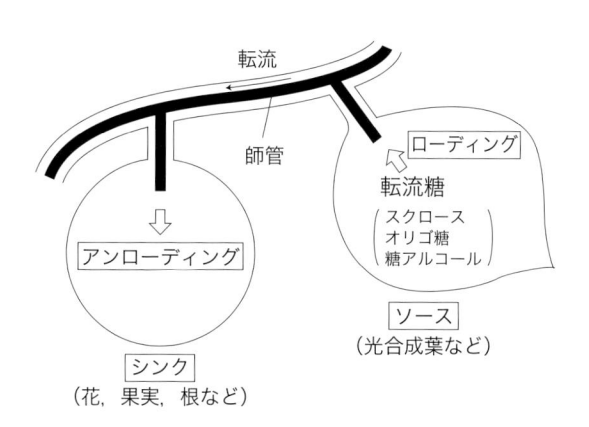

図6-17 転流糖のローディングとアンローディング
ソース器官である光合成葉で合成された転流糖(スクロース，オリゴ糖，糖アルコール)は師管へローディングされ，花，果実，根などのシンク器官へと転流し，アンロードされる．

(1) ローディング

　一般に，光合成葉の師管内の糖の濃度は光合成を行っている葉肉細胞よりも高く，師管液中の糖の濃度が1Mに達する場合もある．葉肉細胞で合成された転流糖が濃度勾配に逆らって師管へと濃縮されるには，何らかの仕組みが必要である．師管への転流糖の濃縮機構（師部ローディング（phloem loading）機構）は，転流糖の種類や師部の構造により異なっている．

　師管への転流糖のローディング機構の違いを考えるには，植物種間の師部の構造の違いを考える必要がある．導管は死細胞からなるが，師管の細胞（師要素（sieve element）とも呼ばれる）は生きている．しかしながら，師管の細胞には核やミトコンドリアなどの細胞小器官は存在せず，師管のとなりに存在する伴細胞（companion cell）の助けがなければ師管は機能できない．師管と伴細胞は原形質連絡（plasmodesmata）により密につながっており，師管と伴細胞の間で原形質連絡を介した物質の輸送が活発に行われている．このように，師管と伴細胞は機能的に密接な関係を持つことから，師要素/伴細胞複合体（SE/CC complex）と呼ばれている．

　師管と伴細胞の間は密な原形質連絡でつながっているが，光合成を行う葉肉細胞や師部柔細胞と伴細胞の間の原形質連絡の密度は植物種によって異なる（Gamalei, 1989）．すなわち，葉肉細胞/師部柔細胞-伴細胞の間に原形質連絡が多数存在するⅠ型（open type）と，葉肉細胞/師部柔細胞-伴細胞の間の原形質連絡が少ないⅡ型（close type）が存在する（図6-18）．実際にはⅠ型とⅡ型の区別は厳密ではなく中間的な原形質連絡を持つものも存在し，Ⅱ型はさらに伴細胞の形態によりグループ分けされる場合もある．

　図6-18が示すように，Ⅰ型（open type）は葉肉細胞/師部柔細胞-伴細胞の間が密な原形質連絡でつながっているため，光合成産物であるスクロースが葉肉細胞から師管まで原形質連絡を通って移動することができる．このようなローディング機構はシンプラスティックローディング（symplastic loading）と呼ばれる．一方，Ⅱ型（close type）は葉肉細胞/師部柔細胞-伴細胞の間

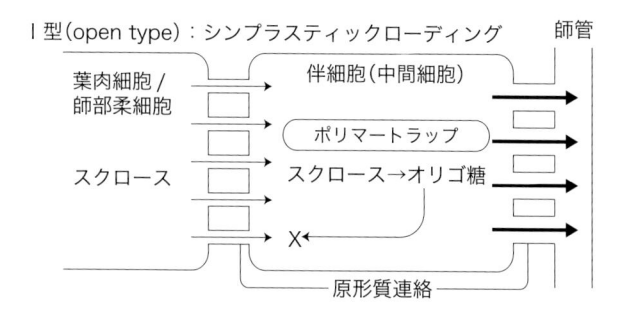

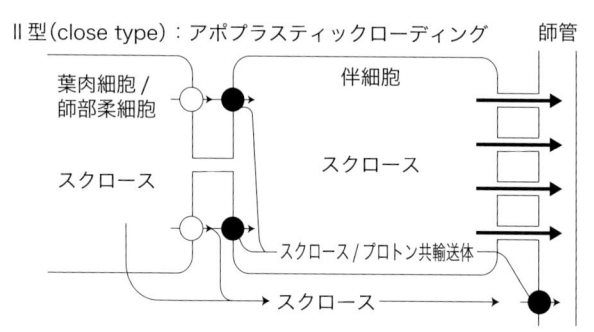

図6-18 師部の形態とローディング機構の違い

師部の形態は大きくⅠ型(open type)とⅡ型(close type)に分けられる．オリゴ糖を転流糖とする植物はⅠ型(open type)の師部形態を持ち，ポリマートラップにより師部に濃縮される．スクロースを転流する植物の多くがⅡ型(close type)の師部形態を持ち，スクロース/プロトン共輸送体(●)がスクロースの師部濃縮を担う．

の原形質連絡が少ないことから，光合成産物であるスクロースはいったん細胞外（アポプラスト，apoplast）に出たのち，再度伴細胞や師管に取り込まれる必要がある．このようなローディング機構は，アポプラスティックローディング（apoplastic loading）と呼ばれる．

シンプラスティックローディングをとるかアポプラスティックローディングをとるかは，師部の形態とともに転流糖の種類にも関係し，スクロース転流型の植物はアポプラスティックローディング，オリゴ糖を転流する植物はシンプラスティックローディングをとるといわれる．それらに比べ知見は少ないが，糖アルコールを転流する植物でもアポプラスティックローディングを示唆する報告が出ている．以下，それらについて詳しくみていく．

a．スクロースのローディング（スクロース／プロトン共輸送体依存）

多くの植物はスクロースを主要な転流糖としている．スクロースを転流する植物は，一部にⅠ型（open type）の師部形態を持つものもみられるが，多くはⅡ型（close type）の師部形態を示す．このため，スクロースはアポプラスティックローディングをとり，葉肉細胞で合成されたスクロースはいったんアポプラストに出たのち，伴細胞や師管へ能動的に輸送される必要がある（図6-18）．そのため，伴細胞や師管にスクロースの能動輸送体（スクロース／プロトン共輸送体（sucrose/H$^+$ symporter））が存在することが予想されていた．

このスクロース／プロトン共輸送体の単離を多くのグループが試みて失敗

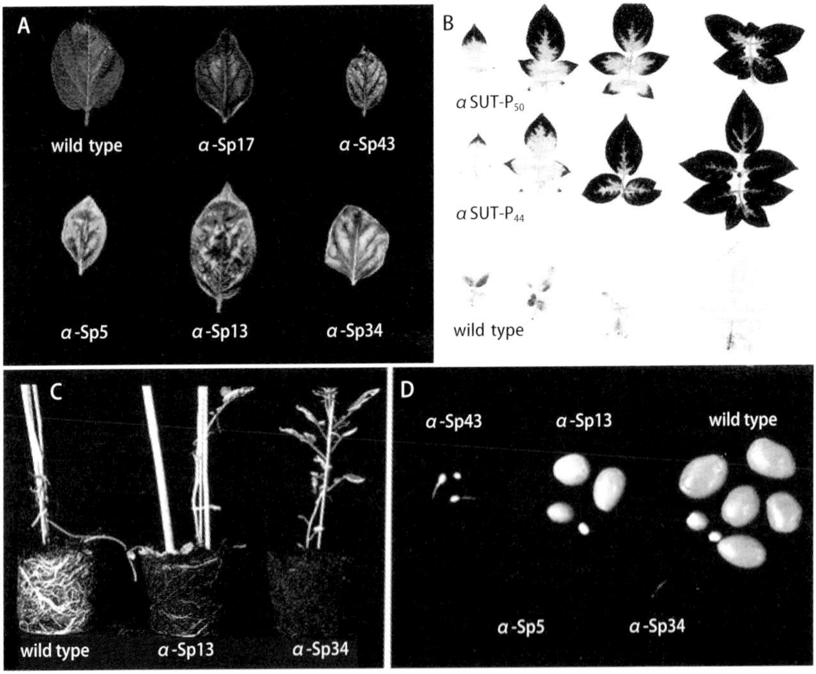

図6-19　スクロース／プロトン共輸送体の発現抑制形質転換ジャガイモ
葉の師部で発現するスクロース／プロトン共輸送体の発現を抑制したことにより転流が阻害され，葉の形態異常（A）やデンプンの蓄積（B），根や塊茎の成長阻害（C, D）が起きた．(Kühn, C. et al., 1996 ; Reismeier, J.W. et al., 1994)

第6章　果実の成長と肥大の生理

に終わったが，Reismeierら（1992）が分子生物学的実験手法を用いることにより，スクロース/プロトン共輸送体遺伝子の同定に成功した．彼らはスクロース/プロトン共輸送体を相補しなければスクロース培地で成長できない酵母を作出し，その酵母へホウレンソウ葉のcDNAライブラリーを導入した．その中からスクロース培地で成長する酵母をスクリーニングすることにより，スクロース/プロトン共輸送体の遺伝子の特定に成功した．このスクロース/プロトン共輸送体遺伝子は葉の師部に特異的に発現することから，スクロースの師部ローディングに関わることが示唆された（Reismeierら，1993）．さらに，このスクロース/プロトン共輸送体遺伝子の発現をアンチセンス法で抑制したジャガイモが作出され，葉からの糖の転流が抑制されることによりデンプンや糖が葉に蓄積して光合成活性が抑制されることや，ジャガイモ塊茎の成長が著しく抑制されることが示された（Reismeierら，1994；図6-19）．これらの結果から，光合成葉の師部ではスクロース/プロトン共輸送体がスクロースを能動的にアポプラストから伴細胞や師管に輸送し，この共輸送体の機能が師管へのスクロースのローディングに必須であることが示された．

b．オリゴ糖のローディング（ポリマートラップモデル）

カボチャなどのウリ科植物やコリウスなどのシソ科植物は，転流糖としてラフィノースやスタキースなどのオリゴ糖を利用している．これらの植物のほとんどがⅠ型（open type）の師部形態をとり，シンプラスティックローディングを行う．伴細胞は特殊化し中間細胞（intermediary cell）と呼ばれ，その形態と存在する酵素の働きによりオリゴ糖が中間細胞に濃縮され，師管へと送り出される（Turgonら，1996；図6-18）．

オリゴ糖を転流する植物も葉肉細胞ではスクロースが合成される．そのスクロースは葉肉細胞/師部柔細胞-中間細胞の間に密に存在する原形質連絡を通って，中間細胞へと到達する．中間細胞にはスクロースからオリゴ糖を合成する酵素が存在し，活発にスクロースからオリゴ糖を合成する．オリゴ糖の濃縮機構の鍵は，原形質連絡の孔の大きさにある．すなわち，中間細胞と師管をつなぐ原形質連絡はスクロースもオリゴ糖も通す孔の大きさであるが，葉肉細

胞/師部柔細胞-中間細胞をつなぐ原形質連絡はそれよりも小さく，スクロースを通すことができるが，オリゴ糖は通さない．したがって，中間細胞で合成されたオリゴ糖は葉肉細胞や師部柔細胞へは戻ることができなくなり中間細胞に濃縮され，師管へと流れていく．このようなスクロースとオリゴ糖の分子サイズの違いで光合成同化産物の師部濃縮が起こることから，この仕組みをポリマートラップモデル（polymer trap model，図6-18）と呼んでいる．

c．糖アルコールのローディング（糖アルコール/プロトン共輸送体依存）

植物の中には糖アルコールを転流糖として使う植物がある．セリ科のセロリはマンニトール，バラ科の果樹はソルビトールを転流糖とする．糖アルコールの転流機構，特にバラ科果樹におけるソルビトールの師部ローディング機構に関しては，シンプラスティックローディングを示唆するものとアポプラスティックローディングを示唆するものの両方が報告されている（Noiraudら，2001b）．前者を示唆する報告としてモモの葉肉細胞内と師管溶出液のソルビトールやスクロースの濃度に差がないことが，後者を示唆する報告として糖トランスポーターの阻害剤を葉に処理すると師管から溶出するソルビトールの濃度が低下することがある（Moingら，1997）．また，バラ科果樹の葉の師部形態はⅠ型（open type），Ⅱ型（close type）あるいはその中間型を示し（Gamalei，1989），師部形態から師部ローディング機構を推定することも難しい．近年，セロリからマンニトール/プロトン共輸送体遺伝子が，バラ科果樹からソルビトール/プロトン共輸送体遺伝子が単離され，それらが葉の師部で発現することが示された（Noiraudら，2001a；Watariら，2004；**口絵3**）．このことから，糖アルコールを転流糖とする植物もアポプラスティックローディング機構をとり，糖アルコール/プロトン共輸送体が師部濃縮に機能する可能性が示唆されている．

(2) 転流とアンローディング

ソース器官の師管にローディングされた転流糖は，シンク器官へと運ばれる．転流糖がソース器官からシンク器官へ師管中を流れるモデルとして，圧流

説（mass flow theory）が提唱されている．光合成葉の師部には転流糖が高濃度に濃縮されるため高い浸透圧が発生し，師管へと水が流入する．一方，シンク側では転流してきた糖がアンローディングされることにより師管内の糖濃度が低下して浸透圧も低下するため，師管から水は流出する．このソース側とシンク側の水の移動に従って師管内の溶液はソースからシンクへと流れ，この流れに乗って糖がソース器官からシンク器官へと転流すると考えられている．

　師管を通って転流してきた糖はシンク器官でアンローディングされ，成長に使われたり，糖のままもしくはほかの貯蔵物質に変換されたのちに貯蔵されたりする．アンローディングにもローディングと同様にアポプラスティック経路とシンプラスティック経路が存在するが（Patrickら，1996），シンク側でどのように転流糖がアンローディングされるかについてはローディングほどわかっていない．多くの植物のシンク器官において，師管と柔細胞の間の原形質連絡が比較的密であることや，師管液に与えた蛍光物質が原形質連絡を通って柔細胞へ流れる観察から，シンプラスティックアンローディング（symplastic unloading）を支持する報告が多い．一方，シンク器官でもさまざまな糖トランスポーター（糖輸送体）の遺伝子が発現していることから，糖トランスポーターがアポプラスティックアンローディング（apoplastic unloading）に働くと考えられている．トマトの果実では成長の初期はシンプラスティックアンローディングであるが，後期にはアポプラスティックアンローディングにかわるという報告がある（Ruanら，1995）．種子や花粉は親の組織から物理的に隔離されており原形質連絡が存在しないため，アポプラスティックアンローディングをとる．

　スクロースを転流する植物がアポプラスティックアンローディングを行う場合，スクロースがそのまま柔細胞へスクローストランスポーターにより取り込まれる場合と，アポプラストに存在するインベルターゼによりヘキソースに分解されたのちにヘキソーストランスポーターによって取り込まれる2つの経路が存在する．オリゴ糖を転流するウリ科植物では，果実でオリゴ糖がほんど検出されないことから，葉から転流してきたオリゴ糖は果柄で速やかにス

図 6-20　リンゴとニホンナシにおけるみつ症の症例
ソルビトールのアンローディングが十分でなく，アポプラストにソルビトールが蓄積した状態がみつ症である．（リンゴ…小﨑　格ら（監修）：新編原色果樹図説，養賢堂，1996．ニホンナシ…写真提供：徳島県立農林水産総合技術支援センター果樹研究所）

クロースやヘキソースに分解されたのち，果実でアンローディングされるようである．バラ科果樹の果実ではアポプラストにソルビトールが蓄積するみつ症（water core, 図6-20）が知られている．みつ症の発生機構についてはよくわかっていないが，転流してきたソルビトールが果肉細胞へとアンローディングされずにアポプラストに蓄積することによりみつ症が生じるのではないかと考えられている．

3）転流糖の変換と代謝調節

(1) 果実における転流糖の変換

　果実における転流糖の変換は，シンク能，すなわち光合成産物を消費，蓄積する器官である果実に転流糖を蓄積する能力の一要因として重要である．転流糖を速やかにほかの物質に変換して転流糖濃度を低く保つことによって，果実細胞と師部との転流糖の濃度勾配を形成することが，アンローディングを促進することになる．さらに，アンローディングの促進は，ソースからの師管を通した転流糖の移動を促進することにつながる．果実では，転流に適した化学形態であるスクロースやソルビトールを，呼吸や成長に必要な分子の合成，およ

第6章 果実の成長と肥大の生理

び蓄積に適した炭水化物の合成に利用できるように変換する必要がある（図6-21）．

　園芸生産において，転流糖の変換機構やその能力は，糖度や果実の大きさなどに影響する．糖度や果実の大きさといった形質は複数の遺伝子，すなわち量的形質遺伝子座（QTL）によって支配されている．単一の遺伝子によって支配される形質とは異なり，その遺伝様式は単純ではないが，転流糖の変換に関わる遺伝子が，栽培品種の開発や品種改良の過程で量的形質を担う因子として改良されてきたと考えられる．実際トマトでは，後述のように，細胞壁インベルターゼが糖度のQTLの1つであることが明らかになっている．今後は生理学的に明らかになった転流糖の変換機構を担う遺伝子が，遺伝育種学的にも重要であることを，トマトの細胞壁インベルターゼのように明らかにすることが求められる．品質に関連する形質を担うことが明らかになった遺伝子については，種内での変異や多型を利用してDNAマーカーとして活用することが可能であり，また遺伝子組換えによる直接的な品種改良に用いることもできる．

　栽培技術の側面では，例えば，受粉やホルモン処理などの着果を誘導する処

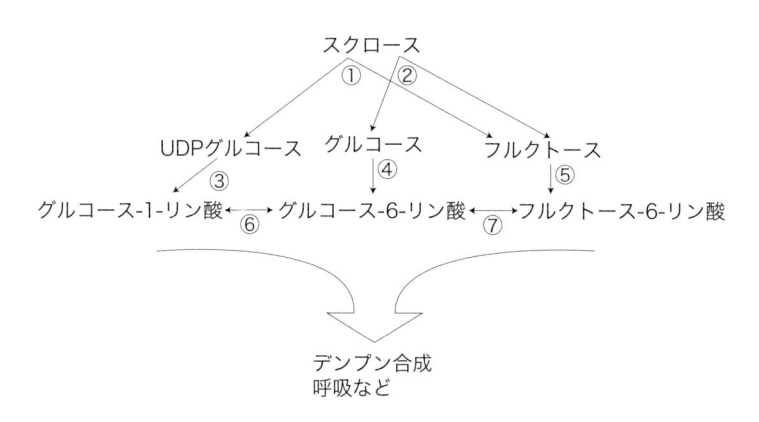

図6-21　果実におけるスクロースの変換
ヘキソースリン酸に変換されることによって，呼吸やデンプン合成をはじめとする，果実の成長や品質形成に関わる代謝に利用可能となる．①スクロース合成酵素，②インベルターゼ，③UDPグルコースピロホスホリラーゼ，④ヘキソキナーゼ，⑤フルクトキナーゼ，⑥ホスホグルコムターゼ，⑦グルコース-6-リン酸イソメラーゼ．

理は,転流糖の変換酵素などのシンク能に関わる遺伝子を活性化し,果実の発達に必要な物質集積を促進する.受粉とそれに伴う受精は,植物ホルモンの供給を通して着果に関与していると考えられる.受粉やホルモン処理によって誘導される遺伝子は多数存在するが,その中で,物質集積に関わる転流糖の変換酵素遺伝子が,着果や果実の発達に重要であることも明確になってきた(☞(2)「スクロースの変換酵素と調節」).したがって,近年の,植物ホルモンによるシンク関連遺伝子の発現誘導に関する知見によって,着果や果実の発達の生理学的機構がより明らかになってきたといえる.また,果実の生産においては安定的に高糖度であることが求められることから,その鍵を握る遺伝子が誘導される栽培条件や技術を明確にすることによって,生理学的な知見の応用が期待できる.例えば,水ストレスを与えることによる高糖度果実の栽培では,収量や樹勢および草勢の低下などが問題となるが,高糖度の生理学的要因が明らかになれば,異なる方法で糖度を制御することも可能になるであろう.

(2) スクロースの変換酵素と調節

転流してきたスクロースは,果実において,スクロース合成酵素(sucrose synthase)による場合はUDPグルコースとフルクトースに,インベルターゼ(invertase)による場合はグルコースとフルクトースに分解される.グルコースとフルクトースはさらにキナーゼによってリン酸化されて,その後の代謝に利用される(図6-21,22).

スクロース合成酵素については,アンチセンス遺伝子の導入によって,トマト果実で特異的に発現するスクロース合成酵素の機能解析が行われている.アンチセンス植物では,若い果実におけるスクロースの吸収能の低下がみられ,着果が阻害されることが明らかとなっている(D'Aoustら,1999).すなわち,スクロース合成酵素が糖集積を通して,着果において重要な働きをしていることが証明されている.

多くの果実では,成熟期には糖が主要な蓄積形態であるものの,未熟な段階ではデンプンが蓄積する.トマト果実では,スクロース合成酵素とフルク

スクロース合成酵素
　　スクロース＋UDP　→　フルクトース＋UDP-グルコース
インベルターゼ
　　スクロース　→　グルコース＋フルクトース
ヘキソキナーゼ
　　グルコース＋ATP　→　グルコース-6-リン酸＋ADP
フルクトキナーゼ
　　フルクトース＋ATP　→　フルクトース-6-リン酸＋ADP

図6-22　スクロースの変換経路の酵素反応
ヘキソキナーゼは，グルコースなどいくつかのヘキソースをリン酸化することができる．フルクトキナーゼはフルクトースへの特異性が高く，フルクトースリン酸化の主要な酵素である．

トキナーゼ（fructokinase）の発現がデンプン蓄積と対応した特徴的な発現様式を示すことから，両酵素がデンプン蓄積に関与すると考えられていた．しかし，その後のアンチセンス遺伝子を用いた実験では，両酵素がデンプン量の決定因子ではないことが示されている（Odanakaら，2002）．すなわち，両酵素は，転流してきたスクロースをデンプンに変換する速度を調節しているのではなく，果実への糖の集積速度自体を左右しているとの見方が有力である．また，スクロース合成酵素とフルクトキナーゼについてはさらに，フルクトースによる活性の阻害が知られており，フルクトースのリン酸化とそれ以降の代謝が速やかなスクロースの変換および代謝に寄与していると考えられる．

インベルターゼは，その局在性によって，液胞インベルターゼ，細胞壁インベルターゼ，および細胞質インベルターゼに分類される．各インベルターゼは異なる遺伝子の産物である．液胞と細胞壁のインベルターゼは酸性に，細胞質インベルターゼは中性からアルカリ性に活性の最適pHを持つことから，それぞれ酸性インベルターゼ，および中性（あるいはアルカリ性）インベルターゼとも呼ばれる（図6-23）．図6-23のように，細胞壁インベルターゼはスクロースを分解することでヘキソーストランスポーターによる細胞内への糖の輸送を促進する働きがあり，アポプラスティックな（細胞間隙を通った）アンローディングにおいて重要である．一方，シンプラスティックに（原形質連絡を通って）

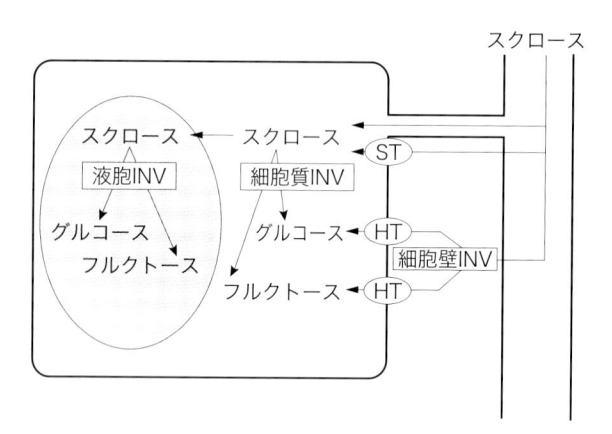

図6-23 インベルターゼの局在性
INV：インベルターゼ，HT：ヘキソーストランスポーター，ST：スクローストランスポーター．

あるいはアポプラスティックにスクロースとして細胞に取り込まれた場合，細胞質では細胞質インベルターゼによって，液胞では液胞インベルターゼによって分解される．

　細胞壁インベルターゼ遺伝子は，トマトにおいて糖度のQTLの1つであることが明らかにされている（Fridmanら，2004）．この研究では，高糖度の果実を持つ野生種の染色体断片を，栽培種をバックグランドとした染色体に導入した準同質遺伝子系統を用いた解析によって，細胞壁インベルターゼの1塩基多型によるアミノ酸の置換が糖度に影響することを示している．果実の量的形質を担う遺伝子が明らかにされた例は少ないことから，注目すべき成果であるといえる．また，タバコのタペート細胞と花粉における細胞壁インベルターゼの発現を，組織特異的発現プロモーターを用いて抑制すると，花粉の発達が阻害されることからも，本酵素の糖集積における重要性が示されている（Goetzら，2001）．

　液胞インベルターゼについては，1分子のスクロースを2分子のヘキソースに分解することによって，浸透圧の上昇とそれに伴う細胞肥大に貢献していると考えられる．糖集積能への貢献度は細胞壁インベルターゼほど明確ではない

が，後述の糖組成への関与は明らかである．細胞質インベルターゼの研究は，細胞壁および液胞インベルターゼと比べて遅れており，その生理学的な役割はまだよくわかっていない．

必ずしも果実における成果ではないが，これらシンク能を担う酵素遺伝子の発現は糖によって誘導されることがわかっている（例：Kanayamaら，1998）．光合成関連遺伝子の糖による負の発現制御と対照的である．個体の光合成環境が良好で，糖の供給が活発になると，シンク関連遺伝子が活性化して果実の成長に貢献すると考えられる．一方，オーキシンやサイトカイニンなど，組織の成長や細胞分裂を促進する植物ホルモンによる細胞壁インベルターゼの発現や活性の増進も報告されている（Roitschら，2005）．アブシジン酸についても，ブドウやトマトにおいて，液胞インベルターゼや細胞壁インベルターゼの活性の上昇や発現の誘導が報告されている（Panら，2005）．オーキシンやサイトカイニンは着果との関連が予想されることから，受粉や受精による植物ホルモンのシグナルがシンク能に関連する酵素系を活性化して果実の発達が進むと考えられる．また，アブシジン酸はシンク能との関連が示唆されていることから，インベルターゼとの関係は興味深い．

ニホンナシ果実のスクロース合成酵素は，スクロース合成と分解の各方向への反応の偏りが，リン酸化によって制御されている（Tanaseら，2002）．果実の発達初期には活発にスクロースを分解して果実の発達に寄与するために，分解方向に活性の調節が行われている．

(3) ソルビトールの変換酵素と調節

ソルビトールとスクロースを転流するバラ科果樹において，果実におけるスクロースの代謝は，スクロース転流植物と同様にスクロース合成酵素とインベルターゼが担っていると考えられる．一方，ソルビトールの代謝は特徴的である．バラ科果樹の葉や師管液ではソルビトールが高濃度で含まれるが，果実ではスクロース，グルコース，あるいはフルクトースが主たる糖となり，ソルビトール含量は低い．したがって，ソルビトールは転流後，速やかに代謝され

ていると考えられる．果実においてソルビトールの変換を担う可能性のある酵素には，NAD 依存性ソルビトール脱水素酵素（sorbitol dehydrogenase, NAD-SDH），NADP 依存性ソルビトール脱水素酵素，および転流糖合成に関連してすでに述べたソルビトール-6-リン酸脱水素酵素が考えられる（図6-24）．これらの中で，酵素学的性質がソルビトールからフルクトースへの変換に偏っていること，果実において活性が高いことなどから，NAD-SDH が主要なソルビトール変換酵素であると考えられ，活発に研究されてきた．

一般にバラ科果樹では，NAD-SDH 遺伝子の発現は果実成長初期に高く，一時低下したのちに，成熟に向けて再度上昇する（Yamada ら，2006）．NAD-SDH のタンパク質量や活性も mRNA 量の変動とほぼ対応する．果実成長初期の高い NAD-SDH 遺伝子の発現は，同時期の果実の相対成長率の高さに対応しており，成長のための炭水化物供給の意味合いが大きい（図6-25）．一方，成熟期の発現の上昇は，同時期の糖濃度の増加に寄与していると考えられる．

NAD-SDH の mRNA，タンパク質，および活性は，ソルビトール，グルコー

NAD 依存性ソルビトール脱水素酵素

　　　ソルビトール + NAD$^+$　→　フルクトース + NADH + H$^+$

NADP 依存性ソルビトール脱水素酵素

　　　ソルビトール + NADP$^+$　→　グルコース + NADPH + H$^+$

図6-24　ソルビトールの変換に関わる酵素

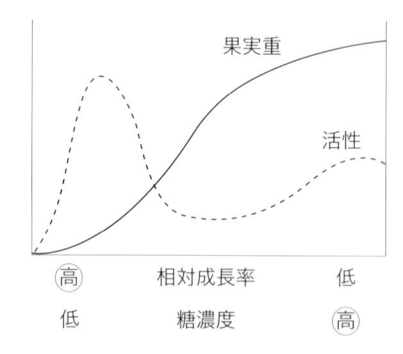

図6-25　バラ科果実の成長過程における NAD-SDH 活性の変動
相対成長率の高い果実成長初期と糖濃度が増加する成熟期において，NAD-SDH 活性が高い．

ス,およびスクロースによって誘導される(Iida ら,2004).また,環状剥皮によって果実への転流糖の流入を抑制すると NAD-SDH 活性が低下する.以上のことから,NAD-SDH は,スクロース転流植物におけるスクロース合成酵素やインベルターゼと同様に,糖によって誘導されてシンク能を増進するようである.一方,ソルビトールを基質とした場合の NAD-SDH の代謝産物であるフルクトースでは,NAD-SDH の mRNA 量のみが上昇し,タンパク質や活性は変化しないことから,転写後の調節によって活性の上昇が抑制されているようである(Iida ら,2004).スクロース合成酵素も代謝産物であるフルクトースによって活性が阻害されることから,ソルビトールおよびスクロースのいずれの代謝においてもフルクトースが代謝抑制の調節因子である可能性がある.

ソルビトール代謝についてはバラ科果樹で先導的に研究が進んできたことから,モデル実験植物における成果は少ない.しかし,NAD-SDH 様の配列は,双子葉と単子葉を含む幅広い種の EST(expressed sequence tag,発現遺伝子配列タグ)でみつかっている.実際,一般にはソルビトールが検出されないトマトにおける NAD-SDH 様の遺伝子産物が,NAD-SDH としての活性を持つことがわかっている(Ohta ら,2005).このようなスクロース転流植物における NAD-SDH の生理機能の解明や,ソルビトール代謝の進化における位置付けに興味が持たれる.

(4) マンニトールの変換酵素

マンニトールをほかの糖へ変換する酵素に関する知見も,合成系同様モデル植物においては少なく,主な成果はセロリで得られている.マンニトールをほかの糖へ変換する最初の酵素はマンニトール脱水素酵素(mannitol dehydrogenase,MTD)であり,その生成物であるマンノースはヘキソキナーゼとイソメラーゼを経て解糖系などでの利用に供せられる(図 6-26).MTD の精製と cDNA のクローニングはセロリで行われ,以降,その役割についての詳細な解析が行われている(Stoop ら,1995;Williamson ら,1995).

MTD の抗体を用いた解析において,セロリ葉では,MTD タンパク質は成熟

図6-26 マンニトールのシンクにおける代謝経路
①マンニトール脱水素酵素(MTD)，②ヘキソキナーゼ，③ホスホマンノースイソメラーゼ．

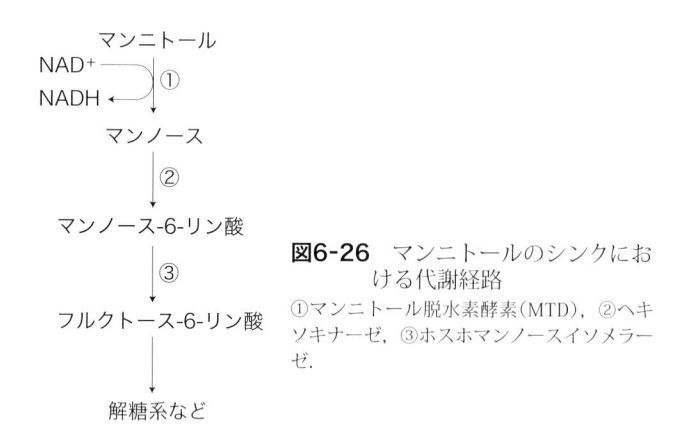

葉よりも若い成長中の葉で高く，(3)「ソルビトールの変換酵素と調節」で述べたバラ科果樹における NAD-SDH と似ている．さらに，セロリの細胞をスクロースで培養しても MTD はほとんど検出されないのに対して，マンニトールで培養すると MTD が強く誘導される．このように MTD はマンニトールを利用するための鍵酵素として機能していると考えられる．そのほか，MTD は塩ストレスや ABA で発現が低下して，適合溶質としてのマンニトールの蓄積に寄与するといわれている．

　MTD の興味深い機能として，病原菌に対する抵抗性の増進がある（Jennings ら，2002）．植物への感染を試みる病原菌の中には，マンニトールを合成，分泌するものがある．このマンニトールは，植物の抵抗性誘導において重要な活性酸素を除去し，植物の抵抗性の誘導を抑制する．一方，植物側では，抵抗性獲得に関与するサリチル酸によって MTD が誘導され，病原菌由来のマンニトールを代謝，除去することができる．このような MTD による病原菌由来のマンニトール除去機能は，セロリのほか，通常マンニトールを合成および蓄積しない植物にもあるといわれている．今後，MTD の病害抵抗性増進への利用が期待される．

（5）ラフィノース族オリゴ糖の変換酵素

ウリ科作物において，果実に転流してきたスタキオースは，まず α - ガラクトシダーゼ（α-galactosidase）によってガラクトースとラフィノースに分解される（図6-27, 28）．分解によって生じたラフィノースや転流してきたラフィノースは，α - ガラクトシダーゼによってガラクトースとスクロースに分解される．その後，ガラクトースはリン酸化され，UDPガラクトースピロホスホリラーゼによってUDPガラクトースに変換されたのち，グルコース関連経路を経て種々の代謝に利用される．一方，α - ガラクトシダーゼの反応によって

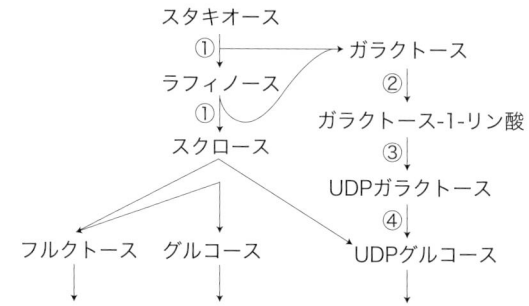

図6-27 ラフィノース族オリゴ糖の果実における代謝経路
①α-ガラクトシダーゼ，②ガラクトキナーゼ，③UDPガラクトースピロホスホリラーゼ，④UDPグルコース4-エピメラーゼ．ほかの酵素については図6-21を参照．

α - ガラクトシダーゼ
 スタキオース＋H_2O → ラフィノース＋ガラクトース
 ラフィノース＋H_2O → スクロース＋ガラクトース
ガラクトキナーゼ
 ガラクトース＋ATP → ガラクトース-1-リン酸＋ADP
UDP-ガラクトースピロホスホリラーゼ
 ガラクトース-1-リン酸＋UTP → UDP-ガラクトース＋ピロリン酸

図6-28 ラフィノース族オリゴ糖の変換経路における酵素反応

生じたスクロースは，すでに述べたように，インベルターゼやスクロース合成酵素によって代謝される．メロン果実において，これらのラフィノース族オリゴ糖やスクロースの代謝に関わる酵素のほとんどは開花期に高い活性を示し，受粉されないと急速に低下することから，着果や果実成長初期の炭水化物集積に寄与していると考えられる（Gao ら，1999）．果実の発達時期全体を通してみると，酸性あるいはアルカリ性のα-ガラクトシダーゼ活性や，細胞壁および液胞インベルターゼ活性は，初期から成熟期に向けて低下していく．

α-ガラクトシダーゼについては，酸性に活性の最適pHを持つものと，アルカリ性に最適pHを持つものがある．アルカリ性α-ガラクトシダーゼについては，メロンより2種類の遺伝子が単離されている（Carmi ら，2003）．それぞれラフィノースとスタキオースに対する親和性が異なり，2種類のα-ガラクトシダーゼが役割分担しているようである．オオムギやシロイヌナズナなどにおいて，種子の吸水時に特異的に発現する遺伝子として機能不明なまま単離，解析されてきたSIP（seed imbibition protein）が，メロンのα-ガラクトシダーゼとのアミノ酸配列の比較によって，α-ガラクトシダーゼであることが明らかとなっている．したがって，幅広い植物種の種子にみられるラフィノース族オリゴ糖を，発芽時に代謝するのもアルカリ性α-ガラクトシダーゼである．

4）液胞の生理機能

(1) さまざまな液胞の機能

液胞（vacuole）は植物に特徴的な細胞小器官（organella）であり，植物細胞の中で最も大きくて目立つ細胞小器官である（口絵4）．古くは，液胞は貯蔵の場あるいは不要な物質のゴミ捨て場としての静的な細胞小器官であるととらえられてきた．しかしながら，近年の研究の発展により液胞機能の理解が進み，液胞がダイナミックで植物の成長に欠かすことができない重要な機能を担っていることがわかってきた．園芸作物においては，液胞の物質蓄積機能が特に重要であるが，そのほかにもさまざまな液胞機能が園芸作物の品質や成長

a. 有用物質の蓄積

液胞には，植物の成長に必要な物質や園芸作物の品質に関わるさまざまな成分が蓄積している（表 6-2）.

表 6-2 液胞に蓄積する物質と液胞へのおよその存在割合

物 質	液胞内の存在割合
糖（スクロース，グルコース，フルクトース）	$44 \sim 100\%$
アスコルビン酸	100%
マレイン酸	ほとんど
硝 酸	99%
アミノ酸	$50 \sim 85\%$
ジベレリン	$30 \sim 90\%$
フェノール化合物	100%
アントシアニン	100%
グルコシノレート	100%
ベタニン	すべて
ニコチン	93%
プロテアーゼ阻害	すべて
K^+, Na^+, Mg^+, Ca^{2+}, Cl^-	ほとんど

（Deepesh, N.D., 2000 より引用）

ⅰ）糖，有機酸，アミノ酸　光合成で合成された糖は一時的に葉の液胞に貯蔵されたり，シンク器官へと送られてシンク器官の液胞に蓄積したりする．また，糖以外にもリンゴ酸やクエン酸などの有機酸やアミノ酸も液胞に貯蔵される．これらの物質は園芸作物の食味に関係し，特に果実では糖や有機酸が高濃度に蓄積している．

多肉植物やラン科植物には CAM 型光合成を行うものがあるが，夜間に CO_2 から固定されたリンゴ酸は葉肉細胞の液胞に一時的に貯蔵され，昼間の明反応に使われる．

ⅱ）無機養分（金属イオン，リン酸，硝酸）　液胞にはカリウムなどの金属イオン，リン酸や硝酸などの無機物質が蓄積する．植物は成長に必要な量以上のカリウム，リンおよび窒素を根から吸収し，それら養分の欠乏に備えて液胞に貯蔵するのである．カリウムはミネラルとしてヒトにとって摂取が有用で

あるが，リン酸や硝酸の過剰な摂取はむしろ有害である．また，成長に必要な量以上のリンや窒素肥料の吸収は過剰な施肥を必要とする．このため，液胞へのリン酸や硝酸の蓄積能力が低い作物の育種が必要である．

iii）貯蔵タンパク質，病害虫抵抗性タンパク質　ダイズの種子などの貯蔵タンパク質は液胞が特殊化したタンパク質貯蔵型液胞（protein storage vacuole）に貯蔵されている．

害虫に消化不良を起こさせるプロテアーゼインヒビター（protease inhibitor）や植物病原菌に対する抵抗性タンパク質（pathogen related（PR）protein）の多くは液胞に蓄積しており，虫の食害や植物病原菌の侵入により液胞が壊れることでそれらが作用する．

iv）二次代謝産物（色素，機能性物質，ファイトアレキシン）　カテキン，アントシアン，フラボンなどのポリフェノール類や，カフェイン，ニコチンなどのアルカロイド類をはじめとする二次代謝産物の多くは液胞に蓄積する．これらの二次代謝産物の中には古くから薬理作用があることが知られているものや，近年，機能性物質として注目を集めているものも多い．アントシアンをはじめとするフラボノイド類はさまざまな色を呈する色素であり，花や果実の色を決定する．植物病原菌に対する抗菌性物質であるファイトアレキシン類も液胞に蓄積するものが多い．

b．細胞空間の充填，膨圧の発生（細胞成長，植物体の支持，運動）

成熟した植物細胞の多くは巨大な液胞を持ち，細胞容積の大部分が液胞で占められる．植物は巨大な液胞を持つことで細胞を大きく肥大することができ，動物に比べて低コストで大きな体を形成できる．低コストで大きな体を得ることは，土壌からより多くの水や養分を吸収するために根を広範囲に張ることや，より多くの光を受けるために葉を大きく展開することに重要である．

植物は液胞にイオンや糖を高濃度に蓄積することにより，細胞に高い浸透圧を形成する．この浸透圧が膨圧を産み，細胞の肥大成長や植物体を支持する力として働く．植物が水ストレスにあうと，十分な膨圧を形成することができなくなり萎れてしまう．花の開閉，オジギソウや食虫植物の葉の開閉，マメ科植

物の葉の就眠運動などの植物の運動は，液胞へのイオンの移動とそれに引き続く水の移動による膨圧の変化によって引き起こされる．

c．有害物質の隔離および分解

植物は動物のような排泄機構を持たないため，有害な塩，重金属，除草剤などの外来有害物質を液胞に隔離することで，それらからの害を回避する．除草剤などの有機物質は液胞に隔離されるだけでなく，液胞中に存在する分解酵素の働きにより分解，解毒される．

Apse ら（1999）は，液胞にナトリウムイオンを輸送するナトリウム/プロトン対向輸送体（Na^+/H^+ antiporter）の欠損により塩ストレスに対する耐性が低下し，過剰発現させることで逆に塩ストレスへの耐性が高まることをシロイヌナズナを用いた実験により示している（図 6-29）．

d．細胞の恒常性維持（pH，イオン濃度の調整）

細胞機能の維持には細胞質基質（cytosol）の pH やイオン濃度を一定に保つ必要があり，液胞が緩衝機能を働かせることによりこの恒常性が保たれている．低温に弱いヤエナリでは，液胞膜のプロトンポンプ（proton pump）の機能の障害が引き金となって細胞質基質が酸性化することにより，低温障害が発生する（口絵 5）．

アサガオには開花過程で花色が赤から青に変化するものがあるが，これは色素の量や種類が変化するのではなく液胞の pH の上昇が原因であり，その原因遺伝子がナトリウム/プロトン対向輸送体であることが示されている(口絵 6)．青いバラやカーネーションなど，青色の色素を合成できる花卉を作出しても十分な青色が得られない原因の 1 つとして，液胞の pH の関与が示唆されている．

e．生体成分の分解およびリサイクル

液胞の中にはヌクレアーゼやプロテアーゼをはじめとするさまざまな分解酵素が存在しており（表 6-3），不要となった生体成分を液胞内に取り込んで分解し，それらをリサイクルしている．この機能は動物細胞のリソソーム（lysosome）の機能に対応する．

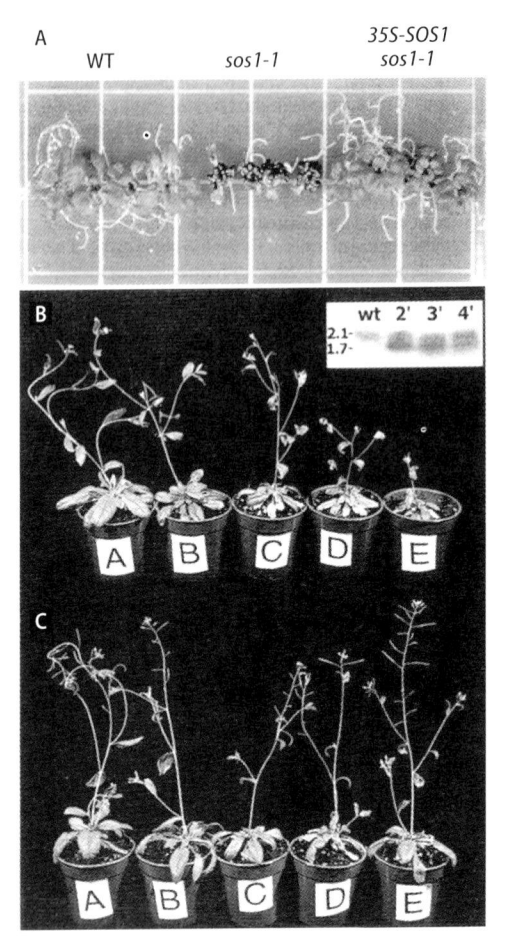

図6-29 液胞膜ナトリウム/プロトン対向輸送体（SOS1）の欠損株および過剰発現形質転換シロイヌナズナ

塩を含む培地における野生型（A, WT），SOS1欠損株（A, sos1-1），sos1-1にSOS1を相補した株（A, 35S-SOS1 sos1-1）の実生の成長．野生型シロイヌナズナは塩ストレスにより成長が阻害されるが（B），SOS1を過剰発現すると塩ストレス耐性を持つ（C）．NaClの処理濃度は，0mM（A），50mM（B），100mM（C），150mM（D），200mM（E）．（Apse, M.P. et al., 1999）

f．プログラム細胞死・形態形成

植物は病原菌の感染が拡大しないように，細胞を自殺させる過敏感細胞死を

表 6-3　液胞に存在する酵素

酸性ホスファターゼ*
酸性ヌクレアーゼ（DNase, RNase）*
酸性プロテアーゼ*
ペプチダーゼ*
酸性インベルターゼ*
α-マンノシダーゼ*
α-ガラクトシダーゼ*
β-グルコシダーゼ*
フィターゼ*
ペルオキシダーゼ*
リパーゼ
リポキシゲナーゼ
エステラーゼ
キチナーゼ
グルカナーゼ

＊大部分が液胞内に存在することが確認されているもの．
(Deepesh, N.D., 2000 より引用)

行う．また，道管形成やレンコンの穴（気孔）の形成など植物の形態形成の過程でも，細胞が自殺するプログラム細胞死が起こる．これらの細胞死の過程で，液胞はタンパク質や核酸の分解酵素を蓄積し，液胞が崩壊することにより細胞死が引き起こされる．

(2) 果実における液胞の重要性

前記のように植物の液胞は多くの生理機能を担っているが，果実は巨大で高濃度に物質を蓄積するユニークな液胞を持っている．果実の細胞はほかの器官よりも大きく直径が 200〜300μm にも達し，その容積の 90％近くが液胞で占められる（口絵 4）．この巨大な液胞の中に糖や有機酸を高濃度に蓄積し，成熟した果実では糖の濃度が 1M 近くになることもある．これらのことは，われわれが果汁と呼ぶ大部分が液胞の内容物に由来することを示している．果実の品質は糖度や酸度ではかられることが多いため，いかにして液胞への糖や酸の蓄積をコントロールするかが重要である．また，液胞にはミネラル，色素，機能性物質なども蓄積するため，それらの物質の蓄積能力を向上することで付

加価値の高い果実が生産できる．果実の成長過程で液胞膜やそのタンパク質がダイナミックに変化することが示されている（Shiratakeら，1998）．

　液胞はさまざまな生理機能を持ち，糖や有機酸など食味に関係する成分や色素，ミネラル，機能性物質など，園芸作物の品質に直接関係する成分を蓄積している．液胞への物質蓄積には液胞膜に存在するポンプやトランスポーター，チャネルの機能が重要であるが，それらについては次項5)「ポンプ，トランスポーター，チャネル」で詳しくみていく．液胞は園芸作物の成長，病害虫抵抗性，環境ストレス耐性，花色の調節などにも関与しており，それらの理解も園芸作物の生産や育種に重要である．

5）ポンプ，トランスポーター，チャネル

　園芸作物の成長や品質関連成分の蓄積には，代謝酵素の働きだけでなく，酵素によって作り出された物質を適切な器官や細胞内の場所へ移動し，隔離することも重要である．例えば，果実が甘く大きく成長するためには，光合成葉から果実へと転流糖が効率よく転流し，さらに転流してきた糖が果肉細胞内の液胞に蓄積されねばならない．そのメカニズムについては，2.2)「転流糖のローディングとアンローディング」の項と，2.4)「液胞の生理機能」の項でも触れたが，実際に植物体内において物質の長距離輸送や細胞レベルの物質輸送を担っているのが，細胞膜や液胞膜に存在するポンプ，トランスポーター，チャネルである．解析の困難さから，最近までそれらの重要性が示されてこなかったが，近年の研究の発展によりポンプ，トランスポーター，チャネルの機能が次々に明らかにされ，園芸作物における重要性についても報告されつつある．その詳細は他書（加藤　潔ら監修，2003）に譲るが，以下に概説を行う．

(1) ポンプ

　ATPなど高エネルギー結合を持つ物質を分解し，そのエネルギーを利用して濃度勾配に逆らって，能動的に物質を輸送するのがポンプ（pump）である．

自ら駆動エネルギーを作り出せることから,ポンプのことを一次輸送体ともいう.

ポンプの中でプロトン(H^+)を輸送するのがプロトンポンプ(proton pump)であり,膜を介したプロトンの電気化学的勾配を形成する(図6-30).プロトンポンプが形成する電気化学的勾配がトランスポーターやチャネルの駆動力として働くため,プロトンポンプは細胞の機能維持に最も重要な輸送体の1つだといえる.

細胞膜にはP型プロトンATPase(P-ATPase)が存在し,プロトンを細胞外へと汲み出している(図6-30).液胞膜には液胞型プロトンATPase(vacuolar proton ATPase, V-ATPase)とプロトンピロホスファターゼ(proton pyrophosphatase, V-PPase)の2つのプロトンポンプが存在し,液胞内へとプロトンを輸送する.トマトにおいてV-ATPaseの発現を果実特異的に抑制したところ,果実が小さくなり種子がほとんど形成されなかった(Amemiyaら,2006;図6-31).この結果から,V-ATPaseが果実の肥大成長のみならず,種子の形成

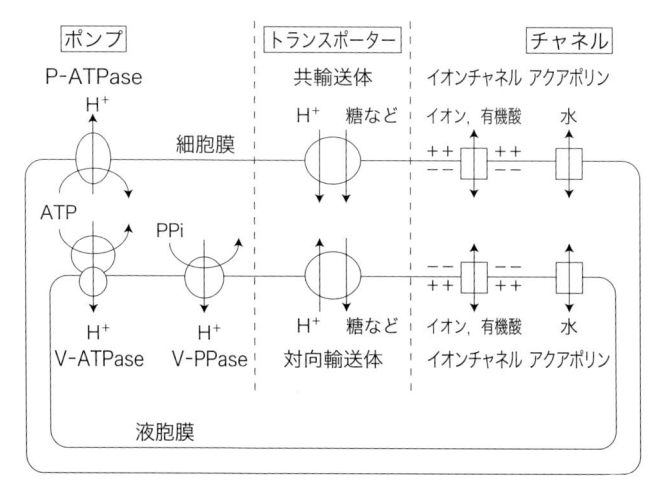

図6-30 細胞膜と液胞膜のポンプ,トランスポーター,チャネル
細胞膜や液胞膜にはさまざまなポンプ,トランスポーター,チャネルが存在し,細胞あるいは液胞への物質の輸送を担っている.

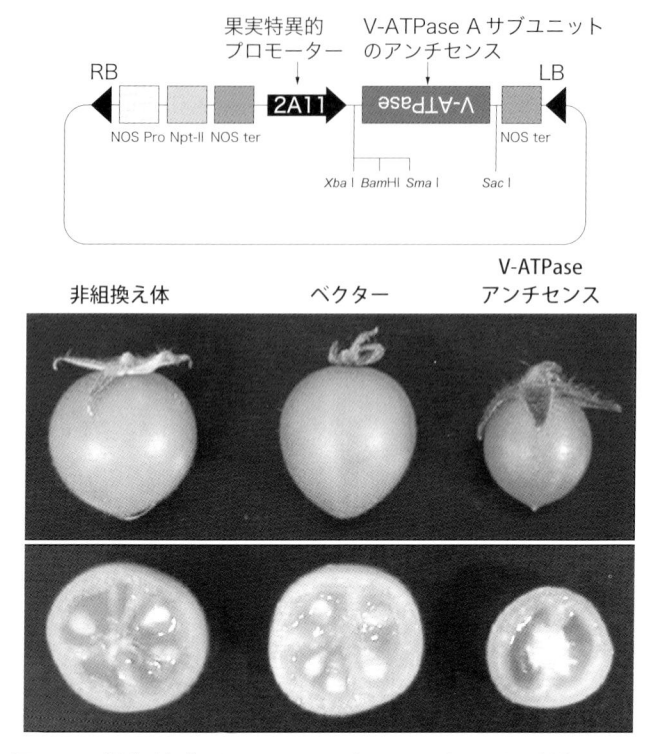

図6-31 液胞型プロトンATPase（V-ATPase）の発現抑制トマト
果実で特異的に発現する2A11プロモーターにV-ATPase Aサブユニットのアンチセンス遺伝子を連結して形質転換トマトを作出した．V-ATPaseを果実特異的に抑制することにより，果実の成長や種子の形成が阻害された．（Amemiya, T. et al., 2006）

にも深く関与することが明らかとなった．

プロトンポンプ以外のポンプとしては，ABCトランスポーター（ATP-binding cassette transporter）が知られており，ATPの加水分解エネルギーを使い植物ホルモンや二次代謝産物，重金属など多様な物質の輸送を行う．ABCトランスポーターが輸送を担う二次代謝産物には，ポリフェノール類やアルカロイド類といった，花や果実の色素，機能性成分，あるいは植物病原菌の抵抗性に関わるファイトアレキシンとして重要な物質が多く含まれている．園芸作物におけるABCトランスポーターの解析はほとんど手が付けられていないが，高品

質作物や高機能性作物,病害抵抗性作物の開発に向けて,今後その解析が必要であろう.

(2) トランスポーター

トランスポーター(transporter)には,プロトンポンプが形成するプロトン勾配を駆動力として,プロトンの移動と同じ方向に物質を能動輸送する共輸送体(symporter)と,プロトンの移動と逆方向に物質を能動輸送する対向輸送体(antiporter)が存在する(図6-30).2.2)「転流糖のローディングとアンローディング」で解説した転流糖の師部ローディングに関わるスクロース/プロトン共輸送体や糖アルコール/プロトン共輸送体は前者の,2.4)「液胞の生理機能」で触れたアサガオの花色や塩ストレス耐性に関わるナトリウム/プロトン対向輸送体は後者の例である.ポンプを一次輸送体と呼ぶのに対して,ポンプが形成したエネルギー勾配を駆動力として使う共輸送体や対向輸送体は二次輸送体と呼ばれる.また,エネルギー勾配に依存せずに,基質の濃度勾配に従った輸送を行う促進輸送体(facilitater)も存在し,これもトランスポーターに属する.

植物が吸収,合成,代謝するさまざまな物質を輸送するために,数多くのトランスポーターファミリーが植物に存在しているが,特に糖トランスポーター,有機酸トランスポーター,金属イオントランスポーターの解析が進んでいる.植物の三大栄養素であるカリウム,リン,窒素を根が土壌から吸収したり,植物体内を移動させたりするためのトランスポーターの研究も活発に行われている.

(3) チャネル

トランスポーターが基質を結合しながら,1回1回分子構造をかえながら基質を輸送するのに対して,チャネル(channel)は孔を形成して一度に多量の基質を輸送する.チャネルではカリウムイオン(K^+)やナトリウムイオン(Na^+)など陽イオンを輸送するものがよく知られているが,リンゴ酸などの有機酸や

塩化物イオン（Cl⁻）などの陰イオンを輸送するものもある．チャネルは濃度勾配に依存した輸送を行うが，膜電位が存在すると濃度勾配に逆らった輸送も可能となる．

(4) アクアポリン

生体膜は半透性を示し水をよく通すが，分子量の大きな物質や電荷を持つ物質の透過性は低い．この生体膜の高い水透過性を生み出す分子機構は長らく不明であったが，Prestonら（1992）が赤血球膜に水を透過する分子装置，アクアポリン（aquaporin）を発見した．この功績によりP. Agre博士は2003年のノーベル化学賞を受賞している．アクアポリンは水チャネル（water channel）とも呼ばれ，水分子を水ポテンシャルが高い方から低い方へ（浸透圧が低い方から高い方へ）輸送する．

植物では特に水の輸送と調節が重要であるため，動物よりもはるかに多いアクアポリン遺伝子を植物は持っている．アクアポリンは植物の根における

図6-32 アクアポリンの発現抑制形質転換体
左：細胞模型アクアポリンの発現をアンチセンス法で抑制したシロイヌナズナ．右：野生型．アクアポリンの発現抑制により，根の水吸収効率が低下し，それを補うために根の体積が増加した．（Kaldenhoff, R. et al., 1998）

水の吸収に関与し，アクアポリンの発現を抑制したシロイヌナズナの形質転換体では，低下した根での水吸収効率を補うために根の体積が増大した（Kaldenhoffら，1998；図6-32）．園芸作物においても果実（Shiratakeら，1997, 2001a, 2001b）やダイコン（Sugaら，2001）の肥大成長や，開花（中川ら，2005）におけるアクアポリンの機能が研究されている．

近年，アクアポリンが水の輸送だけでなく二酸化炭素（Uehleinら，2003），ケイ素（Maら，2006），ホウ素（Takanoら，2006）などを輸送することが報告され，その機能の多様性と植物の成長における重要性がさらに明らかにされつつある．

3．果実のシンク能力と肥大機構

光合成同化産物を効率よく利用組織に集積することは，園芸作物の生産性にとって最も重要な問題の1つであり，そのために品種改良や栽培・環境管理の改善がなされてきた．特に，光合成能力の向上についてさまざまな研究がなされ，多くの作物の場合その能力は一定以上のレベルとなっている．しかしながら，作物の利用組織は葉菜類を除いては自身で光合成をせず，葉より同化産物の分配を受ける従属栄養器官（heterotrophic organ）であり，そしてそれらを蓄積するシンク組織である．シンク組織の場合，光合成能力が一定レベル以上であれば，同化産物の分配はシンク組織自身がどれだけそれを必要とするか，どれだけそれを奪ってくることができるか（シンク能力）に依存するといわれる．例えば，幼果での生理落果は，シンク能力が弱く同化産物の奪い合いに負けたものから落果する．また，矮性台木を用いた場合，矮性化することによって樹全体の同化産物の供給能力（ソース能力）は低下するけれども，果実への同化産物の分配率はむしろ高くなる（シンク能力が高くなるか？）ことが知られている．さらに，葉の光合成活性は果実が着果している枝の葉が着果していない枝の葉に比べて高くなる．これらの現象にみられるようにシンク能力はシンク組織の生存および成長のための基本的な力であるとともに，ソース能力に

も大きな影響を及ぼすことがわかる．また，シンク能力は作物の収量に大きな影響を与えることはもちろんであるが，シンク組織は取り込んだ同化産物を基にしてその作物に固有なさまざまな物質を自身で合成するため，同化産物の供給量の多少はそれらの物質の生成にも影響する．すなわち，作物の品質にも大きな影響を与える．それゆえ，園芸作物の生産性向上のためにはこのシンク能力の生理機構を明らかにし，それを制御する方法を示すことが最も根本的な問題である．

1）果実のシンク能力

(1) シンク能力はどのように形成されるか

シンク組織が同化産物を取り込む能力はシンク能力といわれ，その強さはシンク強度として表され，シンクの大きさとシンク活性とからなる．

シンク強度（sink strength）＝
　　　シンクの大きさ（sink size）×シンク活性（sink activity）

シンクの大きさにはさまざまな要因が関与するが，ある大きさのときにシンク強度をあげるには，シンク活性の向上が不可欠である．シンク活性は新鮮重当たりの光合成同化産物の取込み量として表され，転流糖がスクロースの場合，①スクロースの師管組織からアポプラストへのアンローディングとアポプラストでスクロースを分解する活性，②アポプラストから細胞内へヘキソースを輸送する活性，③細胞内でスクロース・ヘキソースを代謝変換する活性，④スクロース・ヘキソースを液胞内へ隔離および蓄積する活性によって形成される（図 6-33）．

ソース組織の師部に入った転流糖は，圧流説（圧力差があれば溶質は濃度の低い方へマスフローで移動する）に従ってシンク組織に移動する．

$$膨圧（\Psi_p）＝水ポテンシャル（\Psi_w）－浸透ポテンシャル（\Psi_s）$$

に示されるように，ソース組織の師管に糖が蓄積すると Ψ_s が低下，その結果，水が流入して Ψ_p が大きくなる．それによってソースからシンクに向かっての糖のマスフローが生じる．そして，シンクにおいて師管から糖をアンロードす

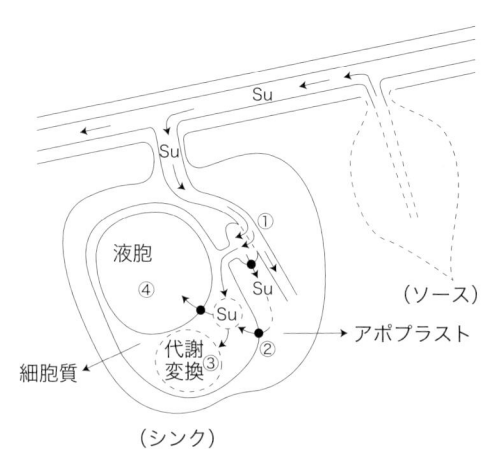

図6-33 転流糖のシンク組織への取込みおよび蓄積の制御段階
①積み降ろし（アンローディング），②能動輸送，③代謝変換，④液胞へのコンパートメンテーション，Su：糖．ソースから供給された糖は師管組織から原形質連絡を通って，あるいはアポプラストから細胞質に入り代謝変換されたり液胞に蓄積される．

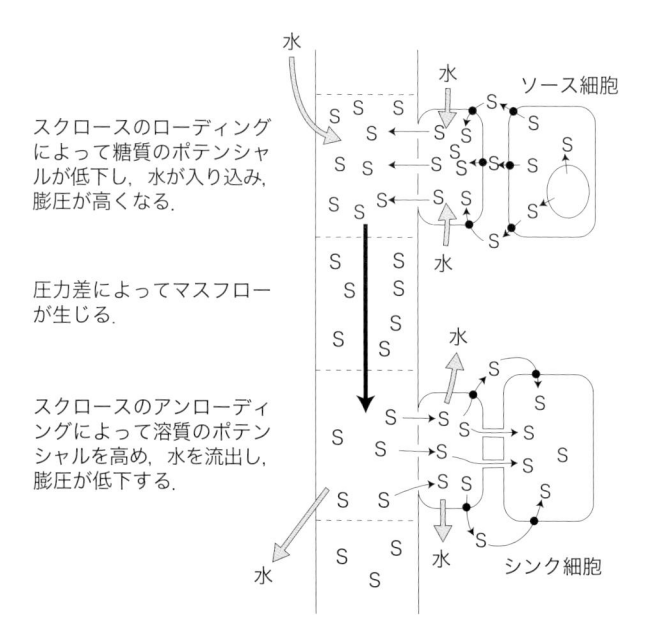

図6-34 ソース細胞からシンク細胞への溶質のマスフローの仕組み
S：スクロース．

るとΨ_sが大きくなり水が流出し,その結果Ψ_pが低下する(図6-34).このシステムを動かすには,糖の師部へのローディングと師部からのアンローディングが重要である.光合成が活発なときは十分にローディングできる状態であるので,アンローディングを活発にすることによって圧力差を大きくする,すなわち,マスフローを大きくすることができる.シンク活性を向上させることによってシンク強度を大きくし,シンク組織により多くの同化産物を取り込むことが可能である.

(2) シンク活性とは

前述したように,シンク活性は主に①〜④の4つの要因から形成されると思われる.①については糖トランスポーターの介在が確認されている(☞ 2.2)「転流糖のローディングとアンロード」).また,細胞壁インベルターゼの役割が重要であり,複雑な調節を受けている.②についてはヘキソース/プロトン共輸送体の関与が知られている(☞ 2.5)「ポンプ,トランスポーター,チャネル」).最近では,アポプラストのスクロースがエンドサイトシスによって直接,液胞内に取り込まれるとの報告もある.③について,原形質連絡を通ったスクロースはスクロース合成酵素によりフルクトースとUDPグルコース,あるいは中性インベルターゼによってヘキソースに,マンニトールはマンニトール脱水素酵素によりフルクトースに,ソルビトールはソルビトール脱水素酵素によりフルクトースに代謝され,多糖類合成や呼吸の基質などとして利用される.④について,転流糖および代謝された糖は液胞膜のプロトンポンプを利用して糖/プロトン対向輸送体によって液胞内に蓄積および隔離される(☞ 2.4)「液胞の生理機能」).このような活性により,シンク組織の師管周辺組織の糖濃度を師管の糖濃度より低く保持することによって圧力差を形成し,シンク組織に糖を取り込むことができる.

(3) シンク活性の制御

シンク強度は植物ホルモンによって影響を受ける.例えば,アブシジン酸は

シンク活性を高めることによってテンサイ根，イチゴ果実，リンゴ果実などの貯蔵組織への転流糖の取込みを促進する．サイトカイニンは細胞分裂過程を促進してシンク器官を大きくすることによって，シンク強度を大きくすることが知られている．シンク活性に大きな役割を演じるインベルターゼ，スクロース合成酵素，ソルビトール脱水素酵素，マンニトール脱水素酵素，糖トランスポーターの発現は植物ホルモンや糖によって調節される．細胞壁インベルターゼのアイソザイムの発現はサイトカイニン，ブラシノライド，ジベレリンによって，またヘキソースによっても誘導され，液胞インベルターゼはアブシジン酸によって，またヘキソースによっても誘導された（Roitschら，2004）．インベルターゼと同様，転流してきたスクロースを代謝変換するスクロース合成酵素はヘキソースによって強く阻害された（Koch，1996）．しかしながら，植物種や組織の違いにより異なり，おそらくこの酵素がジーンファミリーを構成しているためであると考えられる．さらに，糖アルコールを代謝するマンニトール脱水素酵素の発現はヘキソースによって抑制され（Perataら，1997），ソルビトール脱水素酵素の発現はソルビトールにより促進された（Archboldら，1999；Iidaら，2004）．前記酵素のヘキソースによる調節は，糖の細胞内への透過やリン酸化に関与する糖のトランスポーターやヘキソキナーゼが糖シグナルとして働き，その発現を遺伝子レベルで制御しているからである（Koch，1996）．

　実際に，シンク活性の要因をアンチセンスやセンス遺伝子の遺伝子組換体によって制御して，シンク能力の変動を調べた研究がある．例えば，ニンジンに細胞壁インベルターゼのアンチセンス遺伝子を導入したところ，主根へのデンプンの蓄積が抑制され成長が阻害された（Tangら，1999）．また，ジャガイモに細胞壁インベルターゼのセンス遺伝子を導入すると葉への炭水化物の蓄積が増え，塊茎へのデンプン蓄積は減少した（Heinekeら，1992）．これは，細胞壁インベルターゼの活性促進は葉でのスクロースのローディングを阻害し，その活性抑制は貯蔵組織のアンローディングを阻害するからである．それゆえ，器官特異的に発現することが必要である．液胞インベルターゼについては，ト

マトにこのアンチセンス遺伝子を導入するとスクロースが蓄積し，果実が小さくなった（Klannら，1996）．これはスクロースからヘキソースへの分解が抑制されたため果実の浸透圧が小さくなり，肥大が抑制されたものと思われる．スクロース合成酵素のアンチセンス遺伝子をトマトに導入した場合に，トマト果実の初期成長でのスクロースの取込みが顕著に抑制された（D'Aoustら，1999）．このように，インベルターゼやスクロース合成酵素がシンク活性に直接関係していることが示された．転流糖代謝の最初の段階ではないが，スクロースリン酸合成酵素，UDPグルコース（ADPグルコース）ピロホスホリラーゼ，デンプン合成酵素などもシンク活性に影響することが知られている．

2）果実の肥大機構

「野にある小さな果実がどのようにして今日のように大きな果実になったか」ということは，とても興味のある問題である．先人が野生種の中から大きくなる形質を経験的に選抜して集積してきた結果であることは間違いないが，その科学的実態にはまだ不明な点が多い．大きくすることは果実の品質にも影響するが，まずは生産量に直接影響するため，多くの場合，生産者は少しでも大きなものをたくさん収穫しようと努力してきた．それゆえ，どのように大きくなるのかという生理的機作を知ることは特に重要である．

(1) 果実の成長ステージと肥大

トマト果実の場合，開花後約14日の間に子房組織の細胞分裂は終了し，10日目頃より細胞の肥大成長が始まる．そして，それは果実が成熟期に入り収穫近くなるまで（約40日）続く．このように果実が大きくなる要因としては，細胞分裂により細胞数が増加することと，細胞肥大にみられるように1個の細胞が肥大伸張することによって容積が増加することが考えられる．そして，細胞が肥大成長していくとき，多くの場合，部分的に多核になった細胞が存在することが認められている．この役割はよくわからないが，同じ遺伝情報をたくさん供給するためには有利である．ニホンナシ果実の場合もトマト果実と類

第6章　果実の成長と肥大の生理

似しており、開花後約1ヵ月間細胞分裂が生じ、その後細胞肥大成長期に移る。しかし、その初期はあまり肥大せず、約1ヵ月間肥大成長のために必要な細胞壁多糖類などを蓄積する時期（細胞肥大準備期）が存在することが認められた。おそらく、この期間は急激な細胞肥大を起こすためのさまざまな準備をしている期間と思われる。その後細胞は急激な肥大成長を起こし、成熟近くまで継続する（Yamaki, 1979）。

(2) 細胞の大きさ

前述したように、大きさには形と同様に細胞分裂と細胞肥大の2つの要因が関与する。さまざまな大きさと形をしたトマト果実を用いて大きさと形に関わる遺伝子をQTL解析することによって、10遺伝子の関与が示され、そのうち4つが大きさに関与することがわかった。その中で細胞分裂の負の調節遺

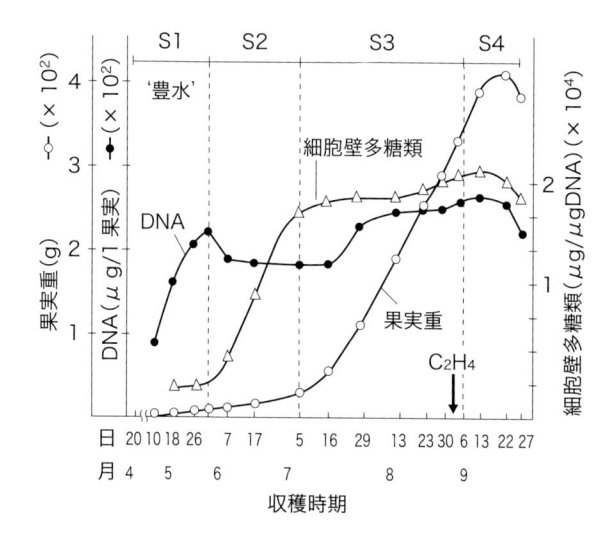

図6-35 ニホンナシ果実'豊水'の成長、成熟過程における細胞壁多糖類の変化

果実（果肉）当たりのDNA量はS1期に増加する。DNA量当たり、すなわち細胞当たりの細胞壁多糖類量はS2期で急激に増加する。果実重はS3期より肥大成長により急激に増加する。S1：細胞分裂期、S2：細胞肥大準備期、S3：肥大成長期、S4：成熟期。（Yamaki, S., 1979）

伝子をコードする fw2.2 遺伝子がクローニングされ，それが細胞分裂期に特異的に発現して細胞分裂を活発化することによってトマト果実を大きくすることが示された（Tanksley, 2004）．しかしながら，細胞肥大の促進に関与する遺伝子については今のところ明らかでない．細胞の肥大成長には細胞を取り囲む細胞壁の緩み，分解そして合成が必要であり，新しく合成される多糖類の配向性を定めるにはチューブリンの役割が重要とされる．ニホンナシ果実の細胞肥大の初期では，最終的な大きさに肥大した細胞に必要な細胞壁多糖類量が細胞に蓄積され，その後は細胞壁の緩みや部分的な分解合成による質的変化によって急激に肥大成長することが示された（図 6-35）．細胞壁の緩みに関してはエクスパンシンやエンド型キシログルカン転移酵素，分解および合成にはペクチン，セルロースそしてヘミセルロースの分解・合成酵素が重要な働きをしており（☞ 第 7 章 1.5)「軟化機構」），それらが細胞肥大とともにどのように発現調節されているか興味深い．

(3) 細胞肥大の原動力

細胞の大きさ（器）を決定するのは，主に細胞壁や原形質膜の構造とその形成である．細胞を肥大伸張させる原動力は，主に液胞内に糖などの溶質を蓄積することによって形成される膨圧である．$\Psi_p = \Psi_w - \Psi_s$ に従えば，液胞内に溶質を蓄積することによって細胞内浸透ポテンシャル（Ψ_s）をより低下させ，細胞外の水ポテンシャル（Ψ_w）との圧力差を大きくする．それによって水チャネルを経由しての水の流入を誘導し，細胞が膨潤することによって膨圧（Ψ_p）を形成する．この膨圧が細胞を肥大させる大きな力となる．では実際に，細胞内（主に液胞）と細胞外（アポプラスト）の糖濃度によってどのくらいの膨圧が形成されるかをみると，例えばテンサイ根では細胞内糖濃度 510mM，細胞外糖濃度 60mM であり，その結果 15 気圧もの膨圧が働くとされている（Saftner ら, 1983）．また，リンゴ果実では細胞内 800mM，細胞外 90mM となり膨圧は 20 気圧になる（Yamaki, 1984）．そして，果実が成熟し，肥大成長が停止するときには細胞外の糖濃度が高くなり，膨圧が低下することが示されてい

第6章　果実の成長と肥大の生理

る．浸透圧低下による膨圧形成には水の流入，また逆の場合には流出が必要であるが，水は液胞膜や原形質膜を透過しにくく，その出入りには水チャネルを経由することが知られている．この水チャネルを介した出入りは細胞内外のあるいは液胞内外の浸透圧差に依存し，それに逆らった方向への出入りはないことが知られている（☞ 2.5)「ポンプ，トランスポーター，チャネル」）．

以上，貯蔵細胞のシンク能力と細胞肥大の分子機構について，それを構成する個々の要因の分子レベルでの解明がかなり進展し，今後最も熱い視線を集める分野になるであろう．そして，その研究によってもたらされる農業生産現場への貢献ははかり知れないものと思われる．

引 用 文 献

1. 果実の成長と植物ホルモン

Arnau, J.A. et al. Plant Physiol. Biochem. 37:741-750, 1999.
Balbi, V. et al. Plant Physiol. 131:186-197, 2003.
Ben-Cheikh, W. et al. Plant Physiol. 114:557-564, 1997.
Bohner, J. et al. Physiol. Plant. 73:348-353, 1988.
Carrai, F. et al.,Trends Plant Sci. 9:57-59, 2004.
Catala, C. et al. Plant Physiol. 122:527-534, 2000.
Hayata, Y. et al. J. Amer. Soc. Hort. Sci. 127:908-911, 2002.
Hou, Z.X. et al. J. Hort. Sci. Biotechnol. 79:693-698, 2004.
Kalaitzis, P. et al. Plant Mol. Biol. 647-656, 1995.
Kojima, K. Scientia Hort. 65:263-271, 1996.
Kojima, K. et al. J. Japan. Soc. Hort. Sci. 65:237-243, 1996.
Koshioka, M. et al. J. Hort. Sci. 69:171-179, 1994.
Kvarnheden, A. et al. J. Exp. Bot. 51:1789-1797, 2000.
Lewis, D.H, et al. Physiol. Plant. 98: 179-186, 1996.
Li, W et al. J. Amer. Soc. Hort. Sci. 128:578-583, 2003.
Mehouachi, J. et al. J. Hort. Sci. Biotechnol. 75:79-85, 2000.
Perez, F.J. et al. Amer. J. Enol. Vitic. 51:315-318, 2000.
Rebers , M. et al. Plant J. 17:241-250, 1999.

Roberts, J.A. et al. Ann. Bot. 86:223-235, 2000.
Rodrigo, MJ et al. Planta 201:446-455, 1997.
寿松木章ら 果樹試報 A 16:31-37, 1989.
Symons, G.M. et al, Plant Physiol. 140:150-158, 2006.
Talon, M, et al, J. Plant Growth Reg. 9:201-206, 1990.
Ueguchi-Tanaka, M. et al. Nature 437:693-698, 2005.

2. 1) 転流糖の合成

Chavez-Barcenas, A.T. et al. Plant Physiol. 124:641-653, 2000.
Chen, S. et al. Plant Physiol. 139:1163-1174, 2005.
Comparot, S. et al. J. Exp. Bot. 54:595-604, 2003.
Everard, J.D. et al. Plant Physiol. 113:1427-1435, 1997.
Gao, M. et al. Plant Sci. 160:837-845, 2001.
Hirai, M. Plant Physiol. 67:221-224, 1981.
Holthaus, U. and Schmitz, K. Planta 185:479-486, 1991.
Huber, S.C. and Huber, J.L. Annu. Rev. Plant Physiol. Plant Mol. Biol. 47:431-444, 1996.
Kanamaru, N. et al. Plant Sci. 167:55-61, 2004.
Kanayama, Y. et al. Plant Physiol. 100:1607-1608, 1992.
Komatsu, A. et al. Mol. Gen. Genet. 252:346-351, 1996.
Loescher, W.H. et al. Plant Physiol. 98:1396-1402, 1992.
Rolland, F. et al. Plant Cell 14:S185-S205, 2002.
Strand, A. et al. Plant J. 23:759-770, 2000.
Suzue, Y. et al. J. Japan. Soc. Hort. Sci. 75:45-50, 2006.
Volk, G.M. et al. J. Amer. Soc. Hort. Sci. 128:8-15, 2003.
Zhifang, G. and Loescher, W.H. Plant Cell Environ. 26:275-283, 2003.

2. 2) 転流糖のローディングとアンローディング

Gamalei, Y. Tree 3:96-110,1989.
Kühn, C. et al. Plant Cell Environ. 19:1115-1123, 1996.
Moing, A. et al. Physiol. Plant. 101:489-496, 1997.
Noiraud, N. et al. Plant Cell 13:695-705, 2001a.
Noiraud, N. et al. Plant Physiol. Biochem. 39:717-728, 2001b.
Patrick, J.W. et al. J. Exp. Bot. 47:1165-1177, 1996.
Riesmeier, J.W. et al. EMBO J. 11:4705-4713, 1992.
Riesmeier, J.W. et al. EMBO J. 13:1-7, 1994.

Riesmeier, J.W. et al. Plant Cell 5:1591-1598, 1993.

Ruan, Y.-L. et al. Planta 196:434-444, 1995.

Turgeon, R. Trends Plant Sci. 1:418-423, 1996.

Watari, J. et al. Plant Cell Physiol. 8:1032-1041, 2004.

2. 3) 転流糖の変換と代謝調節

Carmi, N. et al. Plant J. 33:97-106, 2003.

D'Aoust, M.-A. et al. Plant Cell 11:2407-2418, 1999.

Fridman, E. et al. Science 305:1786-1789, 2004.

Gao, Z. et al. Physiol. Plant. 106:1-8, 1999.

Goetz, M. et al. Proc. Natl. Acad. Sci. USA 98:6522-6527, 2001.

Iida, M. et al. J. Amer. Soc. Hort. Sci. 129:870-875, 2004.

Jennings, D.B. et al. Plant J. 32:41-49, 2002.

Kanayama, Y. et al. Plant Physiol. 117:85-90, 1998.

Odanaka, S. et al. Plant Physiol. 129:1119-1126, 2002.

Ohta, K. et al. Phytochemistry 66:2822-2828, 2005.

Pan, Q.-H. et al. Physiol. Plant. 125:157-170, 2005.

Roitsch, T. et al. J. Exp. Bot. 54:513-524, 2003.

Stoop, J.M.H. et al. Plant Physiol. 108:1219-1225, 1995.

Tanase, K. et al. Physiol. Plant. 114:21-26, 2002.

Williamson, J.D. et al. Proc.Natl. Acad. Sci. USA 92:7148-7152, 1995.

Yamada, K. et al. J. Japan. Soc. Hort. Sci. 75:38-44, 2006.

2. 4) 液胞の生理機能

Apse, M.P. et al. Science 285:1256-1258, 1999.

Deepesh, N.D. Plant Cell Vacuoles p92-94, CSIRO 出版, 2000.

Shiratake, K. et al. Physiol. Plant. 103:312-319,1998.

吉田静夫ら 植物細胞工学 4:302-310, 1992.

2. 5) ポンプ, トランスポーター, チャネル

Amemiya, T. et al. Planta 223:1272-1280, 2006.

Kaldenhoff, R. et al. Plant J. 14:121-128, 1998.

Ma, J.F. et al. Nature 440:688-691, 2006.

中川喜夫ら 園学雑 74, 別2:624, 2005.

Preston, G.M. et al. Science 256:385-387, 1992.

Shiratake, K. et al. J. Japan. Soc. Hort. Sci. 70:281-286, 2001a.

Shiratake, K. et al. J. Japan. Soc. Hort. Sci. 70:287-293, 2001b.

Shiratake, K. et al. Plant Cell Physiol 38:1039-1045, 1997.

Suga, S. et al. Planta 212:294-304, 2001.

Takano J. et al. Plant Cell 18:1498-1509, 2006.

Uehlein, N. et al. Nature 425:734-737, 2003.

3. 果実のシンク能力と肥大機構

Archbold, D.D. Physiol. Plant. 105:391-395, 1999.

D'Aoust, M.-A. et al. Plant Cell. 11:2407-2418, 1999.

Heineke, D. et al. Plant Physiol. 100:301-308, 1992.

Iida, M. et al. J. Amer. Soc. Hort. Sci. 129:870-875, 2004.

Klann, E.M. et al. Plant Physiol. 112:1321-1330, 1996.

Koch, K. Ann. Rev. Plant Physiol. Plant Mol. Biol. 47:509-540, 1996.

Perata, R.T.N. et al. Plant Physiol. 114:307-314, 1997.

Roitsch, T. et al. Trends Plant Sci. 9:606-613, 2004.

Saftner, R.A. et al. Plant Physiol. 72:1-6, 1983.

Tang, G.Q. et al. Plant Cell 11:177-189. 1999.

Tanksley, S.D. Plant Cell 16:S181-189, 2004.

Yamaki, S. Plant Cell Physiol. 20:311-321, 1979.

Yamaki, S. Plant Cell Physiol. 25:151-166, 1984.

第7章 成熟，老化の生理

1．果実の成熟機構

1）エチレン生合成と情報伝達系

(1) エチレン生合成
a．エチレン生合成経路

エチレン（ethylene）は気体状の植物ホルモンで，発芽から果実の成熟まで，高等植物の一生を通じてさまざまな生理現象と関わっている．とりわけ，園芸作物では鮮度保持と果実の成熟にエチレンは密接に関わっており，重要な物質である．エチレンと同じ生理作用を示す化学物質にはプロピレンや，農業的にはエチレンを発生する化学物質のエスレルなどがあるが，植物体内の天然化合物でエチレンと同じ生理活性を示す物質はみつかっていない．ここでは，果実の成熟に関わるエチレンだけではなく，エチレン全般の内容について述べる．

高等植物のエチレン生合成経路は図7-1に示すように，アミノ酸のメチオニンを前駆体とし，S-アデノシルメチオニン（S-adenosylmethionine, SAM），1-アミノシクロプロパン-1-カルボン酸（1-aminocyclopropane-1-carboxylic acid, ACC）を経てエチレンが生成される（Yangら，1984）．メチオニンからSAMを生成する反応は，すべての生物に共通する．このSAMからACCを経てエチレンに至る経路はACC経路と呼ばれている．

SAMをACCに変換するACC合成酵素（ACC synthase, ACS）と，ACCを酸化的に分解してエチレンを生成するACC酸化酵素（ACC oxidase, ACO）は高等植物に固有の酵素である．数多くの研究から，エチレン生成速度は主に組織内のACC含量に依存している．エチレンを生成しない組織ではACC合成酵素

$$CH_3\text{-}S\text{-}\overset{*}{C}H_2\text{-}\overset{*}{C}H_2\text{-}\overset{+}{\underset{NH_3}{C}}H\text{-}COO^-$$
メチオニン

↓ ATP
→ Pi + PPi

$$CH_3\text{-}\underset{Adenosine}{S}\text{-}\overset{*}{C}H_2\text{-}\overset{*}{C}H_2\text{-}\overset{+}{\underset{NH_3}{C}}H\text{-}COO^-$$
S-アデノシルメチオニン (SAM)

ACC合成酵素 ↓
→ CH_3-S-Adenosine
5'-メチルチオアデニン (ACC)

$$\begin{matrix} H_2\overset{*}{C} \\ H_2\overset{*}{C} \end{matrix} \underset{COO^-}{\overset{\overset{+}{NH_3}}{C}}$$
1-アミノシクロプロパン-1-カルボン酸

ACC酸化酵素 ↓ 1/2 O_2
→ CO_2 + HCN

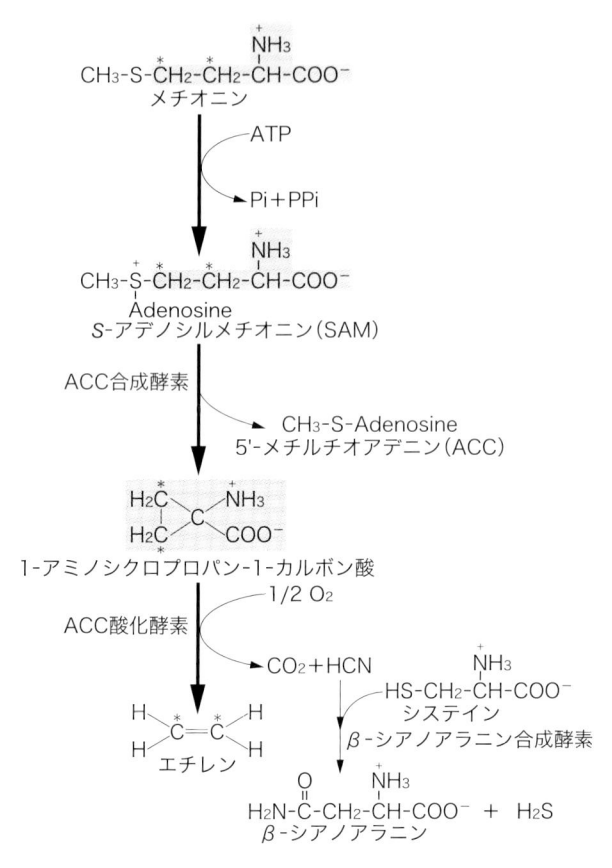

$$\underset{H}{\overset{H}{\overset{*}{C}}}=\underset{H}{\overset{H}{\overset{*}{C}}}$$
エチレン

HCN + HS-CH_2-$\overset{+}{\underset{NH_3}{C}}$H-COO$^-$ システイン
↓ β-シアノアラニン合成酵素

$H_2N\text{-}\overset{O}{\overset{\|}{C}}\text{-}CH_2\text{-}\overset{+}{\underset{NH_3}{C}}H\text{-}COO^-$ + H_2S
β-シアノアラニン

図7-1 エチレン生合成経路

の活性は検出されないが，ACC酸化酵素の活性は検出されることが多い．実験室レベルでは植物検体にエチレン処理をするかわりに，ACCを投与することが多いが，それはこのことを前提にしている．SAMからACCへの変換反応がこの経路の律速段階である．しかし，果実の成熟期のように多量のエチレンを発生する組織の中には，ACC酸化酵素活性の増加とエチレン生成の増加が対応している場合が多いので，ACC酸化酵素が律速になっていると考えられる場合もある．

エチレンは高等植物のみならず，カビや細菌でも生成されることがある．エチレンが植物自身によって作られることを示唆する最初の報告として，1910年の Cousins の報告があげられる．オレンジから放出された気体が，バナナの成熟を促進したという報告であるが，オレンジの果実が多量のエチレンを発生することはないので，現在では，この現象はオレンジに感染していたアオカビが生産したエチレンによるものと考えられている．カビのエチレン生成経路は，ACC を経る経路ではなく，2-オキソグルタル酸を経ることが多い．ACC 合成酵素と ACC 酸化酵素は植物に固有であると先述したが，例外も見出されている．*Penicillium citrinum* から ACC 合成酵素活性を持つタンパク質が精製され，cDNA もクローニングされている．しかし，カビがエチレンを生成する生理的な理由はよくわかっていない．また，細胞性粘菌 *Dictyostelium mucoroides* は，エチレンによってマクロシスト形成が誘導され，高等植物と同様にメチオニンから ACC を経たエチレン生成系の存在が示唆されている．ACC 酸化酵素のホモログと思われる遺伝子もクローニングされている．一方，高等植物では新たなエチレン生合成経路の存在が示唆されている．黒斑病菌（*Ceratocystis fimbriata*）に感染したサツマイモ塊根組織から発生するエチレンが，これまでに知られている ACC を経る経路と異なり，リノレン酸を前駆体として Cu^{2+} を必要とする反応系により生成することが報告されている（Hyodo, 2003）．まだ完全に証明されたとはいえないが，新奇のエチレン生合成系となる可能性がある．

b．ACC 合成酵素

ⅰ）ACC 合成酵素の性質と機能 ACC 合成酵素は，SAM を基質として ACC を合成する酵素であり，ピリドキサルリン酸（PLP）を補酵素とするアミノ基転移酵素の1つである．アミノエトキシビニルグリシン（aminoethoxyvinylglycine，AVG）や α-アミノオキシ酢酸（α-aminooxyacetic acid，AOA）は ACC 合成酵素の阻害剤として働き，エチレンの生合成を阻害するが，これらの阻害剤は ACC 合成酵素に特異的というわけではなく，PLP を補酵素にする酵素群の阻害剤である．ACC 合成酵素はホモ2量体として働きサブユニット

の分子量は 50,000 〜 55,000 程度である．細胞内での ACC 合成酵素タンパク質の含量はきわめて低い．7 つのよく保存されたアミノ酸配列の領域があり，現在ではこの領域を用いて PCR 法によって容易に cDNA がクローニングできる（Kende, 1993）．ACC 合成酵素の細胞内局在は，推定アミノ酸配列からサイトソルと考えられているが，直接的な実験データはない．

　ACC 合成酵素は遺伝子ファミリー（多重遺伝子族, multigene family）を構成しており，1 つの植物種に対して，複数のアイソザイム，遺伝子ファミリーが存在し，さまざまな刺激（果実の成熟, 傷害, 接触ストレス, オーキシンなど）に特異的な遺伝子が誘導される．シロイヌナズナの場合，生体内で機能している遺伝子は 8 個であり（Yamagami ら, 2003），トマトでは少なくとも 8 個以上の遺伝子が報告されている．果実の成長，肥大，成熟の過程を通してみると，例えばトマト果実では未熟期（immature stage）や緑熟期（mature green stage）には *LeACS1A* や *LeACS6* が発現し，着色し始めると *LeACS4* や *LeACS2* が発現する．*LeACS1A* と *LeACS6* の発現はクライマクテリック（climacteric）ライズの前に起こり，ここで発生したエチレンがクライマクテリックライズのエチレン生成の引き金になっているというモデルが提唱されている（Alexander ら, 2002）．ただし，*LeACS1A* と *LeACS6* は果実の発育（development）に従って発現するばかりでなく，緑熟期の果実や芽生えが接触を受ける，つまり触られることによっても一過的に発現する（Tatsuki ら, 1999）．したがって，緑熟期の *LeACS1A* と *LeACS6* の発現が，本当に果実の発育に従って発現しているのか疑問もある．*LeACS2* は果実成熟期で最も強く発現する．果実をエチレン処理した場合も誘導され，クライマクテリック型果実のエチレン生成は自己触媒的（autocatalytic）であるが，トマト果実の自己触媒的エチレン生成は主に LeACS2 に起因するといえる．また，*LeACS2* は成果果実にかかわらず組織が傷害を受けると発現する．果実組織が軟化し始めると *LeACS2* の発現は，それが成熟という発生過程で誘導されたのか，組織が崩壊したことによる傷害で誘導されたのか，エチレンによって誘導されたのか区別はつかない．おそらく相乗作用の結果だろう．一方，*LeACS4* は果実の成熟によってのみ誘導され

る．LeACS4 は果実が成熟するときには LeACS2 とともに働いているが，収穫後は発現が減少し，切り離した果実では LeACS2 のみが働いている．このことは，遺伝子組換えによって LeACS2 の働きを抑制した形質転換トマトでは，切り離した果実は成熟しないが，樹上においた果実は，LeACS2 が働かなくても LeACS4 が働くので赤く成熟することからわかる．

クライマクテリック型果実のエチレン生成に関わる ACC 合成酵素は，自己触媒的といわれるようにエチレンによって誘導されるが，非クライマクテリック型果実のエチレン生成は必ずしも自己触媒的ではない．カボチャの傷害誘導性 ACC 合成酵素 CmACS1 のように，明らかにエチレンによってフィードバックがかかり発現が抑制される遺伝子もある（Nakajima ら，1990）．先述した LeACS1A と LeACS6 の発現もエチレンによって抑制される．バナナ（Liu ら，1999）やイチジク（Owino ら，2006）では同じ成熟果実の中でも，エチレンによって誘導されるものと，されない，あるいは抑制される ACC 合成酵素がある．また，アブシシン酸（ABA）はワタの葉柄を脱離（abscission）させるホルモンとして発見された経緯があるが，現在では器官脱離がエチレンの作用によることは明らかで，ワタに関する現象は，ABA によって誘導されたエチレンにより離層（absission layer）が形成され，器官脱離が起こったと考えられている．一方，ABA はオーキシンによって誘導される ACC 合成酵素の発現（エチレン生成）を抑制する（Yoon ら，1999）．エチレンと ABA というキーワードだけでも正反対の現象がある．これらの例のように，ACC 合成酵素の発現はさまざまな刺激によって，あるときは正に，あるときは負に制御されており，「ACC 合成酵素の発現は○○によって誘導される，あるいは抑制される」と一義的にいうことはできない．

また，タンパク質のアミノ酸配列に従って作成した分子系統樹（phylogenetic tree）の同じ分岐鎖（clade）に属しているからといって，その分岐鎖に含まれる ACC 合成酵素遺伝子群が同じ発現パターンを示すとは限らない．

ACC 合成酵素の発現量の違いによってエチレン生成量が異なり，その結果，果実の日持ちや，軟化の程度に品種間差のある果実が知られている．リンゴの

'フジ'はその代表であり(Sunakoら,1999),ナシ(Itaiら,1999),モモ(Tatsukiら,2006)などでも報告がある.ただし,ACC合成酵素の発現量の差を引き起こす要因は,わかっていない場合が多いうえに,同じ機構とは考えにくい.

　ⅱ) **ACC合成酵素遺伝子の発現制御**　　ACC合成酵素は,さまざまな刺激によって誘導されるが,ACC合成酵素遺伝子プロモーターのシス配列や転写因子の解析はほとんど進んでいない.オーキシン誘導性ACC合成酵素遺伝子のプロモーター領域にオーキシン応答配列(AuRE)が見出されるものもあるが,それ以上の解析は行われていない.唯一,トマトの*LeACS2*が病原菌由来のエリシターで誘導されるときに働く転写因子が報告されている(Matarassoら,2005).この転写因子は,驚くことに液胞に局在するシステインプロテアーゼであり,液胞内ではプロテアーゼとして働くが,エリシターが存在するとSUMO (small ubiquitin-like modifier) 化されて核に移行し*LeACS2*の転写因子として働く.つまり,二重の機能を持つ.たいへん興味深い報告であるが,細胞生物学的観点からは疑問があり,今後のさらなる研究が待たれる.

　ⅲ) **ACC合成酵素の翻訳後制御**　　ACC合成酵素はさまざまな刺激に対して転写段階で制御され,酵素量が増加し,エチレン生成量が増加するが,翻訳後,すなわちタンパク質の段階でも制御されていることが,最近明らかにされつつある.エチレンを生成している組織をタンパク質キナーゼの阻害剤で処理すると,エチレン生成量は減少し,逆にホスファターゼの阻害剤で処理すると,エチレン生成量は増加する.多くのACC合成酵素のC末端領域にはCDPK (Ca^{2+} dependent protein kinase) によってリン酸化されるアミノ酸配列が保存されている(Tatsukiら,2001).その中には,さらにMAP(マイトジェン活性化プロテイン)キナーゼ(MAPK)によってリン酸化される配列が保存されているものもある(Liuら,2004).タンパク質キナーゼの阻害剤で処理するとACC合成酵素の半減期は短くなり,ホスファターゼの阻害剤で処理すると半減期は長くなることが示されている.ACC合成酵素のリン酸化は,一般的な酵素のリン酸化・脱リン酸化のような酵素の活性化・不活性化に関与しない.

一方,エチレンを過剰生成するシロイヌナズナの突然変異体には *eto1*（*ethylene overproducer 1*）, *eto2*, *eto3* が知られていた. *eto2-1* の原因遺伝子は ACC 合成酵素 *AtACS5* であり,リン酸化配列を含む C 末端の 12 アミノ酸が置換され（Vogel ら,1998）半減期が長くなっていた（Chae ら,2003）. *eto3* の原因遺伝子は ACC 合成酵素 *AtACS9* であり,C 末端のリン酸化部位近傍の Val が負の電荷を持つ Asp に置換され,恒常的リン酸化状態になっていると考え

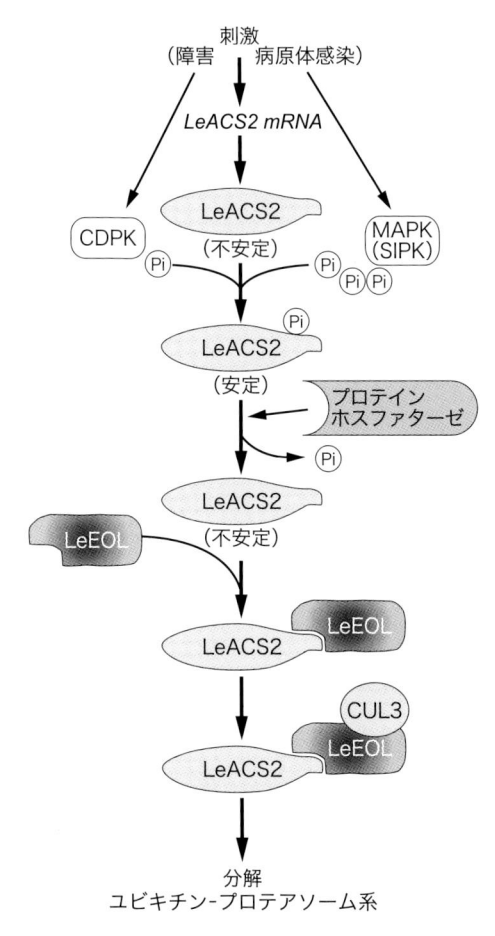

図7-2 ACC 合成酵素の翻訳後制御機構モデル

られた (Chae ら, 2003). さらに, *eto1* の原因遺伝子 *ETO1* は, N 末端側に BTB/POZ (broad-complex, tramtrack, and bric à brac/Poxvirus and zinc finger), C 末端側に TPR (tetratrico peptide repeat) というタンパク質間相互作用に関与するドメインを持つタンパク質をコードしていた (Wang ら, 2004). シロイヌナズナには ETO1 と類似した EOL (ETO1-LIKE) 1, EOL2 が存在している. トマトにも 3 つの類似した LeEOL1 〜 3 がある. ETO1 タンパク質は TPR ドメインを介して AtACS5 の C 末端領域と結合し, BTB ドメインを介してユビキチン E3 リガーゼ複合体構成成分の CUL3 と結合し, AtACS5 をプロテアソーム分解系に導くと考えられている. 突然変異体 *eto1* や *eto2* は AtACS5 を分解系に導くことができないため, 細胞内に AtACS5 が蓄積しエチレン過剰生成になったと考えられる. エチレン生合成系の律速段階の酵素が蓄積したため, エチレン生成が過剰になるということは理にかなっている. ACC 合成酵素のリン酸化は, ETO1 との結合を抑制していると考えられているが, 実験的な証拠はない. これらを総合して, 図 7-2 のような翻訳後制御機構が考えられている. ACC 合成酵素はある刺激によって転写レベルで制御され, mRNA が増加する. mRNA はタンパク質に翻訳されると, CDPK あるいは MAP キナーゼによってリン酸化され安定化される. 細胞内ではリン酸化型で働き, 刺激がなくなる, あるいは役目を終えるとタンパク質ホスファターゼによって脱リン酸される. 脱リン酸化型 ACC 合成酵素は ETO1 に認識され CUL3 を介してプロテアソーム系で分解される.

c. ACC 酸化酵素

ACC 酸化酵素は分子状酸素を使って ACC をエチレンに変換する酵素であり, 二原子酸素添加酵素のファミリーである (Kende, 1993). サブユニットの分子量は 35,000 前後であり, 単量体で働く. Fe^{2+} とアスコルビン酸が活性に必須な補因子であり, CO_2 で活性化される. Co^{2+} や α-アミノイソ酪酸で阻害される. 細胞内の ACC 酸化酵素タンパク質の含量は比較的高く, 成熟トマト果実では主要なタンパク質の 1 つである. ACC 合成酵素と同様に遺伝子ファミリーを構成し, それぞれの遺伝子が異なる組織で発現している. トマトでは

6つの遺伝子が単離されている．エチレン生成のない組織でも構成的(constitutive)に発現していることが多い．そのことは組織にACCを与えればエチレンが発生することからわかる．ただし，エチレンによって顕著に転写が誘導される遺伝子が多い．細胞内の局在性にはさまざまな議論と経緯があったが，現在ではサイトソルと考えられている（Chungら，2002）．

d．そのほかの反応

前述したが，メチオニンからSAMを生成する反応は，すべての生物に共通する．多くの生物にとってSAMは生体内で起こるメチル化反応のメチル基供与体となり，またポリアミンの生合成の前駆体でもある．そのため，高等植物のポリアミンとエチレンの生合成にとってSAMが競争的に使われる可能性が示唆されているが，エチレンに比べてポリアミンの生体内の濃度（モル数）は3桁近く高いので，単純な基質の奪い合いによる競争になっているとは考えにくい．しかし，ポリアミンとエチレンは互いの生合成に阻害的に働き，エチレンとポリアミンの生理作用は反対の現象が多い．エチレンとポリアミンの間にクロストークがあることは確かである．

一方，ACCはACC酸化酵素によりエチレンに変換され，副産物として二酸化炭素とシアンを生じる．結果としてエチレンの生成に伴い等モルのシアンが生成される．しかし，「エチレンが発生するリンゴにはシアンが含まれるので危険である」という話は聞いたことがない．このシアンはβ-シアノアラニン合成酵素によってβ-シアノアラニンに代謝され，無毒化される．合成オーキシンである2,4-ジクロロフェノキシ酢酸（2,4-D）の除草剤としての作用機構は明らかにされていないが，高濃度の2,4-Dによるエチレン生成だけでは枯死に至らない．多量のエチレン生成に付随して生成される多量のシアンを，β-シアノアラニン合成酵素が代謝しきれず，エチレンとシアンの協調により植物が枯死するという可能性が示唆されている（Grossmann, 2003）．

(2) エチレン情報伝達系
a. 概　　　略

　エチレン情報伝達系は，シロイヌナズナのエチレン応答の突然変異体を用いた遺伝学的解析によって解明された．1988 年の *etr1* の単離に続き（Bleecker ら，1988），*ctr1* やさまざまな変異体が単離され（Kieber ら，1993），情報伝達に関する多くの知見が得られた．ほかの植物ホルモンに比べ多くの突然変異体が早くから単離された理由の 1 つは，スクリーニングが簡単なため（発芽時のエチレンに対する応答をみればよい）であるが，もう 1 つの理由は，エチレンには多くの重要な生理学的作用があるが，オーキシンなどと異なり，エ

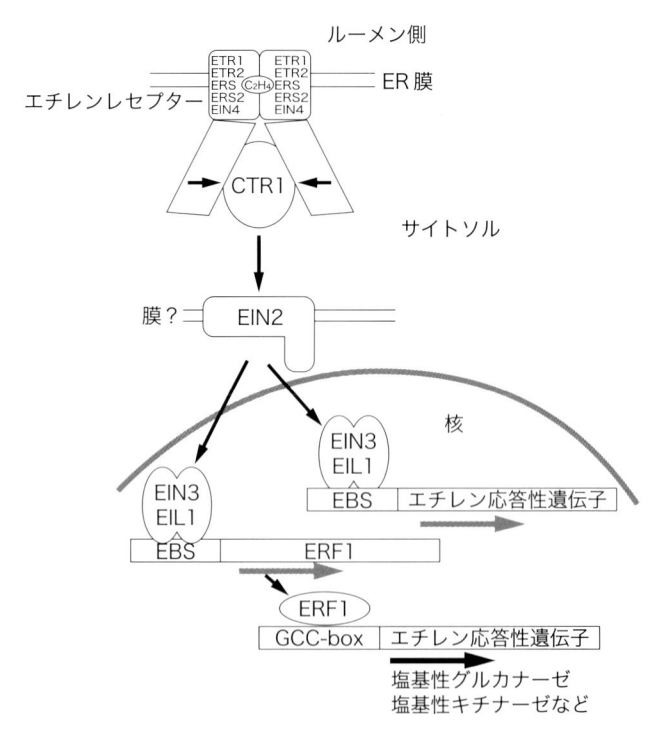

図7-3　エチレンの情報伝達経路とその構成因子

チレンのシグナルが伝達されなくても致死にならず，変異体が得られたためである．遺伝学的優位性解析（epistasis analysis）の結果，図7-3に示した経路が，現在最も確からしいと受け入れられているエチレンの情報伝達経路とその構成因子である．1999年の *ein2* の報告以降（Alonsoら，1999），有力なシグナル伝達に関わる突然変異体の報告も，新しい因子も同定されていないので，経路が確定した感があるが，後述するようにそれぞれの因子の間が満たされているわけではなく，今後の研究が期待されている．

b．エチレンレセプター

エチレンレセプターは最初，シロイヌナズナのエチレン非感受性 *etr1*（*ethylene resistant*）突然変異体の解析によって同定された（Changら，1993）．その後，同様な変異体や類似配列の解析の結果，シロイヌナズナには全部で5つのエチレンレセプター：ETR1，ERS1（ETHYLENE RESPONSE SENSOR 1），ETR2，EIN4（ETHYLENE INSENTIVE 4），ERS2がみつかっている．トマトの果実が成熟しない *Never ripe* の原因遺伝子 *Nr* はエチレンレセプターの *ERS* ホモログであり（Wilkinsonら，1995），トマトにおいても5つのエチレンレセプター：LeETR1，LeETR2，Nr，LeETR4，LeETR5が知られている（Tiemanら，2000）．エチレンレセプターは，サイトカイニンレセプターと同様に原核生物で知られていた二成分制御系（two component system）と類似している．二成分制御系とは，基本的な構成因子としてヒスチジンキナーゼとレスポンスレギュレーターといわれる2種類のタンパク質から構成され，細胞内外の情報を受容，伝達する系である．エチレンレセプターはエチレン結合ドメイン（膜貫通ドメイン），GAFドメイン（cGMP結合ドメイン），ヒスチジンキナーゼ様ドメイン，レシーバー様ドメインから構成され，そのアミノ酸配列から2つのサブファミリーⅠ，Ⅱに分けられる（図7-4）．サブファミリーⅠは3つの膜貫通ドメインを持ち，ヒスチジンキナーゼ活性を持っている．サブファミリーⅡは4つの膜貫通ドメインを持つが，ヒスチジンキナーゼ活性に必要なアミノ酸残基が保存されていないので，キナーゼ活性はない．しかし，エチレンの情報伝達にこのヒスチジンキナーゼ活性は必要ないことが遺伝学的解析から明

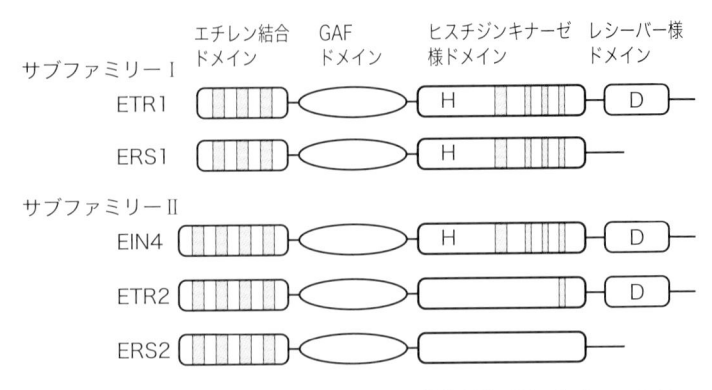

図7-4 エチレンレセプター遺伝子の二成分制御系とサブファミリー

らかにされている（Wangら, 2003). サブファミリーにかかわらずレシーバー様ドメインを持たないレセプターがあるが，もともとレシーバー様ドメインはヒスチジンキナーゼから転移されるリン酸基を受け取るドメインである．ヒスチジンキナーゼ活性が情報伝達に必須でないのならば，レシーバードメインもエチレンの情報伝達には必須ではないと考えるのが妥当であろうが，実験的な証拠はない．エチレンレセプターは当初，細胞膜に局在すると考えられていたが，細胞生物学的解析の結果，キナーゼ様ドメインを含むC末端側をサイトソル側にしてER膜に局在することが明らかにされた（Chenら, 2002; Maら, 2006). ER膜上でホモ二量体として機能している．エチレンは細胞膜を自由に通過できるので，細胞外に受容体が局在する必要がなく，ER膜に局在することに矛盾はない．機能発現には1価のCu^+を必要とする．このCu^+を供給するトランスポーターとして *ran1* (*responsive to antagonist*) が同定されている（Hirayamaら, 1999).

エチレンレセプターはエチレン応答の負の制御因子であり，5つのレセプターの機能は重複している．エチレンレセプターのエチレン応答機構について図7-5に示した．通常，遺伝子ファミリーの機能が重複している場合は，1つの遺伝子に変異が入ってもほかの遺伝子が機能を補うので，表現型は現れない．例えば，レセプターとしての機能を完全に失ったヌル突然変異体 *etr1-5* などは，

第7章 成熟,老化の生理

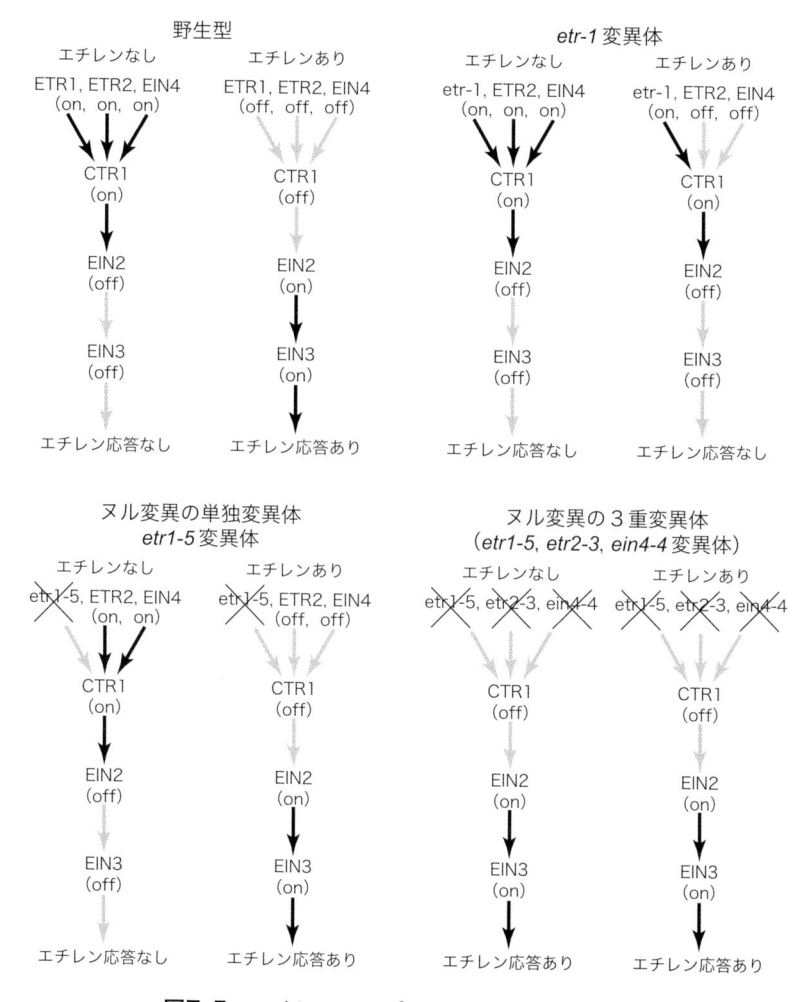

野生型

エチレンなし
ETR1, ETR2, EIN4
(on, on, on)
↓
CTR1
(on)
↓
EIN2
(off)
↓
EIN3
(off)
↓
エチレン応答なし

エチレンあり
ETR1, ETR2, EIN4
(off, off, off)
↓
CTR1
(off)
↓
EIN2
(on)
↓
EIN3
(on)
↓
エチレン応答あり

***etr-1* 変異体**

エチレンなし
etr-1, ETR2, EIN4
(on, on, on)
↓
CTR1
(on)
↓
EIN2
(off)
↓
EIN3
(off)
↓
エチレン応答なし

エチレンあり
etr-1, ETR2, EIN4
(on, off, off)
↓
CTR1
(on)
↓
EIN2
(off)
↓
EIN3
(off)
↓
エチレン応答なし

**ヌル変異の単独変異体
etr1-5 変異体**

エチレンなし
etr1-5, ETR2, EIN4
(on, on)
↓
CTR1
(on)
↓
EIN2
(off)
↓
EIN3
(off)
↓
エチレン応答なし

エチレンあり
etr1-5, ETR2, EIN4
(off, off)
↓
CTR1
(off)
↓
EIN2
(on)
↓
EIN3
(on)
↓
エチレン応答あり

**ヌル変異の3重変異体
(*etr1-5, etr2-3, ein4-4* 変異体)**

エチレンなし
etr1-5, etr2-3, ein4-4
↓
CTR1
(off)
↓
EIN2
(on)
↓
EIN3
(on)
↓
エチレン応答あり

エチレンあり
etr1-5, etr2-3, ein4-4
↓
CTR1
(off)
↓
EIN2
(on)
↓
EIN3
(on)
↓
エチレン応答あり

図7-5　エチレンレセプターのエチレン応答機構
onはその分子に活性があることを,offはその分子が活性を失っていることを表している.黒色の矢印は信号が伝わっていることを,灰色の矢印は信号が伝わっていないことを表している.

遺伝子の重複のため単独では野生型と同じ表現型しか示さない.このようなヌル突然変異体の場合は,3重あるいは4重突然変異体のように多重遺伝子破壊株にすると表現型が現れる(Huaら,1998).しかし,最初に単離された突然

変異体 *etr1-1* の場合は，単独で優性のエチレン非感受性という表現型を示した．*etr1-1* はエチレン結合部位に変異があり，エチレン結合活性を失っていたが，シグナル伝達活性は失っていなかったためである．この性質はエチレン非感受性の形質転換体を作出する場合に好都合である．つまり，*etr1-1* タイプの突然変異遺伝子を1つ導入すれば，その形質転換体はエチレン非感受性になるからである（Wilkinson ら，1997）．

エチレンレセプターの中には，シロイヌナズナの *ERS*，*ETR2*，*ERS2* のようにエチレンによって誘導されるものがある．ただし，エチレンレセプターの転写量が増加するとレセプターが増えるが，エチレンに対する感受性が高くなるわけではない．ある酵素遺伝子の転写量が増加すると，その酵素タンパク質が増加し，結果として酵素活性が高まるという事象と区別して考えなくてはいけない．つまり，エチレンレセプターの量と感受性は関係がない．いくつかのレセプターがエチレンで誘導されることの意味は明らかではないが，新たに誘導，合成されたレセプターは，エチレンが結合していないので，エチレン応答を抑制することができる．したがって，エチレンによるレセプターの誘導は，エチレン応答が過剰に進まないためのネガティブフィードバックの1つと考えることもできる．

c．CTR1

エチレンレセプターの直下の下流因子は，CTR1 である．*CTR1* 遺伝子は恒常的エチレン応答性を示すシロイヌナズナ突然変異体 *ctr1*（*constitutive triple response 1*）の原因遺伝子として同定された（Kieber ら，1993）．機能を失った *ctr1* が恒常的なエチレン応答性を示すことから，CTR1 はエチレン情報伝達系を負に制御する因子と考えられている．CTR1 は Ser/Thr プロテインキナーゼであり，動物の Raf キナーゼファミリーと構造が類似している．Raf キナーゼは MAP キナーゼカスケードの MAP キナーゼキナーゼキナーゼであるので，CTR1 も MAP キナーゼキナーゼキナーゼの1つと考えられている．そのため，従来の細胞生物学的知見から，その下流には MAP キナーゼキナーゼ，MAP キナーゼが位置すると推測できるが，今までに，その候補となる因子はみつかっ

ていない．疑わしい報告はあるが，CTR1 が in vivo でどのタンパク質をリン酸化するのか，明確な報告はない．

　エチレンレセプターは「エチレン応答の負の制御因子である」と前述したが，その機能は生化学的にはあまり明確でない．エチレンレセプターとその下流のシグナル伝達因子 CTR1 は ER 膜上で常に結合している（Gao ら，2003）．in vitro ではエチレンレセプターと結合していなくても CTR1 にキナーゼ活性はあるが，レセプター遺伝子の多重破壊株ではエチレン応答の抑制が起こらないことを考えると，in vivo では CTR1 のキナーゼ活性にはレセプターとの結合が必要だと考えられる．エチレンと結合していないレセプターに結合した CTR1 は，キナーゼ活性を持ち下流のエチレン応答シグナルを抑制している．それに対し，エチレンと結合したレセプターに結合した CTR1 は，キナーゼ活性を示すことができない．一方，ctr1-8 は in vitro ではキナーゼ活性を持つが，エチレンレセプターと結合できず，下流のエチレン応答シグナルを抑制できない（Huang ら，2003）．これらのことから，CTR1 の活性にはレセプターとの結合が重要で，レセプターによる CTR1 の活性調節は，レセプターにエチレンが結合していないときは CTR1 を on に，エチレンが結合すると CTR1 を off にしていると考えられている（Gao ら，2003）．

d．EIN2

　遺伝学的優位性解析の結果では，EIN2 が CTR1 の下流に位置していると考えられている．*EIN2* 遺伝子はシロイヌナズナのエチレン非感受性突然変異体 *ein2*（*ethylene insensitive 2*）の原因遺伝子として同定された（Alonso ら，1999）．CTR1 の下流に位置しているが，CTR1 のキナーゼ活性がどのような機構で EIN2 を不活性化しているのかについては，全くわかっていない．*EIN2* 遺伝子のナンセンス変異が強いエチレン非感受性を示すので，EIN2 はエチレン情報伝達系の正の制御因子と考えられているが，その機能は明らかにされていない．EIN2 の N 末端領域には 12 回膜貫通領域があり，2 価イオンのトランスポーターである Nramp ファミリーと類似しているが，トランスポーターに必要なアミノ酸残基は保存されておらず，トランスポーター活性も検出され

ていない．レセプターやその下流の CTR1 が ER 膜に局在しているので，EIN2 の局在も ER 膜であると推定できるが，実験的根拠はなく，その局在は明らかになっていない．EIN2 の C 末端領域のみを植物体に過剰発現させると，恒常的エチレン応答性を示すが，全長や N 末端領域のみを過剰発現させても，表現型が現れないことから，C 末端領域にエチレンのシグナルを伝達する機能があり，N 末端領域はその調節に関わっていると推測されている．

e．EIN3

EIN3 遺伝子はシロイヌナズナのエチレン非感受性突然変異体 *ein3*（*ethylene insensitive 3*）の原因遺伝子として同定された正の制御因子であり（Chao ら，1997），*EIN3* の過剰発現体は恒常的なエチレン応答性を示す．EIN2 の下流で働く転写因子であるが，EIN2 からどのようなシグナルを受け取り，活性化されるのかについては明らかではない．*ein2* 変異体が強いエチレン非感受性を示すのに対して，*ein3* 変異体は弱いエチレン非感受性を示す．シロイヌナズナには 5 つの *EIN3* に類似の遺伝子 *EIL*（*EIN3-LIKE*）*1* ～ *EIL5* があり *EIN3* と機能が重複していると考えられている．EIN3 は植物に特有の転写因子で，ホモ二量体で *ERF1*（*ETHYLENE RESPONSE FACTOR 1*）などのエチレン応答性遺伝子のプロモーター領域にある特異的な配列（EIN3 binding site，EBS）に結合し，発現を誘導する．誘導された ERF1 は AP2 ドメインを持つ転写因子で，さらにエチレン応答性遺伝子（ERF1 などとは異なる遺伝子，塩基性キチナーゼなど）の GCC ボックスに結合し，発現を誘導する．AP2 ドメインはシロイヌナズナの花器官形成に関わる制御因子 APETALA2 のドメインとしてみつけられた．ERF や DERB タンパク質（乾燥応答シス配列（dehydration responsive element）に結合する）にも類似の配列がある．植物に特異的な転写因子が持つドメインの 1 つである．このようなカスケードで誘導されたエチレン応答性遺伝子の働きにより，エチレン応答が引き起こされると考えられている（Solano ら，1998）．

EIN3 が EIN2 からどのようなシグナルを受け取り，活性化されるのかについては明らかではないと前述したが，少なくともエチレン処理によって，*EIN3*

遺伝子の発現量は変動しないが，EIN3タンパク質は安定化され，量が増加する（Guoら，2003；Potuschakら，2003）．エチレン非存在下では，EIN3は恒常的に発現しているEBF1，EBF2（EIN3-binding F box protein 1, 2）の結合によりプロテアソーム系で，分解され蓄積しないようになっている．エチレン存在下では，EBF1，EBF2の結合が起こらないのでEIN3は安定化し転写因子として働く．しかし，その安定化の機構は不明であるうえに，*EBF1*，*EBF2*の転写量はエチレンで増加する．ネガティブフィードバックと考えられるが，詳細は明らかではなく今後の研究が期待される．

2）エチレンの制御とクライマクテリックライズの機構

(1) クライマクテリック型果実と非クライマクテリック型果実

a．クライマクテリック現象による果実の分類

図7-6に示すように，いずれの果実でも受精直後には代謝が活発であるために呼吸活性はきわめて高く，果実の成長とともに漸減する．果実には成熟期になると，呼吸活性が一時的に急増するグループと漸減するだけのグループがあり，前者をクライマクテリック（climacteric）型果実，後者を非クライマクテリック（non-climacteric）型果実と呼んでいる．園芸作物の果実は，種によっていずれかに分類されるが，ニホンナシ，メロンなどでは品種によってクライマクテリック型果実と非クライマクテリック型果実に分類が分かれる（表7-1）．「クライマクテリック」の語は，物語の最終盤の盛り上がりを示す「クライマックス」と語源が同じであり，果実のライフサイクルの中で最終盤の成熟・老化期における呼吸活性の一時的急増を示す．この呼吸活性の急増により生成するエネルギーは，軟化，着色，芳香成分の生成，デンプンの糖への分解，有機酸の減少などの多様な成分の変化からなる果実の成熟現象に利用される．一般に，クライマクテリック型果実では成熟現象が急速に進行し，非クライマクテリック型果実の成熟は緩慢である．

b．クライマクテリック型果実とエチレン

クライマクテリック型果実では，クライマクテリック現象と同時に，または，

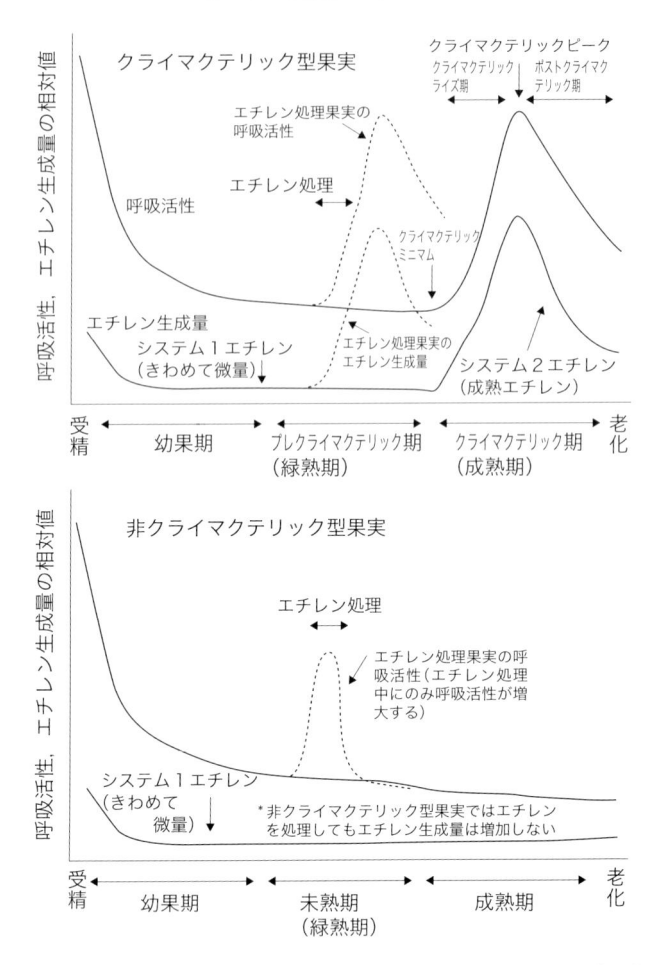

図7-6 クライマクテリック型果実と非クライマクテリック型果実における呼吸活性とエチレン生成の模式図

先立ってエチレン生成の急増が起こる（図7-6）．外見的には未熟であっても果実が一定の発育段階に達していれば，人工的にエチレンを処理すると果実自身のエチレン生成が誘導され，呼吸のクライマクテリック現象が起こる．いったんエチレン生成が誘導されれば，エチレン処理を止めても，エチレン生成は継続し，成熟現象が進行する．この観察から，呼吸のクライマクテリック現象

第7章 成熟，老化の生理

表 7-1 果実の追熟性，呼吸型およびエチレン生成量

追熟性	呼吸型	エチレン生成量 (nL/g/hr)	果実の種類
追熟型	クライマクテリック型	100以上	アンズ，キウイフルーツ，ウメ，チュウゴクナシ，パッションフルーツ，サポジラ，チェリモヤ
		10～100	リンゴ，スモモ，モモ，ネクタリン，セイヨウナシ，アボカド，パパイヤ，フェイジョア
		1.0～10	バナナ，マンゴー，イチジク，カキ，メロン，トマト，一部のニホンナシ（幸水，菊水など）
非追熟型	非クライマクテリック型	0.1～1.0	オリーブ，パイナップル，ブルーベリー，スイカ，マクワ，一部のニホンナシ（二十世紀，豊水，新高など）
		0.1以下	ブドウ，オウトウ，オレンジ類，ウンシュウミカン，レモン，イチゴ，キュウリ，ナス，カボチャ

エチレン生成量は常温下で成熟させた果実における最大値. （茶珍和雄，1987に加筆修正）

に伴うエチレン生成は，果実成熟に伴う副産物ではなく，エチレンが呼吸のクライマクテリック現象や果実の成熟現象の原因であると考えられる．呼吸活性のパターンから，成熟期はクライマクテリックピークを境にクライマクテリックライズ期とポストクライマクテリック期に分けられる（Willis, 1998）．

　クライマクテリック型果実は，一定の発育段階に達していれば，未熟な段階で収穫しても，一定の期間が経過すれば，人工的にエチレン処理をしなくても，自らエチレンを生成し，成熟する．この収穫後の成熟現象は，樹上での成熟（maturation）と区別して追熟（ripening）と呼ばれる．前述のように，クライマクテリック型果実では，いったんエチレン生成が開始されれば，急速に成熟・老化現象が進行するので，一般にキウイフルーツ，セイヨウナシ，アボカド，バナナなどは緑熟段階で収穫し，流通前後に追熟させる．また，青ウメは緑熟段階で収穫され，利用される．カキは，成熟に伴うエチレン生成が始まる前に色づき，外観的にも食味の点でも適食段階に達するので，生理学的には未熟な段階（プレクライマクテリック段階）で収穫され，消費される．カキ果実では成熟に伴うエチレン生成が開始すると急速に軟化し，果肉がゼリー状の「熟柿」になる．ニホンナシの'幸水'もエチレンが生成する段階では，軟化し，特有の肉質を失うので，カキと同様にプレクライマクテリック段階で収穫，消

費される.一方,モモ,スモモ,イチジク,パパイヤ,マンゴー,パッションフルーツなどは,樹上でエチレン生成が始まる段階にならなければ,本来の食味にならないので,クライマクテリックライズ期に収穫される.

c.非クライマクテリック型果実とエチレン

非クライマクテリック型果実には,カンキツ類,ブドウ,オウトウ,イチゴ,スイカなどが分類される(表7-1).これらの果実は成熟中にも呼吸活性とエチレン生成の急増を示さず,エチレンの作用を必要とせず成熟する.しかしながら,非クライマクテリック型果実に人工的にエチレンを処理すると,呼吸活性は増加し,エチレン処理をやめると基底レベルに低下する(図7-6).ただし,果実自らのエチレン生成は起こらない.非クライマクテリック型果実でも,エチレン処理に反応してクロロフィル分解の促進,カロチノイド合成の促進,離層の形成,果肉の老化現象などが起こる.エチレン処理による着色の促進は,レモンや一部のオレンジ類の催色処理として商業的に広く用いられている.一方,貯蔵環境中にエチレンが存在するとスイカは敏感に反応して果肉の急激な老化現象(軟化症)を示し,ブドウは激しい脱粒を起こすので,これらの果実をエチレンが生成しているクライマクテリック型果実と混載して流通および貯蔵してはならない.

非クライマクテリック型果実でも,傷害,低温,乾燥などのストレスを受けると,自らエチレンを生成する.非クライマクテリック型果実でも,外からのエチレンに反応する能力とエチレンを生成する能力は保持している.非クライマクテリック型果実とクライマクテリック型果実の違いは,前者は外から与えられたエチレンに遭遇しても,それに反応して自らのエチレン生成が誘導されないのに対し,後者は自己触媒的なエチレン生成が誘導されることにある.このエチレン処理に対する反応の違いは,クライマクテリック型果実と非クライマクテリック型果実の判別基準となっている.

(2) エチレン生成の内的制御機構
a．システム1エチレンとシステム2エチレン

図7-6に示すように，クライマクテリック型果実，非クライマクテリック型果実のいずれでも未熟果の時期には，「システム1エチレン」と呼ばれるごく微量（0.1nl/g/h以下）のエチレンを生成している（McGlasson, 1985）．システム1エチレン生成は，環境中に多量のエチレンが存在すると抑制される性質があり，エチレンにより負のフィードバック制御（自己抑制的制御）を受けていることが明らかにされている．クライマクテリック型果実の成熟に伴うエチレンは「システム2エチレン」および「成熟エチレン」と呼ばれている．

トマト果実では，システム1エチレンを担うACC合成酵素遺伝子として

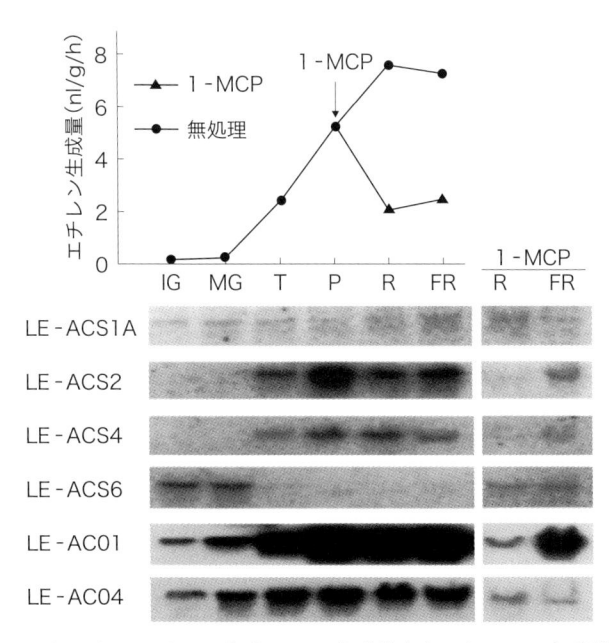

図7-7 トマトのエチレン生成，ACC合成酵素（ACS），ACC合成酵素（ACO）遺伝子発現に及ぼす1-MCP処理の影響
IG：未熟，MG：緑熟，T：ターニング，P：ピンク，R：レッド，FR：完熟．下図のシミが濃いほど遺伝子発現が強いことを示す．（Nakatsuka, A. et al., 1998より作図）

LeACS1A, *LeACS6* 遺伝子，システム 2 エチレンには *LeACS2*, *LeACS4* 遺伝子が同定されている（Nakatsuka ら，1998；図 7-7）．成熟開始後に，エチレン作用抑制剤の 1-メチルシクロプロペン（1-methylcyclopropene, 1-MCP）を処理して内生エチレンの作用を阻害すると，成熟エチレン生成は顕著に抑制される（図 7-7）．このとき，成熟に伴って高まっていた *LeACS2*, *LeACS4* 遺伝子の発現は顕著に抑制され，逆に成熟に伴って消失していた *LeACS6* 遺伝子の発現は回復する．これらから，*LeACS6* 遺伝子は負のフィードバック制御（自己触媒的制御，autocatalytic regulation）を，*LeACS2*, *LeACS4* 遺伝子は正のフィードバック制御（自己抑制的制御，autoinhibitory regulation）と，全く逆の発現制御を受けていると考えられる．

メロンやセイヨウナシ，チュウゴクナシなどの成熟エチレンもトマトと同様に 1-MCP 処理によって抑制される．一方，クライマクテリック型果実に属するモモ，バナナおよびイチジクでは，成熟段階の果実に 1-MCP 処理を行ってもエチレン生成の低下はみられず，これらの成熟エチレンの制御は自己触媒的でないと考えられる．ただし，未熟な段階では外から与えたエチレンによってエチレン生成の誘導，成熟の促進が起こる．このように，果実のエチレン生成の制御機構は種類，発育段階などによって多様であり，巧妙に果実の成熟，環境適応を調節している．

成熟不全を示す変異体 *rin* および *nor* トマトでは，成熟エチレン生成がみられない（口絵 7，図 7-9）．これらの変異体トマトでは，エチレン処理によってもエチレン生成が誘導されず，着色や軟化などの成熟現象もみられない．最近，*rin* 遺伝子はホメオティック遺伝子の 1 つである MADS 遺伝子に属することが示され，MADS box 遺伝子が植物の形態形成だけでなく，果実成熟やエチレン制御にも関与することが示された（Vrebalov ら，2002）．

b．ストレスエチレン

植物は種々のストレスに対応して「ストレスエチレン」を生成し，その働きによって環境適応している．植物組織が何らかの要因で傷を受けると，カルスが形成され癒傷組織としてコルク層が発達する．この反応にエチレン作用が関

与しており，悪環境に対応した生存戦略の一環と考えられている．一方，エチレンは組織の老化を促進する作用があるので，ストレスエチレンの生成が過剰になると，逆に植物の生存にとって不利に働く．そこで，ストレスエチレンの生成は一過性となるような制御機構が働いており，環境中にすでにエチレンが存在していると抑制される（自己抑制的生成制御）場合が多い．果実でも，傷害，病原菌の侵入，低温，高濃度炭酸ガス，水分欠乏などに反応して，ストレスエチレンが生成される．このエチレンはクライマクテリック型，非クライマクテリック型果実のいずれでも生成する．ストレスエチレンは果実の老化を促進し，日持ち，貯蔵期間を短縮させることもある．傷害や病原菌の侵入によって1個の果実がストレスエチレンを生成すると，それが周りの果実に作用し，自己触媒的なエチレン生成を誘導することによって，周辺の果実すべての成熟および老化を促進してしまうこともある．

　トマト果実では，ストレスエチレン生成にはACC合成酵素遺伝子として*LeACS1A*，*LeACS2*，*LeACS6*遺伝子が関わっている（Tatsukiら，1999）．果

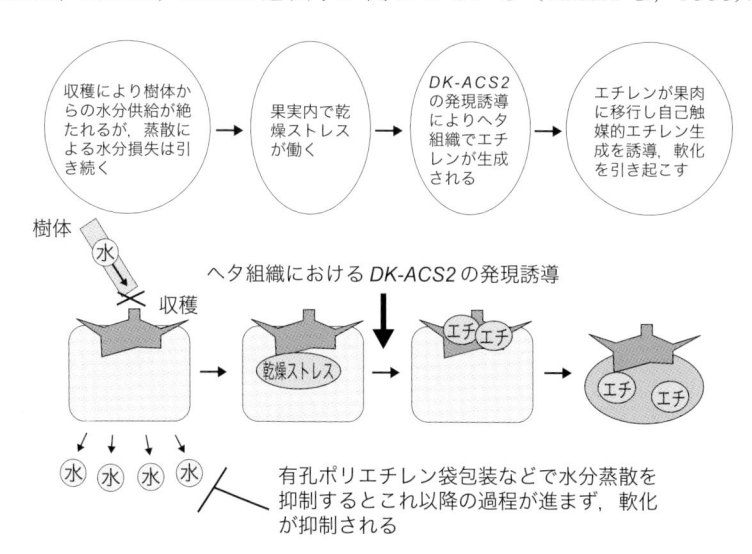

図7-8 カキ果実における水ストレスによるエチレン誘導・軟化発生機構と防止技術の模式図
（中野龍平）

実に傷を与えると30分以内に LeACS1A, LeACS6 遺伝子が一過的に活性化され，その後 LeACS2 遺伝子が発現する（☞図7-2）．また，興味深いことに LeACS1A, LeACS6 遺伝子は，手で触れる（タッチ）ような微細な刺激でも活性化される．

カキ果実では，収穫後の蒸散によって，ヘタ部で水ストレスによるエチレン生成が誘導され，そのエチレンが果実内に移行し自己触媒的エチレン生成を誘導し，急速な果実軟化（熟柿になる）を引き起こすことが明らかになっている（Nakano ら，2003；図7-8）．したがって，カキ果実の流通・貯蔵中の軟化抑制には，有孔ポリエチレン袋での包装などによる水分ストレスの緩和が有効である．

(3) エチレンの人工的制御
a．果実成熟の促進技術
ⅰ）エチレン処理とエセフォン（エスレル）処理　　エチレンは，ポリエチレンや各種プラスチックなどの工業原料として，石油から多量に合成されている．プレクライマクテリック段階で収穫されるバナナやキウイフルーツ，セイヨウナシ果実では人工的なエチレンのガス処理によって，出荷前に成熟誘導が行われている．また，レモンや一部のカンキツ類では催色処理としてエチレン処理が広く用いられている．植物はエチレンに感受性が高く，成熟誘導を含む多くのエチレン反応は 0.1ppm が閾値，10ppm で飽和する．ただし，エチレン処理による非クライマクテリック型果実の呼吸活性促進は，1,000ppm で初めて飽和する．商業的なエチレン処理には多くの場合，1,000ppm の濃度が用いられている．ただし，植物のエチレンに対する反応は温度に依存し，5℃以下の低温ではエチレン処理の効果も小さくなる．バナナの商業的なエチレン処理は，処理後の成熟進行を緩慢にするために 17℃程度で行われているが，この温度下ではデンプンの糖への分解が不完全で甘みの発達が不十分になる．

エセフォン（ethephon，商品名：エスレル）は，植物に吸収されると植物中のホスホリラーゼによってリン酸基が離脱し，エチレンを放出する物質であ

る．エセフォンは水溶性であるため，圃場で散布処理することができる．エセフォン散布処理は，イチジク果実の成熟促進やパイナップルの花芽分化誘導などに広く実用利用されている．また，一部の日本ナシでは，ラノリンペーストに練り込んだエセフォンを果柄に塗布して，成熟促進処理が行われている．

 ii）イチジク果実への油処理　イチジクの成熟促進処理として，古くから油処理が行われている．樹上の未熟なイチジク果実に対して眼の部分にオリーブオイルなどの食用油を少量塗布すると，エチレン生成が誘導され，果実の肥大が始まり，数日後には完熟する．この油処理によるエチレン生成促進機構の詳細は明らかにされていないが，処理後のエチレン生成に伴ってACC合成酵素遺伝子の発現が検出されている（Owinoら，2006）．したがって，油処理によるイチジクのエチレン生成でも，その大部分はACC系を経て合成されていると思われる．イチジク果実の成熟は，前述のようにエセフォン処理や果実に傷を付けることでも誘導することができる．

 b．果実成熟の抑制技術

 i）遺伝子組換え　遺伝子組換え技術によってエチレン生成または作用を抑制し，果実の収穫後の日持ち，貯蔵期間を延長する試みがなされている．トマトでは，アグロバクテリウムを用いて*LeACS2*遺伝子（Oellerら，1991）および*LeACO1*遺伝子（Hamiltonら，1990）をアンチセンス方向に導入した遺伝子組換え体が作成され，顕著な成熟抑制効果が確認されている．また，微生物由来のACCデアミナーゼ遺伝子の導入によってACCを消費させても同様な効果がある（Kleeら，1991）．メロンでもACC酸化酵素遺伝子を抑制した組換え体が作成されている（Ayubら，1996）．この果実は樹上でエチレンをほとんど生成しないので，樹上での生育期間を延長させることができ，糖含量を増加させることができるという．これらの遺伝子組換え体は，エチレン生成能力が抑制されているだけなので，人工的にエチレンを処理すると，ほぼ正常に成熟する．

 エチレン受容体や信号伝達系遺伝子でも，その変異体や遺伝子組換え体で果実成熟の抑制が確認されている．トマトでは，古くから成熟不全変異体と

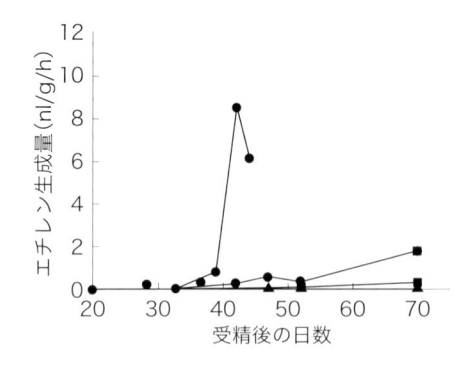

図7-9 正常, *RiEIL*, *rin*, *nor* トマトのエチレン生成量

RiEIL：エチレン信号伝達系遺伝子を抑制した遺伝子組換え体, *rin*：成熟不全変異系統, *nor*：成熟不全変異系統. ●─ 正常トマト, ●─ *RiEIL*, ▲─ *rin*, ■─ *nor*. (横谷尚起ら, 未発表)

して Nr (never ripening；ただし，この変異体は一定の成熟現象を示す) が知られていたが，その成熟不全の原因は，エチレン受容体遺伝子 *LeETR3* の変異にあることが示された．エチレン信号伝達系の下流に位置する *LeEIL* (*EIN3 like*) 遺伝子をアンチセンス法や RNAi (RNA interference) 法によって抑制すると，顕著な成熟抑制とエチレン生成の抑制がみられる (Tiemanら，2001；図7-9)．この組換え体は，エチレン信号が遮断されているので，自己触媒的エチレン生成は顕著に抑制されており，エチレン処理によっても成熟は誘導されない (口絵7)．

このように，遺伝子組換え技術によってエチレン生成および作用の抑制は技術的には可能になっている．しかしながら，これまでの組換え体には，主として恒常的に遺伝子を発現させる CaMV35S プロモーターが用いられており，植物体全体でエチレン生成や作用が抑制されている．これによって，ある種の病原体に対する耐性の低下や不定根形成の阻害など，栽培に不利な点が現れる場合もある．また，トマトではハウス栽培などで新鮮な果実が周年供給されていること，遺伝子組換えによってエチレン生成を抑制した場合には収穫後に成熟させるためにエチレン処理をする必要があること，遺伝子組換え作物に対する社会的受容が確立されていないことなどから，エチレン生成を制御した遺伝子組換え作物の商業利用は，現在のところほとんどなされていない．収穫後の成熟および老化が急速で，周年供給が達成されていないモモなどの果実では，エチレンを制御する遺伝子組換えが日持ち・貯蔵期間の延長策として将来的には

有望かもしれない．

ⅱ）エチレン作用阻害剤　エチレン作用を阻害する化合物として，炭酸ガス（二酸化炭素），チオ硫酸銀（silver thiosulfate, STS），シクロオレフィン系化合物の 1-MCP, 2,5-ノルボルナジエン（2,5-norbornadiene, NBD），ジアゾシクロペンタジエン（diazocyclopentadiene, DACP）などが知られている．炭酸ガスのエチレン作用阻害活性は，CA（controlled atmosphere）・MA（modified atmosphere）貯蔵の貯蔵期間延長効果の一環をなしている．STSはカーネーションなどの切花の鮮度保持剤として世界中で商業利用されているが，重金属イオンであるため，果実などの食品への使用は許可されていない．アメリカのシスラー博士らによって見出された 1-MCP（Sislerら，1997）は，1ppm以下の極低濃度でも強力なエチレン作用抑制活性があること，常温でガス体であるために組織内部への浸透が容易であること，動物毒性がほとんどないなどの利点があり，世界中で商業利用が広まりつつある．2005年段階で，アメリカのリンゴ生産量の約60％に利用されており，日本では2007年よりリンゴ，カキ，ニホンナシで使用が認可される見通しである．セイヨウナシやメロン果実で

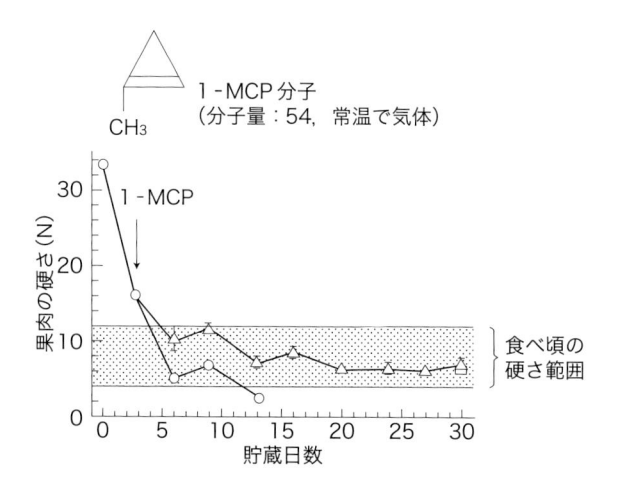

図7-10　1-MCPの分子構造と処理によるセイヨウナシ'ラ・フランス'果実の食べ頃期間の延長
─○─ 無処理，─△─ 1-MCP処理．（Kubo, Y. et al, 2003より作図）

図 7-11 1-MCP 処理によるメロンの老化抑制
貯蔵 13 日後のメロン．左：1-MCP 処理，右：無処理．

は，成熟開始後に 1-MCP を処理すると，その後のエチレン生成と果実軟化が顕著に抑制され，適食期間を大幅に延長させることができる（図 7-10, 11）．リンゴでは，収穫後 1 日間の処理によって，その後の果実軟化や軟性やけ病（soft scald）の発生が強く抑えられ，その効果は低温貯蔵した場合には 6 ヵ月以上も持続する．渋ガキでは，炭酸ガスなどによる脱渋処理と同時に 1-MCP を処理すると，常温下でも 1 週間以上，果実軟化（熟柿化）が抑制されるので，同処理は流通中の軟化防止技術として期待されている．1-MCP のエチレン作用抑制機構については，エチレン受容体タンパク質（ETR1）と結合して作用することが確認されている．

iii）エチレン生成阻害剤 エチレン生合成の律速酵素である ACC 合成酵素と ACC 酸化酵素には，特異的阻害剤が見出されている．ACC 合成酵素の阻害剤としてはアミノエトキシビニルグリシン（aminoethoxyvinylglycine, AVG），アミノオキシ酢酸（aminooxyacetic acid, AOA），リゾビトキシン（rhizobitoxine），ACC 酸化酵素の阻害剤としてはサリチル酸，Co^{2+} などが知られている．これらの阻害剤は，阻害活性が必ずしもエチレン生成を完全に抑えるほど強くないこと，水溶液として処理するため組織内部への均一的浸透が得にくいことなどから，園芸現場での実用的な利用には至っていない．35℃以上の高温や嫌気環境も ACC 酸化酵素活性を抑制し，エチレン生成を低下させる．

iv）エチレン分解（吸収）剤　過マンガン酸カリウム，酸化パラジウムなどが，エチレンを酸化エチレンに変換，不活性化する反応の触媒として作用することから，これらを珪藻土粉末に染み込ませたエチレン分解（吸収）剤が開発されている．これらは，過熟果や障害果から発生したエチレンを取り除き，ほかの果実へ作用するのを防ぐのに有効であり，キウイフルーツや一部のニホンナシの貯蔵期間延長に用いられている．また，オゾンも類似の作用があるので，オゾン発生器を組み込んだ貯蔵庫も開発されている．

3）糖の組成・蓄積機構

果実などの貯蔵器官への糖の供給および蓄積は，その果実の甘味に関わるだけでなく，果実成長のエネルギー源として，また果実品質に関わる多くの成分あるいは特異的な成分がこれを基にして果実自身で合成されるため，糖の供給量および蓄積量の多少は果実成長，品質の全体に大きな影響を与える．例えば，ブドウでは着果過多で糖を十分に利用できないと粒が大きくならず甘くもならないだけでなく，着色も進まないことがよく知られている．

(1) 糖の種類と生育過程での変動

園芸作物（主に果実）の品質に影響を与える糖の種類は意外に少なく，スクロース，フルクトース，グルコースそしてデンプンであり，これにバラ科の多くの果実に含まれるソルビトールである．マンニトール，ラフィノース，スタキオース，ガラクチノール，ミオイノシトールなどは転流糖として用いられているが，貯蔵組織にはあまり蓄積しない（表 7-2）．ナシ果実は，幼果では主にソルビトールとして蓄積するが，果実の生育に伴ってフルクトース，グルコースの蓄積が増大する．そして，果実が成熟期になるとスクロース蓄積型品種では急激にスクロースが蓄積する．しかしながら，チュウゴクナシなどヘキソース蓄積型品種はフルクトースを蓄積し続け，スクロースの蓄積はわずかである．このように，品種によってスクロース蓄積型とヘキソース蓄積型が存在するものには，ほかにもメロン，イチゴ，カキ，リンゴ，トマト果実などがあるが，

表 7-2 果実（完熟果）の糖組成

果　実	品　種	スクロース	グルコース	フルクトース	ソルビトール
ウ メ	白加賀	—	0.17	0.13	0.30
オウトウ	ナポレオン	0.21	4.25	3.15	2.25
スモモ	ソルダム	4.42	1.58	1.54	1.01
モ モ	白 桃	6.96	0.85	1.14	0.12
ネクタリン	—	5.51	0.80	0.91	1.78
リンゴ	つがる	2.31	1.86	5.19	—
ナ シ	二十世紀	1.95	1.76	4.87	0.78
ブドウ	巨 峰	0.77	7.23	8.27	—
カ キ	富 有	8.48	4.00	2.32	—
ウンシュウミカン	早生系	2.41	1.76	2.27	—
バナナ	キャベンディッシュ	10.71	2.04	1.82	—

単位：g/100g 新鮮重． （小宮山美弘ら，1985）

いずれも未熟果ではスクロースを蓄積せず,成熟期になって蓄積する.ウンシュウミカン果実では蓄積する主要な糖はスクロースであり，その蓄積は発育初期から徐々に増加する傾向を示す.

(2) 糖の代謝と液胞への蓄積

　糖の代謝と液胞への蓄積については第 6 章で詳細に述べたので，ここでは簡単に概説する（☞ 第 6 章 2.3)「転流糖の変換と代謝調節」，4)「液胞の生理機能」，5)「ポンプ，トランスポーター，チャネル」）．果実に転流したスクロースは酸性インベルターゼ，中性インベルターゼやスクロース合成酵素によってヘキソースと UDP グルコースに，ソルビトールは主に NAD 依存性ソルビトール脱水素酵素によってフルクトースに，そのほかに NADP 依存性ソルビトール脱水素酵素によってグルコースに変換される経路もある．マンニトールはマンニトール脱水素酵素によってフルクトースに，スタキオースやラフィノースは α-ガラクトシダーゼとインベルターゼによってヘキソースに分解される．そして，UDP グルコースは主にデンプン合成に用いられる．デンプン分解で生じたヘキソースリン酸やヘキソースの一部はスクロースリン酸合成酵素によって再びスクロースに合成され，ヘキソースやスクロースは液胞内に蓄積す

第7章 成熟,老化の生理

る.糖を液胞内に運び込むには大きなエネルギーとトランスポーターが必要である.エネルギーは,プロトンATPaseやプロトンピロホスファターゼによって形成されたプロトン勾配に依存する.トランスポーターには,原形質膜に局在するスクローストランスポーター,ヘキソーストランスポーター,マンニトールトランスポーターおよびソルビトールトランスポーターがある.しかしながら,液胞膜に存在するトランスポーターの遺伝子は最近になって単離されたばかりである.また,エンドサイトーシスによってアポプラストのスクロースが液胞内に直接蓄積することが示された(Etxeberriaら,2005).

(3) 糖含量・組成の変動と品質
a.糖蓄積のタイプとその代謝酵素

果実には前述したように,スクロース蓄積型とヘキソース蓄積型とが存在する.例えば,トマト果実では,一般的な栽培品種はヘキソース蓄積型であるが,野生種にはスクロース蓄積型がある.また,メロン,カキ,イチゴ,ナシ,リンゴ果実なども品種によってスクロース蓄積型,ヘキソース蓄積型あるいはその中間型に分かれる.ナシの場合にはソルビトールも相当量蓄積するので,さらに複雑である.トマト果実のヘキソース蓄積型では,可溶性酸性インベルターゼ活性が成熟に伴って高くなり,転流してきたスクロースをヘキソースに分解するのでヘキソースの蓄積が多くなる.一方,スクロース蓄積型では,酸性インベルターゼ活性が成熟時でも弱く転流してきたスクロースをそのまま蓄積するため,スクロースリン酸合成酵素活性が弱くてもスクロースが多くなる(図7-12).このように,スクロースの蓄積は可溶性酸性インベルターゼ活性の高低に依存している.

メロン果実の多くのものは主にスクロースを蓄積するが,トマト果実のスクロース蓄積型とは異なる.さまざまな品種のスクロース含量とスクロース生成能(スクロースリン酸合成酵素活性-(スクロース合成酵素活性+可溶性酸性および中性インベルターゼ活性))との関係をみると,スクロース生成能が高くなるほどスクロース含量が多くなっている(図7-13).すなわち,スクロー

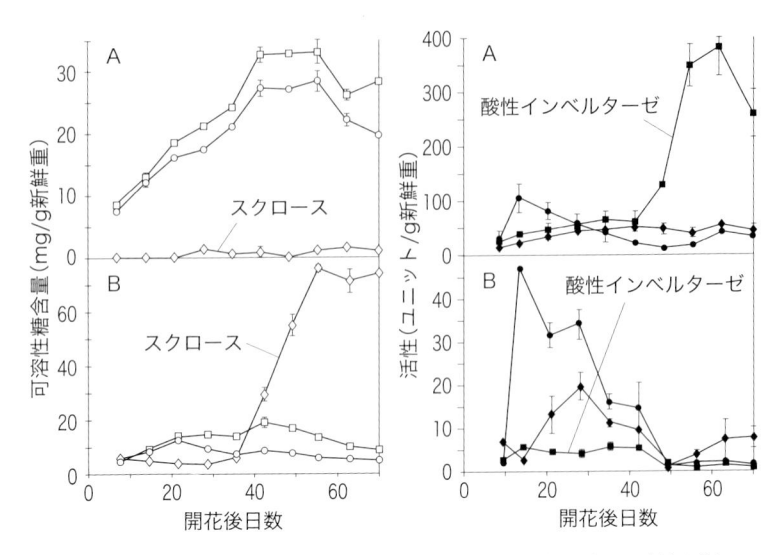

図7-12 ヘキソース／スクロース蓄積型トマト果実の成長と糖組成およびスクロース代謝関連酵素活性の変動

A：*Lycopersicon esculentum*（栽培種），B：*Lycopersicon peruvianum*（野生種）．□：フルクトース，○：グルコース，◇：スクロース，■：酸性インベルターゼ，●：スクロース合成酵素，◆：スクロースリン酸合成酵素．栽培種トマト果実は成熟に伴って酸性インベルターゼ活性が顕著に上昇し，スクロースは蓄積しない．野生種では酸性インベルターゼ活性は上昇せず，転流してきたスクロースが蓄積する．（Stommel, J. R. et al., 1992 より作図）．

スリン酸合成酵素活性と強い相関がみられた．このことより，メロン果実においてスクロースの蓄積はスクロースリン酸合成酵素活性の強さに依存する．

モモ果実の場合には，ほとんどの品種において糖の80％以上がスクロースである．このスクロースは成熟時のスクロース合成酵素活性の上昇によってもたらされ，スクロースリン酸合成酵素活性はあまり寄与しない（Moriguchi ら，1992）．

ナシ果実の場合には品種によってヘキソース蓄積型，スクロース蓄積型，そしてその中間型が存在し，スクロース合成酵素とスクロースリン酸合成酵素活性の成熟時での上昇と強い相関を示し，酸性インベルターゼ活性の減少とは弱い相関を示した．すなわち，主にスクロース合成酵素とスクロースリン酸合成

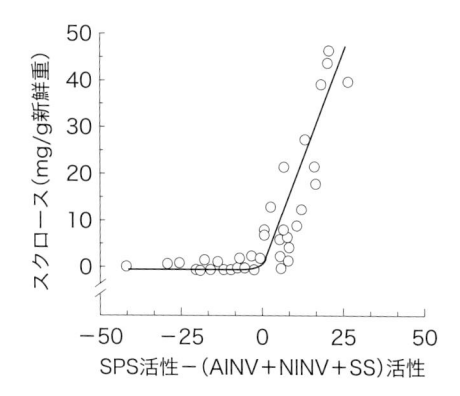

図7-13 スクロース合成活性とスクロース蓄積量の関係

SPS：スクロースリン酸合成酵素，AINV：酸性インベルターゼ，NINV：中性インベルターゼ，SS：スクロース合成酵素．スクロース生成能(SPS活性−(SS活性＋AINV活性＋NINV活性))が0以上になるとスクロースが蓄積し，その蓄積量は生成能に比例する．(Hubbard, N. L. et al., 1989より作図)

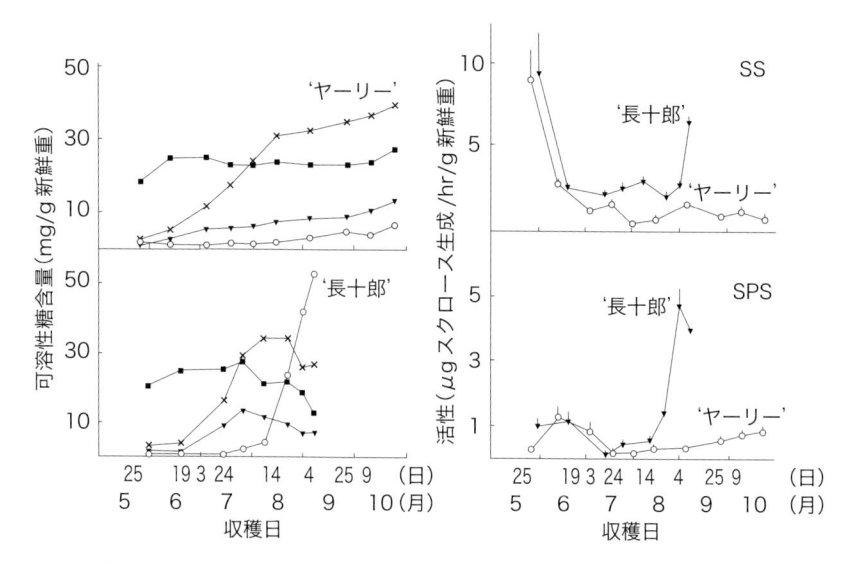

図7-14 ヘキソース/スクロース蓄積型ナシ果実の成長と糖組成およびスクロース代謝関連酵素活性の変動

果実の成熟に伴って，長十郎ではスクロース合成酵素(SS)とスクロースリン酸合成酵素(SPS)活性が上昇し，スクロースが蓄積する．しかし，ヤーリーは両活性とも上昇せず，スクロースも蓄積しない．○：スクロース，×：フルクトース，▼：グルコース，■：ソルビトール．(Moriguchi, T. et al., 1992より作図)

酵素活性の上昇によってスクロースが蓄積する（図7-14）．一般に，スクロース合成酵素はスクロースの分解方向に触媒するといわれているが，モモやナシ果実にはスクロース合成方向に反応が傾いたスクロース合成酵素のアイソザイムが存在し（Tanaseら，2000），それが成熟とともに発現するためスクロースを蓄積する．このように，果実でのスクロースの蓄積はさまざまな代謝経路を利用してなされている．

b．糖組成の変化と甘味

甘味は蓄積する糖の種類によってかなり異なる．スクロースの甘味度を100とするとフルクトース130，グルコース70，ソルビトース60程度になり，その甘味の質も異なる．それゆえ，どの糖を蓄積するかは品質にとって重要である．市販で用いられている転化糖はデンプンをアミラーゼ，マルターゼなどによってグルコースまで分解し，次に微生物由来の酵素（植物には存在しない）でグルコースをフルクトースに変換し，フルクトース/グルコース混液にすることで甘味を強くしている．すなわち，同量であればフルクトース含量を多くすることは甘味にとって有利である．ヘキソース蓄積型トマト果実の酸性インベルターゼ活性をそのアンチセンス遺伝子を導入することによって抑制したところ，スクロースを多く蓄積した（Klannら，1996）．すなわち，ヘキソース蓄積型をスクロース蓄積型に変換することによって，より甘いトマトを作出できた．これは，スクロースをヘキソースに分解しないことによって浸透圧の上昇を抑え，より多くの糖を蓄積することができたためと考えられる．しかしながら，スクロースリン酸合成酵素遺伝子を導入して過剰発現させたトマトでは，果実へのスクロースのアンロードは高まったが，スクロースの蓄積の増加はほとんどみられなかった（Nguyon-Quocら，1999）．このことは，トマトでは酸性インベルターゼがヘキソース/スクロースのkey酵素であることによることを示す．メロン果実ではスクロースリン酸合成酵素，モモ果実ではスクロース合成酵素，ナシ果実ではその両方の酵素がスクロース蓄積のkey酵素であるので，それらを活性化することによってスクロース含量を増加できるかもしれない．トマト果実のフルクトースの蓄積にはフルクトキナーゼの活性抑制も

役割を果たしている（☞第6章2.3)「転流糖の変換と代謝調節」）ので，調節の対象となる．ナシ果実などはソルビトールを相当量蓄積しているので，これをソルビトール脱水素酵素によってフルクトースに変換して蓄積できれば甘味が増すであろう．

c．糖蓄積の調節

　前述した糖代謝酵素は，さまざまな環境因子によって調節を受ける．例えば，キウイフルーツのスクロースリン酸合成酵素は低温によって発現が促進される．スクロース合成酵素には，無酸素あるいは低酸素によって発現が誘導されるアイソザイムがある．液胞型酸性インベルターゼには無酸素状態ではむしろ発現の抑制を受け，傷害により発現が誘導されるアイソザイムがある．そして，アブシジン酸によって発現が誘導されるアイソザイムも存在する（Roitschら，2004）．エチレンは多くの果実の成熟の引き金となるが，ここに述べた酵素のエチレンによる調節は認められていない．また，糖代謝酵素には糖の存在によりその発現が誘導されるもの，あるいは糖がなくなると発現が誘導されるものがあり（Koch，2004），マンニトール脱水素酵素（Perataら，1997）やソルビトール脱水素酵素（Archbold，1999；Iidaら，2004）も糖による調節を受けている（☞第6章2.3)「転流糖の変換と代謝調節」）．

(4) 今後の問題点

　以上に述べたように，糖の含量そして組成は，果実の成長や品質に大きな影響を及ぼしており，それぞれの代謝酵素の酵素化学的性質およびその遺伝子についてのより詳細な解析を進展させることが必要である．さらに，集積される糖の種類は比較的少なく単純であるが，スクロースの蓄積にみられるようにさまざまな経路があり，しかも種や品種によって異なっているため，それぞれについてその集積機構を明らかにすることが求められる．また，ここで述べた糖は最終代謝産物ではないので，その代謝経路の1つの酵素活性を変化させることがその代謝経路全体に大きな影響を与えることが考えられる．また最近では，糖がシグナル物質として働き，さまざまな遺伝子を制御していることも知

られている．このように，園芸分野での糖集積機構は遺伝子レベルでの研究が始まったばかりであり，前記の研究を展開して遺伝子レベルであるいは環境因子によって糖代謝を制御する道を開くことによって，現場への応用が期待できる．

4）有機酸の組成および集積機構

有機酸の量と組成は，果実の品質にとって非常に重要な要因であることはよく知られている．酸味が強すぎても弱すぎても品質を低下し，適度な酸味が要求される．それゆえ，いかに減酸あるいは酸を維持するかについての研究がなされてきた．また近年，果実や野菜はミネラルを多く含有することで注目されているが，有機酸は液胞内に蓄積し，カリやカルシウムなどのミネラルを結合型有機酸として液胞内に保持し，ミネラルの蓄積に重要な役割を果たすことが知られている．さらに最近では，根より有機酸の分泌を高め，アルミニウム耐性や不溶態リン酸の効率的利用など，作物の環境耐性の面からも研究が展開されている．

(1) 有機酸の種類と組成

果実や野菜に最も広く分布している主要な有機酸は，クエン酸（citric acid），リンゴ酸（malic acid），少量含まれるものはコハク酸，フマル酸，2オキソグルタル酸，キナ酸などであり，酒石酸（tartaric acid）やシュウ酸（oxalic acid）は特定の作物に特異的に比較的高濃度に存在する．有機酸の組成は作物種や発育段階で大きく異なる．例えば，カンキツ類では有機酸の大部分はクエン酸（90％以上），リンゴではクエン酸の蓄積は少なく大部分はリンゴ酸（90％以上）である．これに対して，モモはリンゴ酸とクエン酸の両方を多く含んでいる．さらに，ブドウはリンゴ酸と酒石酸をほぼ同量含み，クエン酸をほとんど含まない（表7-3）．発育段階においても，カンキツ果実では開花後2ヵ月程度はあまり有機酸を蓄積しないが，70日目頃より急激にクエン酸を蓄積し，その後成熟に伴って徐々に減少する（Hirai，1977）．モモ果実では，開

第7章 成熟，老化の生理

表7-3 数種の果樹における成熟果実の主要な有機酸の含量

	リンゴ酸	クエン酸	酒石酸	シュウ酸	フマル酸
レモン	245.3	5,102.0		5.6	2.8
バレンシアオレンジ	110.0	701.8		9.3	9.8
グレープフルーツ	44.1	996.7		6.5	1.0
ウンシュウミカン	72.1	539.1		7.4	6.4
バナナ	409.7	113.2		4.6	3.2
ネクタリン	447.3	481.3		3.0	14.3
モモ	137.0	116.6		2.3	5.8
ブドウ	257.6	25.3	220.5	1.1	1.8
リンゴ	289.6	9.9			1.1
オウトウ	982.4	22.5			12.0

それぞれの酸含量は新鮮重100g当たりのmg．　　　　　　　　　　（山下市二ら，1974）

花後の成長初期段階では主にリンゴ酸を蓄積し，40日目頃に最大となり，その後減少する．そして，肥大成長期の80日目頃にクエン酸の蓄積が顕著となるとともに，リンゴ酸の蓄積が再び始まる．さらに，果実の成熟とともにクエン酸が急激に減少する（Moingら，2000）．ブドウでは開花後，リンゴ酸と酒石酸がベレゾーン期まで増加し続け，その後両酸は徐々に減少する（松井，1976）．

(2) 有機酸代謝酵素と蓄積機構
a．合成酵素について
ⅰ）クエン酸合成　クエン酸の主要な合成場所はミトコンドリアであり，ミトコンドリアに局在するクエン酸合成酵素（citrate synthase，アセチルCoA＋オキザロ酢酸→クエン酸＋CoA＋二酸化炭素を触媒）によって生成される（図7-15）．基質として利用されるアセチルCoAはTCAサイクル外のピルビン酸から供給されるが，オキザロ酢酸はTCAサイクルのメンバーであるため，生成されたクエン酸がミトコンドリア外に出てしまうとTCAサイクルメンバーの濃度が低下し，TCAサイクルが働かなくなる．それゆえ，オキザロ酢酸をTCAサイクル外から供給せねばならない．オキザロ酢酸はサイトゾルにおいてホスホエノールピルビン酸からホスホエノールピルビン酸カルボキシラーゼ（phosphoenolpyruvate carboxylase，PEPC）により生成さ

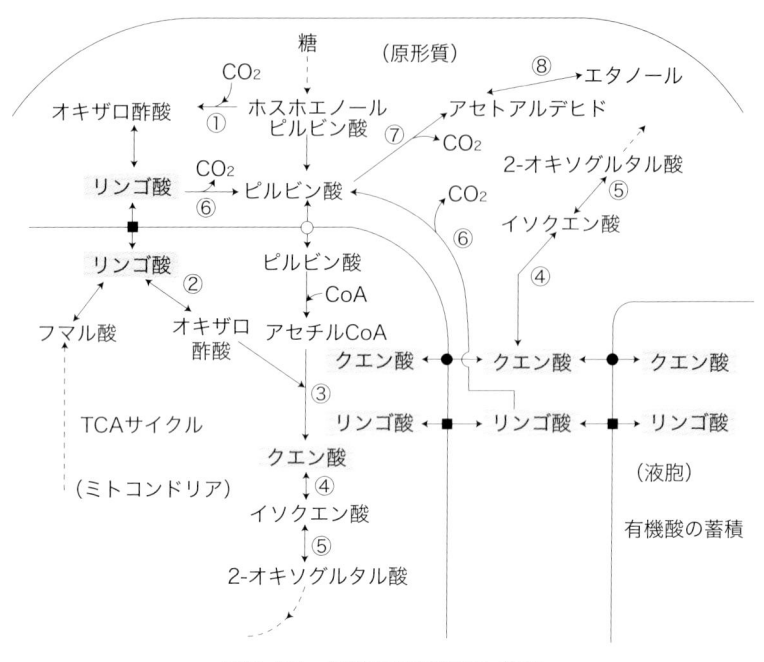

図7-15 有機酸代謝経路と蓄積
①ホスホエノールピルビン酸カルボキシラーゼ，②リンゴ酸脱水素酵素，③クエン酸合成酵素，④アコニターゼ，⑤イソクエン酸脱水素酵素，⑥リンゴ酸酵素，⑦ピルビン酸脱炭酸酵素，⑧アルコール脱水素酵素，■：リンゴ酸トランスポーター，●：クエン酸トランスポーター．

れ，ミトコンドリア膜のトランスポーターによってミトコンドリア内に供給される．あるいは，サイトゾルに存在するリンゴ酸脱水素酵素（cyt-malate dehydrogenase, cytMDH）によってリンゴ酸となり，トランスポーターによってミトコンドリア内に供給される．このように，クエン酸を蓄積するためには，どうしてもホスホエノールピルビン酸からのバイパスによるオキザロ酢酸の供給が必要となる．

　クエン酸合成酵素はクエン酸合成の主要な酵素であるため，減酸する目的でその酵素の阻害剤であるヒ酸の効果が調べられた．その結果，あまり顕著ではないが減酸の傾向がみられた．また，最近ではタバコにクエン酸合成酵素遺伝子を導入し，その活性を数倍に増加させたところクエン酸合成量が増加し，根

からのクエン酸の分泌量が数倍に増加した．その結果，アルミニウム毒性に耐性となり，また不溶態リン酸の利用効率も上昇することが示された（de la Fuente ら，1997；Lopez-Bucio ら，2000）．これによって，クエン酸合成酵素がクエン酸合成に重要な働きをしていることが明らかとなった．しかしながら，カンキツやモモ果実を用いた研究では，例えば acidless カンキツ（normal acid カンキツの突然変異）のクエン酸合成酵素遺伝子は正常で，mRNA も正常に発現していることから，クエン酸合成酵素はクエン酸合成に重要であるが必ずしもクエン酸合成・蓄積の制限要因ではないことが示された（Canel，1996）．では，どのステップが制限要因となっているのか．モモやカンキツ果実において，PEPC や cytMDH の活性化によってクエン酸の蓄積が増加する傾向が認められたが，acidless 果実においても同様な傾向が認められたため，これらが制限要因ではない．最近，カンキツ果実においてミトコンドリアのアコニターゼ（Mt-aconitase）（Sadka ら，2000）とイソクエン酸脱水素酵素（Mt-isocitrate dehydrogenase，MtICDH）の活性低下がクエン酸の蓄積を生じることが示された．すなわち，クエン酸合成には PEPC，cytMDH，MtMDH，そしてクエン酸合成酵素の活性化が必要であるが，クエン酸の蓄積には Mt アコニターゼと MtICDH 活性の低下が必要であり，これが制限要因の 1 つであることがわかった．

　ⅱ）**リンゴ酸合成**　　リンゴ酸合成は，基本的にはクエン酸合成と同様の経路を利用する（図 7-15）．すなわち，リンゴ酸が TCA サイクルメンバーであるため，ミトコンドリア内で TCA サイクルを利用して生成されるためには，外部からの基質の供給が必要である．そのため，フマール酸からフマラーゼによって生成されるのではなく，クエン酸と同様，サイトゾルのホスホエノールピルビン酸が PEPC によってオキザロ酢酸になり，それがトランスポーターによってミトコンドリアに入り MtMDH によってリンゴ酸に変換される．あるいは，サイトゾルにおいてもオキザロ酢酸から cytMDH によってリンゴ酸が生成され供給される．

　ⅲ）**そのほかの有機酸**　　酒石酸はオキザロ酢酸より酒石酸脱水素酵素に

よって生成される．シュウ酸は主にグリオキシル酸から乳酸脱水素酵素によって生成され，シュウ酸酸化酵素によって過酸化水素と二酸化炭素に分解される．また，コハク酸，フマル酸，2オキソグルタル酸はTCAサイクルを利用して合成される．

b．液胞への蓄積

クエン酸，リンゴ酸など有機酸のほとんどは液胞内に蓄積する．クエン酸やリンゴ酸を液胞内に蓄積するためには，前述したようにPEPC，クエン酸合成酵素，リンゴ酸脱水素酵素などがより活性化されることや，クエン酸の場合はMtアコニターゼやMtICDH活性が低下し，クエン酸代謝が抑制されることによることも考えられる．TCAサイクルに対して余剰となったクエン酸やリンゴ酸は，ミトコンドリア膜に存在するトリカルボン酸トランスポーターによってサイトゾルに運ばれる．これらの酸はサイトゾルには蓄積せず分解される．蓄積するためには液胞内に積極的に運び込まねばならない．その候補として液胞膜に局在するトランスポーターやチャネルが考えられるが，現在のところリンゴ酸のトランスポーターとチャネルが知られている（☞第6章2.5）「ポンプ，トランスポーター，チャネル」）．有機酸の液胞内への蓄積には，当然，液胞膜への透過段階が制限要因となるが，後述するように，サイトゾルの有機酸の分解活性の低下も，液胞への有機酸の蓄積の原因となるものと考えられる．

c．有機酸の分解

ミトコンドリアで合成されたクエン酸，リンゴ酸はTCAサイクルメンバーとしてミトコンドリア内で恒常的に分解される．しかし，一度液胞内に貯蔵された有機酸は液胞内では分解されず，主にサイトゾルで分解される．カンキツ果実においてクエン酸の分解はcytアコニターゼやcytICDH活性の上昇（Sadkaら，2000）によって行われる．また，ブドウ，モモ果実において，リンゴ酸の分解はサイトゾルに局在するリンゴ酸酵素活性が高まることが原因の1つである．両酸が液胞外に搬出されるには，搬入と同様にトランスポーターやチャネルの存在が必要であり，その段階が分解の制限要因の1つとして考えられる．

(3) 有機酸代謝の調節

　果実が成熟するときには有機酸が分解し，酸味が減少することが知られている．特に，クライマクテリック型に属する果実や野菜では，エチレンによってリンゴ酸酵素（malic enzyme），ピルビン酸脱炭酸酵素（pyruvate decarboxylase）そしてアルコール脱水素酵素（alcohol dehydrogenase）の活性が誘導され，リンゴ酸がこの経路によって二酸化炭素とアルコールまで分解されて減酸し，同時に呼吸商の増大を導くことが知られている．また，傷害や輸送中の振動などの刺激によって一時的に呼吸活性が高くなり，それに連動してTCAサイクルの有機酸代謝酵素の活性が高くなることが考えられる．古くより，コハク酸脱水素酵素は高二酸化炭素条件下で阻害を受け，クエン酸合成酵素はヒ酸によって阻害を受けることが知られている．このように，有機酸代謝酵素の活性は果実および野菜の生育過程において，そして貯蔵・輸送中に生じるさまざまな環境条件によって変動し，品質に大きな影響を及ぼすことが知られている．

(4) 今後の問題点

　有機酸含量を調節することは，果実および野菜の品質にとって非常に重要である．しかし，有機酸含量を調節するためTCAサイクルの個々の酵素を制御することは，TCAサイクルがエネルギー供給に直接関与しており，それによって生育にとって根本的なさまざまな問題が引き起こされる可能性が考えられるため，効果は望めないであろう．それゆえ，より多くの有機酸を蓄積するためには，液胞への取込みを強化することが必要であろう．そのためには，トランスポーターやチャネルの研究の進展を待たねばならない．また，減酸のためにはサイトゾルでの分解経路の酵素の強化が適切であろう．それらの酵素の酵素学的特性や遺伝子レベルでのより詳細な解析が必要であろう．

5）軟化機構

　多くの果実では果肉組織が軟化することで可食状態となるが，商品として適

切な肉質を長く維持することは容易ではない．栽培現場では流通過程における品質低下を防ぐために，いわゆる「早採り」が行われたり，また，収穫後の保存状態によっては，果実は過熟状態となり軟化が進行して品質は著しく低下する．したがって，果実の軟化（softening）機構を解明し，それを制御することは果実品質を最適に保つうえで重要である．また，軟化現象と並行して，個々の果実における独特の肉質（texture，食感）が形成される．果実に求められる肉質はそれぞれ異なり，例えば，リンゴではシャキシャキとした歯触り（クリスピー）が要求され，ボソボソとした粉っぽさ（粉質性）は好まれない．モモやセイヨウナシではリンゴとは全く異なった肉質が要求される．このような点から，果実の軟化機構，さらに，肉質の形成機構を理解することは園芸学的に重要である．

　植物細胞の特徴として，細胞の周りに細胞壁が存在する．細胞壁の構造変化は植物の成長や発達，あるいは細胞や植物自体の形を決定する．果実の軟化も細胞壁を構成する多糖類の構造変化によって生じると考えられており，それには多くの細胞壁分解・代謝酵素が関与している．さまざまな種類の果実を比較すると，軟化のパターンやその肉質が異なっているように，果実細胞壁を構成する多糖類の変化やそれを触媒する酵素活性，遺伝子発現は個々の果実において共通の部分と独特な部分がある．細胞壁を構成する多糖類構造は非常に複雑なため，複数の細胞壁代謝酵素が互いに協力して働くことで，あるいは，ある特定の順序で作用することで，軟化を引き起こし，独自の肉質を形成する．これまでの研究では，軟化に伴う細胞壁多糖類の変化に着目したものと，その構造変化に関与する酵素に注目した研究が行われている．また，形質転換技術を利用して個々の代謝酵素の役割が明らかにされつつあるが，その全貌は未だはっきりとしていない．

(1) 細胞壁の構造と多糖類

　細胞壁は多糖類，タンパク質およびリグニンなどから構成されている．多糖類は最も多く含まれ，その種類もさまざまである．多糖類はその抽出方法

第7章 成熟，老化の生理

から，ペクチン，ヘミセルロースおよびセルロースに区分される．ペクチンはキレート剤（ethylenediamine-N,N,N',N'-tetraacetic acid，EDTA や $trans$-1,2-diaminocyclohexane-N,N,N',N'-tetraacetic acid, CDTA）や炭酸ナトリウムによって抽出される多糖類成分であり，果実細胞壁ではペクチンの割合が最も高く，特に成熟・軟化時に劇的な変化が生じる．キレート剤によって抽出されるペクチン成分は，ほかの細胞壁多糖類とは共有結合していない．また，炭酸ナトリウムは脱エステル化によってほかの細胞壁多糖類と共有結合している成分を抽出する．ペクチンはホモガラクツロナン（ポリガラクツロン酸）やラムノガラクツロナンが主成分で，酸性糖であるガラクツロン酸を主成分としている（図7-16）．ホモガラクツロナンはガラクツロン酸が α-(1→4) 結合した多糖類であり，未熟な果実ではそのカルボキシル基の大部分はメチルエステル化されている．また，脱メチルエステル化されたカルボキシル基の一部はカルシウムを介して互いにクロスリンクしており，これがペクチンの見かけの大きさを大きくしており，また，キレート剤によって抽出される理由でもある．ホモガラクツロナンのガラクツロン酸の一部はラムノースに置換されている．このラムノースからはアラビノガラクタン（タイプI）からなる側鎖が枝分かれしている．これをラムノガラクツロナンIと呼んでいる（図7-17）．アラビノガラクタンは β-(1→4) 結合したガラクトースからなるガラクタン主鎖（(1→4)-

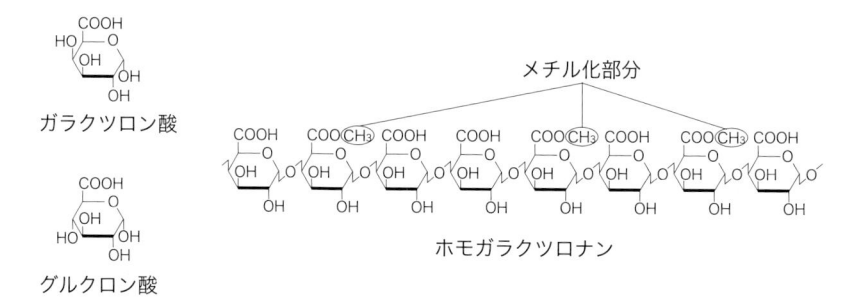

図7-16 ペクチンを構成する主な糖（ウロン酸）とホモガラクツロナン
（(1→4)-α-ガラクツロン酸の繰返し構造）
ガラクツロン酸の一部はメチルエステル化されているが，その程度は果実の成熟過程で変化する．

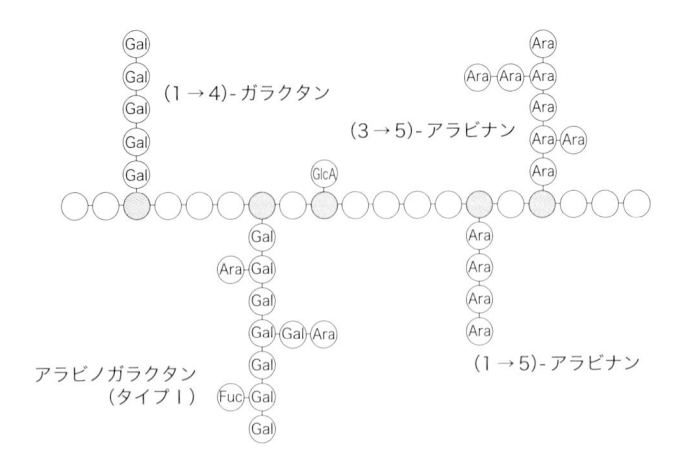

図7-17 ラムノガラクツロナンIの構造
○ガラクツロン酸, Galガラクトース, GlcAグルクロン酸, ⬤ラムノース, Araアラビノース, Fucフコース．(1→4)-α-ガラクツロン酸-(1→2)-α-ラムノースの繰返し構造を基本骨格とし(ラムノースの割合は20〜80%，実際にはラムノース部分で折れ曲がりが生じる構造をとる)，ラムノース残基から中性糖(主にガラクトースとアラビノース)からなる側鎖を分枝する．

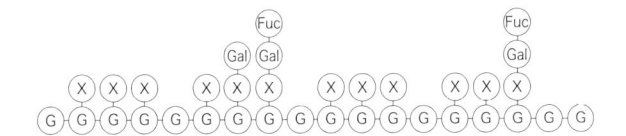

図7-18 キシログルカンの構造
Gグルコース，Galガラクトース，Xキシロース，Fucフコース．(1→4)-β-グルカンを主鎖とし，グルコースのO-6の位置がキシロースに置換されている(α-(1→6))．キシロース残基からはガラクトース，そしてフコースが結合している．

β-ガラクタン)にアラビノースが結合したもので，ガラクトースのO-3位がアラビノースで置換されている．アラビノースはα-(1→5)結合したアラビナンとしても存在する．ラムノガラクツロナンIは高度に枝分かれした構造をとっており，ホモガラクツロナンのsmooth regionに対してhairy regionと呼ばれている．また，ラムノガラクツロナンIとは構造的に異なるラムノガラクツロナンIIと呼ばれる側鎖多糖類もホモガラクツロナンから分枝し，アラビノースやガラクトース以外に，アピオースやフコースなどの糖が一定の結合で

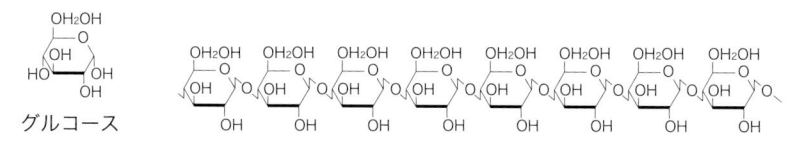

図7-19 セルロースの構造
(1→4)-β-グルコースの繰返し構造をとる．セルロース分子同士は水素結合で接着し，一部結晶構造をとる．

側鎖を構成している．ラムノガラクツロナンIIはホウ素を介した複合体を形成して，ペクチンの架橋や細胞の接着に関与しているとされている．

ペクチンの抽出後に弱アルカリあるいは強アルカリによって抽出される多糖類成分をヘミセルロースと呼んでいる．弱アルカリではグルコマンナンやグルクロノアラビノキシランなど，細胞壁中で緩く結合している多糖類成分が抽出される．また，強アルカリではセルロース繊維との水素結合を破壊することで，強く結合している多糖類成分が抽出される．単子葉植物ではアラビノキシラン，双子葉植物ではキシログルカンがその主成分である（図7-18）．キシログルカンはβ-(1→4)結合したグルカン主鎖のグルコース残基にキシロースがα-(1→6)結合している．また，キシロース残基にはガラクトースやフコース残基が結合しており，その割合は植物種によって異なる．連続的な抽出による残さがセルロースで，セルロースはグルコースがβ-(1→4)結合したグルカンからなり，このグルカン鎖が束になり，セルロース微小繊維を形成している（図7-19）．セルロース微小繊維の一部とキシログルカンは水素結合し，微小繊維同士を架橋している．

(2) 軟化に伴う多糖類の変化とそれに関連する酵素

果実の成熟や軟化時にはこれらの細胞壁多糖類，特にセルロースを除いたマトリックス多糖類の量的，質的変化が生じる．その結果，多糖類同士の結合が変化し，機械的強度の低下や細胞同士の分離，細胞壁そのものの緩みなどが生じ，軟化や肉質の変化が起こる．果実の種類によって異なるが，おおむね以下の順序で多糖類の変化が起こるとされている．

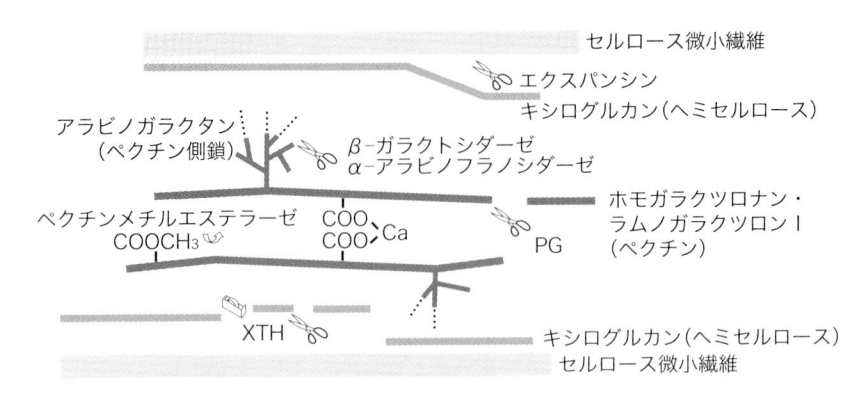

図7-20 細胞壁構造の模式図と細胞壁分解・代謝酵素
果実成熟時にβ-ガラクトシダーゼやα-アラビノフラノシダーゼの働きによってペクチン側鎖やヘミセルロースから中性糖が遊離し，ペクチンの可溶化が起こる．一方，キシログルカンの低分子化も生じる．ペクチンメチルエステラーゼによって脱メチル化されたペクチン（ガラクツロナン）はPGの働きによって低分子化する．実際の細胞壁構造はもっと複雑である．

　成熟および軟化の初期段階では，ペクチンのラムノガラクツロナンIからガラクトースが遊離する．また，キシログルカンが低分子化する．また，アラビノースの消失がみられ，ペクチンは可溶化する．メチルエステル化されていたホモガラクツロナンは事前に脱エステル化が進み，ポリガラクツロナーゼによって加水分解され低分子化する．ペクチンの低分子化は成熟の初期から始まるが，主に成熟後期に大きく起こる．セルロースの変化は比較的少なく，トマトではマトリックス多糖類でみられるような低分子化はみられない．しかし，アボカドでは成熟時に非結晶性のセルロースの消失が観察されている．これらの変化を触媒する酵素について以下に述べる．図7-20に細胞壁構造の模式図と各種多糖類と細胞壁分解・代謝酵素の関係を図示した．

a．ポリガラクツロナーゼ

　ポリガラクツロナーゼ（polygalacturonase，PG）はペクチンの主鎖を構成するポリガラクツロン酸を加水分解し，低分子化させる酵素である．エキソ型PGとエンド型PGが知られているが，特にエンド型PGがポリガラクツロン酸をランダムに加水分解し，成熟時のペクチンの低分子化に関与する．PGは果

実軟化との関係について最も研究されている酵素で,形質転換によって軟化との関係を明らかにされた最初の酵素である.PG 活性の上昇やタンパク質の蓄積,遺伝子の発現は,軟化の程度とよく一致する.一方,成熟現象が抑制された rin(ripening inhibitor)トマトではその活性は検出されない.PG タンパク質を精製し,in vitro における細胞壁分解活性を調べると,軟化時のペクチンの変化によく対応する.また,PG のプロモーター領域にはエチレンによって転写が活性化されるシーケンスを有し,低濃度のエチレンでも発現が誘導される.このようなことから,1980 年代後半頃までは PG は成熟時に新規に合成され,軟化を引き起こす主要因であると考えられていた.

b.ペクチンメチルエステラーゼ

未熟な果実ではペクチンを構成するガラクツロン酸のカルボキシル基はメチルエステル化されている.トマトの緑熟果では,約 90％のポリガラクツロン酸がメチルエステル化されており,成熟果では 35％まで減少する(Koch and Nevins, 1989).ペクチンメチルエステラーゼ(pectinmethylesterase)はこの脱エステル化に働く.PG はメチルエステル化されているポリガラクツロン鎖を直接加水分解することができず,あらかじめペクチンメチルエステラーゼによって脱エステル化されている必要がある(Carpita and Gibeaut, 1993).脱エステル化は前述のようにペクチン同士のカルシウム架橋にも貢献する.

c.β-ガラクトシダーゼ

多くの種類の果実において,成熟時に多糖類側鎖を構成するガラクトース残基が消失する(Gross and Sams, 1984).ガラクトースの遊離はペクチンの低分子化よりも先に起こり,ペクチンの可溶化に関与していると考えられている.これまでのところ高等植物からはエンド型のガラクトシダーゼ(ガラクタナーゼ)がみつかっておらず,β-ガラクトシダーゼ(β-galactosidase あるいはエキソガラクタナーゼ)がこの遊離に働いていると考えられている(Smith and Gross, 2000).ガラクトースは β-(1→4)ガラクタンや β-(1→3),(1→6)ガラクタンの形で存在しており,基質特異性の異なるアイソザイムがそれぞれのガラクタン鎖を加水分解する.軟化時には主に β-(1→4)ガラクタン

からガラクトースが遊離し，数種のアイソフォームのうち，トマトではβ-ガラクトシダーゼIIが，ニホンナシやアボカドではβ-ガラクトシダーゼIIIがこれに関与している．また，アイソフォームによっては人工基質（p-nitrophenyl β-D-galactopyranoside）に対するガラクトース残基の遊離活性を有していても，生体基質（多糖類）からのガラクトース残基の遊離能力の低いものも存在する（Pressey，1983；Kitagawaら，1995；Tateishiら，2001a）．遺伝子としてトマトやイチゴ，ニホンナシなどからそれぞれ3〜8つのβ-ガラクトシ

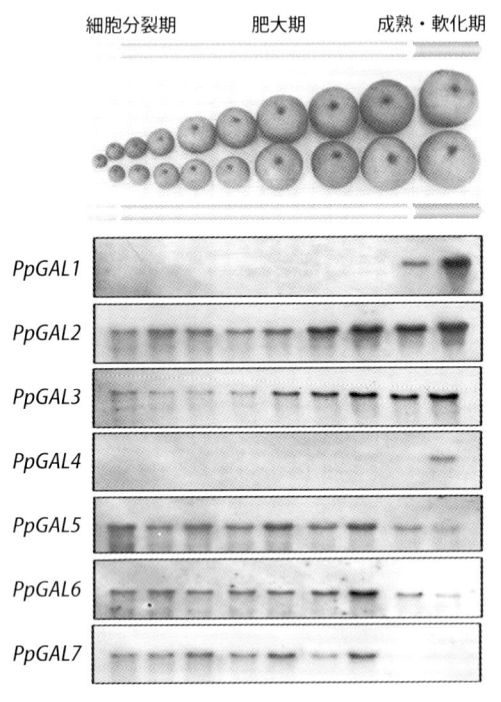

図7-21 ニホンナシ'豊水'果実の成長および成熟に伴う7つのβ-ガラクトシダーゼアイソザイムの発現変動

各遺伝子の特異的プローブによるノーザン解析．PpGAL1，PpGAL2，PpGAL3およびPpGAL4は葉やシュートでの発現がみられず，PpGAL1とPpGAL4は果実の成熟および軟化に，PpGAL2とPpGAL3は果実の肥大ならびに成熟に関与していると考えられる．PpGAL5，PpGAL6およびPpGAL7は葉やシュートでの発現もみられ，植物組織の急激な肥大に関与していると考えられる．（Tateishi, A. et al., 2005を一部改変）

第7章 成熟, 老化の生理 *221*

ダーゼアイソザイムがクローニングされている. ニホンナシから精製された β - ガラクトシダーゼⅢ (軟化時に活性上昇を示し, 多糖からのガラクトース遊離活性が高い) の N 末端のアミノ酸配列から PpGAL1 (JP-GAL) が本酵素 (β - ガラクトシダーゼⅢ) をコードし, その発現は成熟果実特異的である (Tateishi ら, 2001b). β - ガラクトシダーゼ活性は果実の成長や成熟を通して検出され, 実際にさまざまなアイソザイムの発現がみられる (Tateishi ら, 2005 ; 図 7-21). これらのアイソザイムはエチレンによる異なった制御を受けている (Mwaniki ら, 2005).

d. α- アラビノフラノシダーゼ

ガラクトースの遊離と同様に, 成熟時におけるアラビノースの遊離もいくつかの果実種で観察される. α - アラビノフラノシダーゼ (α-arabinofuranosidase) はペクチン側鎖やヘミセルロースを構成するアラビノースの遊離に関与していると考えられている. 現在までのところ, 高等植物由来の α - アラビノフラノシダーゼ活性を持つタンパク質は, そのアミノ酸配列から glycoside hydrolase ファミリー 51 と 3 に分類される. いくつかの α - アラビノフラノシダーゼはキシロース残基の遊離活性 (β - キシロシダーゼ活性) も同時に有する 2 機能性の酵素であるが, アラビノースやキシロースから構成される多糖類に対する反応は異なり, ファミリー 51 の α - アラビノフラノシダーゼはアラビノキシランから, ファミリー 3 はアラビナンからのアラビノース遊離活性が高い. 特に, ファミリー 3 に分類される酵素はその基質特異性が広範に及ぶことから, 現在, 各酵素の生体内基質が何であるかという点が注目されている. 果実における発現解析から, ファミリー 51 に属する α - アラビノフラノシダーゼはトマトでは未熟果で, イチジクでは成熟果で発現しており, ファミリー 3 ではアイソザイムごとに異なった発現パターンを示す (Itai ら, 2003 ; Owino ら, 2004 ; Tateishi ら, 2005). それぞれの果実軟化における役割はまだ明らかにされていない.

e. エンド型キシログルカン転移酵素

エンド型キシログルカン転移酵素 (xyloglucan endotransglycosylase, XET

または EXTG) は，キシログルカン鎖を加水分解し（キシログルカンの加水分解活性（xyloglucan hydrolysis, XEH)），そのキシログルカン鎖をほかのキシログルカン鎖につなぎかえる働き（キシログルカンの転移活性（xyloglucan endotransglucosylation, XET)）を持つ酵素である．2つの別々のグループが，ほぼ同時期に本酵素を発見した（Smith ら，1991；Nishitani ら，1992)．活性からみると両者あるいはどちらかの活性を持つアイソザイムが存在し，これらは活性中心に対応するアミノ酸配列 Asp-Glu-Ile-Asp-Phe-Glu-Phe-Leu-Gly を有し，ファミリー内で保存されている．現在では，これらはエンド型キシログルカン転移酵素・加水分解酵素（xyloglucan endotransglucosylase/hydrolase, XTH) の名称で統一され，アラビドプシスでは 33 からのメンバーで構成されるジーンファミリーである（Rose ら，2002)．果実では，トマト，リンゴ，キウイフルーツの効果で高い活性が検出され，成長に伴って減少し，その後成熟時にやや増加する．それぞれ異なったアイソザイムによってコードされる．

f．エクスパンシン

エクスパンシン（expansin）は基質特異性とアミノ酸配列の相同性から α 型と β 型の 2 つのグループに分けられ，β-エクスパンシンは主に花粉に存在するアレルゲンとして研究されており，α-エクスパンシンが植物の成長や果実の軟化に関与する．エクスパンシンはセルロース微小繊維とキシログルカンとの間の水素結合を緩める働きがあると推定されており，その結果，細胞壁の loosening に関与していると考えられている．エクスパンシンにもアイソザイムが存在し，その多くの発現は植物組織の成長とよく一致する．果実からは，トマト，イチゴ，セイヨウナシなどから cDNA が単離されている（Rose ら，1997；Brummell ら，1999a；Civello ら，1999；Hiwasa ら，2003)．その中には，果実成熟時に特異的に発現するアイソザイムもあり，トマトでは果実の成熟時から過熟期にかけて *LeExp1* が発現，蓄積する．各アイソザイムはエチレンによる異なる発現制御を受けている．

g．セルラーゼ

一般的に，セルラーゼ（cellulase）活性はカルボキシメチルセルロースを基

質として測定が行われており，生体内のセルロース分解については疑問な点が多い．セルラーゼの生体内での基質はセルロースよりもむしろヘミセルロース，特にキシログルカンではないかといわれているが，よくわかっていない．アボカドやセイヨウナシでは果実の軟化に伴って活性が上昇する．遺伝子としては，トマトでは7つのクローンが単離され，果実の肥大初期や肥大終了時，あるいは，成熟時にそれぞれのアイソザイムの発現がみられる（Lashbrookら，1994；Gonzalez-Boschら，1996；Brummellら，1997）．

(3) 細胞壁代謝酵素と軟化との関係

個々の細胞壁分解酵素の役割について，軟化と活性との対応や in vitro における酵素と基質との反応性，遺伝子発現のパターンなどからその役割が考察されているが，形質転換が可能であるトマトを用いて個々の酵素の役割をより正確に評価できるようになった．

最初に調べられた細胞壁分解酵素は PG である．PG 活性の上昇パターンや本酵素タンパク質の分布と軟化程度，また，成熟特異的な遺伝子発現から PG が軟化の主要因であると考えられていたためであり，PG のアンチセンス遺伝子を導入したトマトが作出された．このトマトでは PG 活性がわずか 1% にまで抑制されたにもかかわらず，軟化を抑制することはできなかった（Sheehyら，1988；Smithら，1988）．また逆に，軟化の生じない rin トマトに PG 遺伝子を導入し，PG 活性を 60% まで回復させたトマトも作出されたが，果実の硬さ（compressibility）には変化が生じないことが示された（Giovannoniら，1989）．これらの結果から，PG は軟化の主要因ではなく，また，単独で軟化を誘導しないことが明らかとなり，別の酵素の関与も考えられるようになった．なお，PG のアンチセンスを導入したトマトはフレーバーセーバーという名で，1994 年にアメリカで遺伝子組換え食品第 1 号として販売されたものである．このトマトは，軟化の抑制効果はみられなかったが，日持ち性が向上し，輸送時の果実の裂果（cracking）が減少した．また，粘性が増大し，ジュースやペーストの加工に貢献することが示された（Schuchら，1991；Kramerら，

1992；Langleyら，1994）．このことは，PGは果実の軟化にはあまり関係ないが，肉質形成や果実成分の変化に働いていることを示している．

　PG以外にもペクチンメチルエステラーゼやXTH，セルラーゼの形質転換体が作出されている．ペクチンメチルエステラーゼの働きを抑えると，ポリガラクツロナーゼの作用を阻害し，結果的にポリウロニドの低分子化が抑制され，可溶性固形物含量や粘性を増大させるが，軟化程度はかわらない（Tiemanら，1992）．果実の成熟時に発現するXTHファミリーの1つ，*LeXETB1*のアンチセンスを導入したトマトでも果実の肉質や軟化は変化しない（de Silvaら，1994）．また，果実の成熟時に発現するセルラーゼを抑えても果実の軟化には影響しないことが示されている．

　形質転換を利用したこれまでの研究では，エクスパンシンとβ-ガラクトシダーゼの果実軟化への肯定的な影響が示されている（Brummellら，1999b；Smithら，2002）．トマトの成熟時に発現するエクスパンシン，*LeExp1*のアンチセンス導入体ではヘミセルロースの低分子化は変化しないが，成熟後期にみられるポリウロニドの低分子化が抑制され，それに伴って軟化程度もやや抑制される．一方，成熟期前から*LeExp1*を過剰発現させた形質転換トマトでは，ポリウロニドの低分子化には影響しないが，ヘミセルロースを低分子化させ，軟化を促進する（Brummellら，1999b）．このことから，ポリウロニドの低分子化にはエクスパンシンが前もって働くことが必要で，エクスパンシンの直接的な働きかどうかは不明であるが，ヘミセルロースが低分子化することが果実の軟化に必要な現象の1つであることを示している．また，トマトのβ-ガラクトシダーゼⅡをコードする*TBG4*のアンチセンス遺伝子を導入した形質転換体でも果実の軟化が抑制されることが示されている（Smithら，2002）．成熟時にみられるガラクトースの遊離は，ペクチンの低分子化のような細胞壁多糖類の劇的な変化とはいえないが，果実軟化には重要な役割を果たしていることを示している．エクスパンシンやβ-ガラクトシダーゼは，おそらく，多糖類の構造や構成糖を変化させ，ほかの細胞壁分解酵素がその基質へ到達（移動）することを容易にしたり，あるいは，基質側の感受性（反応性）を高め，結果

的に果実の軟化に貢献していると考えられる．

(4) 今後の問題点

　高品質の果実を常時，消費者に提供するためには，果実の軟化程度を適切にコントロールすることが必要である．一方で，世界には多種多様な果実が存在し，食べ頃となる軟らかさが異なるだけではなく，それぞれの果実に特有な肉質が形成され，それもまた，成熟過程や貯蔵中に変化する．軟化という果実全般に起こる現象の生理学的解明に加えて，個々の果実に特有な肉質形成機構を明らかにしていくことも園芸学としては重要であると考えられる．現時点では，人間が感覚的に捉える微妙な肉質の変化を機械的な測定で適切に評価することは難しく，客観的な評価方法を開発することも必要であろう．

　細胞壁の劇的な変化は成熟時に観察されるが，その構築は，受粉後の細胞分裂期や細胞肥大期にも行われており，それが最終的な肉質形成や軟化過程に影響する可能性も考えられる．また，個々の細胞壁分解・代謝酵素の役割は明らかになりつつあるが，実際にはそれらのコラボレーションによって軟化が誘導される．複数の酵素を同時に解析することで，軟化現象全体がより明確になると思われる．一方，昨今，分子生物学の手法が発達し，関連酵素の遺伝子が数多くクローニングされている．しかしながら，その機能については微生物などに由来する配列とのホモロジーによる推定が多い．各遺伝子によってコードされるタンパク質の生体内での活性や基質についても明らかにする必要がある．

6) 着 色 機 構

　果実の着色は，品質を決定する要因の1つとしてたいへん重要である．特に，トマト，リンゴ，モモ，ブドウなどでは着色の善し悪しが市場価値を左右するため，着色のコントロールや制御機構について多くの試験や研究がなされてきており，栽培技術の開発が行われてきている．例えば，リンゴなどの栽培現場では，着色を向上させるために反射マルチや袋がけ，玉まわし，葉摘みなどといった作業が行われており，ブドウの栽培現場では根域栽培や環状剥皮なども

行われている.

　果実に含まれる色素には，主に赤や紫などの色を呈するアントシアニン（anthocyanin），オレンジ色や黄色を呈するカロテノイド（carotenoid），緑色を呈するクロロフィル（chlorophyll）などがある．近年，アントシアニンやカロテノイドは，色合いだけでなく，その機能性が注目されており，園芸分野のみならず，食品科学や，医学の分野でもさかんに研究が行われている（Fauconneau ら，1997）.

（1）アントシアニン

　アントシアニンは，赤色系・黒色系ブドウや赤色系リンゴ，モモ，オウトウ，イチゴなどの果実に多く含まれるフェノール化合物である．アントシアニンは，アグリコンであるアントシアニジンと糖が結合した化学物質が基本の骨格となり，それにメチル化やアシル化などの修飾がなされる（図 7-22）．アントシアニジンの種類や糖の種類と数，また修飾のされ方によりさまざまな色調を持つ多くの種類のアントシアニンが生成されるため，その種類は植物が生成する色素の中で最も多い．また，植物種や同一植物でも組織や発育段階により含まれるアントシアニンは異なることが多い（林，1988；植物色素研究会，2004）．果実に含まれるアントシアニンの種類には，アントシアニジンの種類により，シアニジン系，デルフィニジン系，マルビジン系，ペオニジン系などがある（図 7-23）．さらに，フラボンなどとのコピグメンテーション，金属イオンとの錯体形成，アントシアニンが蓄積する液胞の pH などにより色調が異なってくるほか，ブドウの果皮などでは，アントシアニンが縮合したアントシアノプラストが液胞内に生成されることが知られている．アントシアノプラストの分布や局在などによっても果実の色調は異なってくる．近年，アサガオの花弁色の変異体を用いた研究により，Na^+/H^+ トランスポーターがアサガオ花弁の

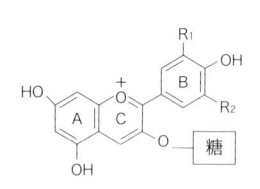

図7-22 アントシアニンの基本骨格

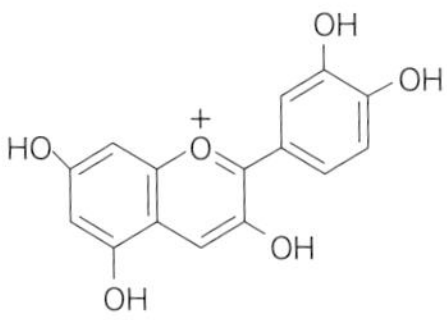

第7章　成熟，老化の生理

シアニジン
(cyanidin)

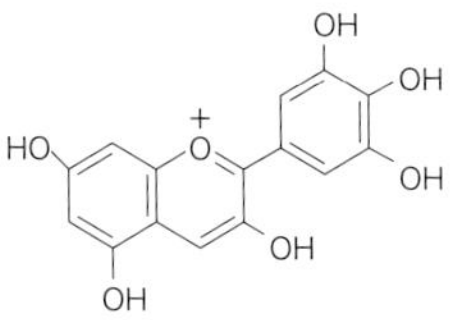

デルフィニジン
(delphinidin)

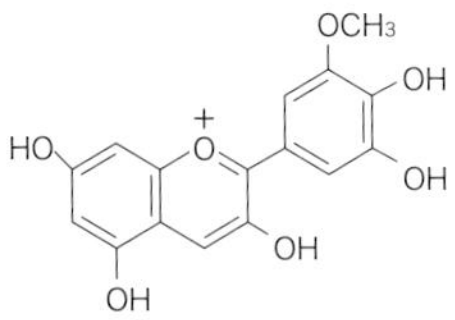

ペチュニジン
(petunidin)

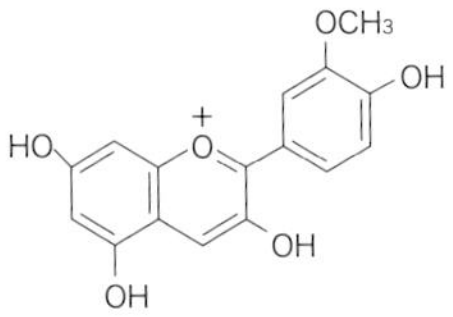

ペオニジン
(peonidin)

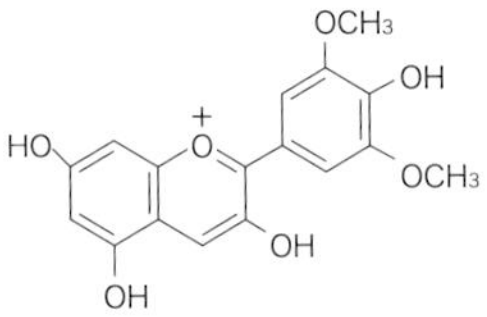

マルビジン
(malvidin)

図7-23 果実に含まれる主なアントシアニジンの構造

液胞内 pH を変化させ，その結果，花弁の色調が変化していることが明らかになった（Fukua-Tanaka ら，2000）．また，アジサイの花弁細胞の液胞内 pH を直接電極で測定した研究などからも，pH の色調に対する重要性が示されている（Yoshida ら，2003）．さらに，ヤグルマギクの花弁の青いアントシアニン，アジサイなどの研究などから，鉄，カルシウムやマグネシウム，アルミニウムなどの金属イオンが色素と結合して色調を調節していることが示されている（Shiono ら，2005）．果実でも，同様の調節機構が存在していると考えられる．

　アントシアニンの生合成経路については，花やシロイヌナズナ，トウモロコシの色素合成変異体の研究から，生合成酵素やその遺伝子，遺伝子発現調節因子が明らかにされてきた（Holton and Cornish, 1995）．果実の着色については，特にアントシアニンの蓄積が品質上重要であるリンゴやブドウ，イチゴなどで研究が盛んに行われ，アントシアニンの生合成経路が明らかにされた（Boss ら，1996；図 7-24）．アントシアニンはフェニルアラニンを前駆体としたフェニルプロパノイド経路を経て生成される．この経路の中間代謝産物か

```
                フェニルアラニン
                    ↓ PAL
                    ↓ CHS
  オーロン ←……… カルコン
                    ↓ CHI
  フラボン ←………フラバノン
                 ↓F3H ↓F3'H ↓F3'5'H
  フラボノール ←……┌─────────────┐
              │ ジヒドロフラボノール │
              └─────────────┘
                 ↓ DFR ↓      ↓
  プロアントシアニジン ←┌─────────────┐
              │ ロイコアントシアニジン │
              └─────────────┘
                 ↓ ANS ↓      ↓
              ┌─────────────┐
              │ アントシアニジン │
              └─────────────┘
  (糖の付加反応) ↓ 3-GT ↓     ↓
              ┌─────────────┐
              │ アントシアニン │
              └─────────────┘
              +メチル化, アシル化など
```

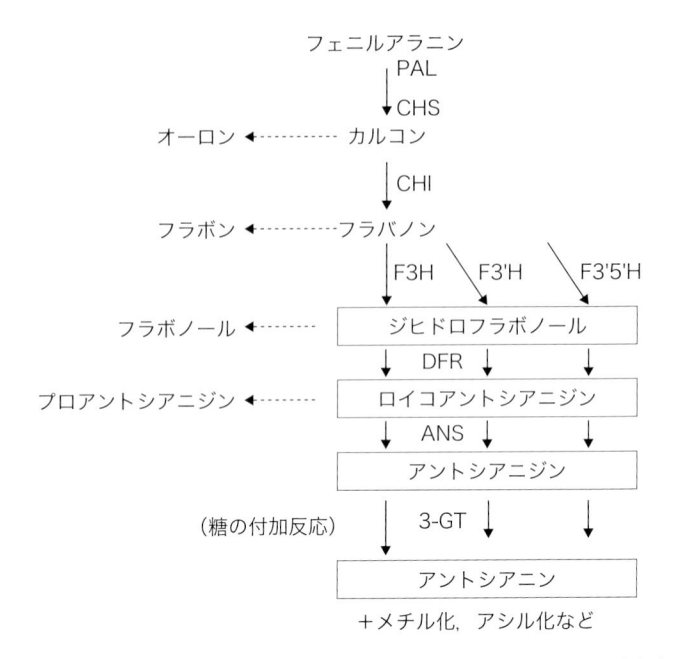

図7-24 アントシアニン生合成経路と主な代謝中間産物および酵素
PAL：フェニルアラニンアンモニアリアーゼ, CHS：カルコン合成酵素, CHI：カルコンイソメラーゼ, F3H：フラバノン-3-水酸化酵素, F3'H：フラボノイド-3'-水酸化酵素, F3'5'H：フラボノイド-3'5'-水酸化酵素, DFR：ジヒドロフラボノール還元酵素, ANS：アントシアニン合成酵素, 3-GT：フラボノイド-3-グルコース転移酵素.

ら生成されるものにはリグニンやファイトアレキシンなどがあるほか，フラボノール，プロアントシアニジンなど果実品質に影響を与える物質なども生成される．アントシアニンは，フェニルアラニンアンモニアリアーゼ(phenylalanine ammonia-lyase, PAL)，カルコン合成酵素（chalcone synthase, CHS），カルコンイソメラーゼ（CHI），ジヒドロフラボノール還元酵素（DFR），アントシアニン合成酵素（ANS），UDPグルコースフラボノイド3'-O-糖転移酵素（UFGT）など多くの酵素反応を経て合成される．これらの生合成酵素の遺伝子の単離が行われ，その発現様式や制御様式についても明らかになりつつある．例えば，ブドウの'巨峰'ではアントシアニジンに糖を付加するUFGT遺伝子が重要な働きをしているとされ，その遺伝子発現が*Myb*様転写調節因子（*VvmybA1*）に

より制御されていることが報告されている（Kobayashi ら，2004）. 彼らは，アントシアニンが合成されない黄緑色品種'イタリア'とその品種の赤色枝変わり品種である'ルビーオクヤマ'を用いて解析を行い，それらの果皮におけるアントシアニンの有無が，VvmybA1 遺伝子の発現により制御されていることを見出した（Kobayashi ら，2002）. さらに，その発現の制御が VvmybA1 遺伝子の 5' 上流に存在するレトロトランスポゾンの有無により制御されていることを明らかにしている（図 7-25，**口絵 9**）. これ以外にも，アントシアニン生合成酵素遺伝子の転写制御因子は数多く存在することが報告されており（Cone ら，1986；Stracke ら，2001），それらの発現を変化させた影響も明らかになりつつある. そのように，アントシアニンの生合成はその生合成経路の酵素，およびその遺伝子発現によってコントロールされている.

また，アントシアニンには，多くの種類が存在しそれぞれの色調が異なっているが，それを制御するメカニズムについても研究されている. 例えば，アントシアニン骨格の水酸基の数を制御し，アントシアニジンの種類をかえるフラボノイド -3'- 水酸化酵素（F3'H）やフラボノイド -3',5'- 水酸化酵素（F3'5'H），

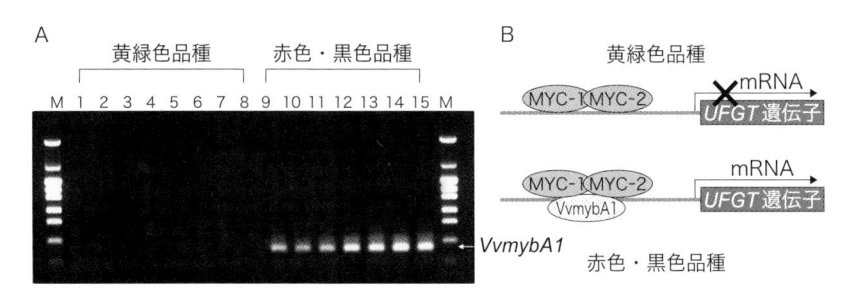

図7-25 ブドウの着色制御のメカニズム
A：黄緑色品種と赤色・黒色品種における VvmybA1 の発現. 黄緑色品種では VvmybA1 遺伝子の発現がみられない. 赤色・黒色品種では VvmybA1 遺伝子の発現がみられる. (Kobayashi, S. et al., 2004)
B：VvmybA1 によるアントシアニン生合成制御のメカニズム. 赤色・黒色品種では VvmybA1 が発現し，UFGT 遺伝子の発現を誘導することによりアントシアニンが合成される. しかし，黄緑色品種では VvmybA1 が発現していないため UFGT 遺伝子も発現せず，結果としてアントシアニンが合成されないと考えられる. UFGT：UDP グルコースフラボノイド 3'-O-糖転移酵素. （小林省蔵より）

メチル化，アシル化などのアントシアニンの修飾の制御に関与する遺伝子についても単離などが行われている．特に，黒色系ブドウやブルーベリーなどには多くの種類のアントシアニンが含まれているが，それらの果皮や果肉の色調にはさまざまな酵素が関与していると考えられる．

　また，アントシアニンの蓄積は，光や温度などの環境要因や窒素，糖，植物ホルモンなどによりアントシアニンの生合成レベルで影響を受けることが知られている．光がアントシアニン生合成を制御する機構については，フィトクロームなどの光受容体や，受容後の情報伝達系に関する研究が進んでおり，リンゴなどではUV-Bによりアントシアニン生合成系の遺伝子発現が増加することが報告されている（Ubiら，2006）．また，糖によるアントシアニン蓄積量の増加についても多くの報告があるが，近年，アントシアニン生合成関連酵素遺伝子のプロモーター領域に，糖のシグナルにより発現が誘導される配列なども見出されている（Tsukayaら，1991）．さらに，温度については，栽培現場では深刻な問題であり，アントシアニン生合成やそれらの遺伝子の転写制御因子である*myb*遺伝子が温度により制御されていることなどが報告されている．それらの制御には，アブシジン酸などの関与も示されているが（Yamaneら，2006），その制御機構については未だ不明な点が多い．温度に対する感受性は植物種や，品種により異なっており，安定した栽培には，それらの感受性に関する研究が必要であると考えられる．

　栽培現場では，着色を向上させるために，葉果比や光環境などの調整や環状剥皮などを行う．そのような技術は，生合成の基質である光合成産物の転流量を増加させ，果実へのアントシアニンの基質輸送が増加し，結果的に色素が多く蓄積すると考えられている．光合成産物の果実への輸送量は，光合成産物量だけでなく，栽培温度などにより分配が変化することでも生じる．このような果実（シンク器官）への光合成産物の分配率の制御は，まだ不明な点が多い．また，窒素などを多く施肥すると着色が悪くなることが知られているが，一方では，植物の必須元素である窒素やリン酸などが欠乏するとアントシアニン蓄積量が増加することがさまざまな植物で知られている．このように，アントシ

第7章　成熟，老化の生理

アニンは，植物が養分ストレス条件下に置かれた際にも増加する．しかしながら，高品質の果実を得るためには，植物体の生育も充実していなければ光合成，糖蓄積，各種アミノ酸，有機酸含量などに悪影響が出ると考えられるため，着色のよい高品質の果実を得るためには，適度な養分が必要であると考えられる．

以上のように，アントシアニンの生成と蓄積はその生合成系の酵素とその遺伝子発現，それらの遺伝子を制御する転写制御因子などの遺伝子発現制御が関与しているが，それらは光や温度，糖や植物ホルモン，各種元素などの影響を受けてコントロールされている．さらに，アントシアニン量は，生合成だけでなく分解や液胞への輸送においても制御されていることが明らかになっている．

(2) カロテノイド

カロテノイドは，藻類を含む植物全般に含まれるテルペノイド化合物であり，高等植物では，光合成を行う葉や茎に多く含まれている．また，トマト，トウガラシ，カンキツ類，マンゴー，ビワ，カキなどの果実にも多量に蓄積されているほか，花弁などに含まれ花色に影響する．カロテノイドは，直鎖状ポリエンで複数の共役二重結合を持つイソプレノイド化合物である．イソペンテニル-2-リン酸が重合したC_{40}化合物であるカロテノイドが狭義のカロテノイドであるが，そこから派生したC_{25}化合物のアポカロテノイドも広義のカロテノイドに含まれる．カロテノイド色素もアントシアニン色素と同様，その構造から100種類以上が知られており，その基本構造がCとHからなるカロテン（carotene）類とC，H，Oからなるキサントフィル（xanthophyll）類に分けられる．カロテノイドは，光合成の際の光捕集色素として重要であり，吸収した光エネルギーをクロロフィルに伝達するため補助色素（accessory pigment）とも呼ばれる．葉などの光合成器官ではルテインと呼ばれるカロテノイドが大量に含まれている．それらは一方で，光合成器官では過剰量の光から葉緑体の光障害を防御する物質としても働いているほか，青色光の受容に関与する可能性が示唆されている．また，ほかの植物色素と同様に，捕食者や授粉

を行う昆虫などに花や種子の存在を示すための色素として重要であると考えられる（Cummingham and Grantt, 1998）だけでなく，カロテノイドの派生物は，芳香性物質としてそれらの動物を誘引する．そのような代謝産物の1つに，ビオラキサンチンやネオキサンチンが代謝されて生成されるアブシジン酸があり，乾燥ストレス反応，低温耐性，種子の休眠など多くの生理現象になくてはならない働きをする．一方，β-カロテンなどのカロテノイドは，動物の体内に取り込まれるとビタミンAの前駆体に代謝され，その後ビタミンAになることから，動物に必須なビタミンの供給源として栄養学的に重視されてきた（Olsen, 1989）．さらに近年は，抗酸化作用，抗がん作用などを持つ機能性物質として注目されており，例えば，トマトの果実に多く含まれるリコペン（lycopene）については，近年抗がん作用，抗酸化作用に関する報告がたいへん増えている（Bartley and Scolnik, 1995）．

　葉や果実に含まれるカロテノイドの生合成は，イソプレノイド-2-リン酸（IPP）（C_5），またはそのアイソマーであるジメチルアリル-2-リン酸（DMAPP）（C_5）が重合しゲラニル-2-リン酸（GPP）（C_{10}）となり，その後もIPPが重合することにより，ファルネシル-2-リン酸（FPP）（C_{15}）やゲラニルゲラニル2リン酸（GGPP）（C_{20}）が生成される．GGPPの重合の結果，フィトエン（phytoen）（C_{40}）が生成され，それがカロテン類（α-カロテン，β-カロテン，ζ-カロテン，リコペン，キサントフィル類の前駆体となる（図7-26）．GGPPはジベレリンや，クロロフィルなどの生合成経路の基質でもある．そのGGPPからフィトエンの生成を行う酵素であるフィトエン合成酵素（phytoen synthase, PSY）は，カロテノイドの生成を制御するうえでたいへん重要な酵素といえる．実際に，トマトの果実成熟時に発現が上昇する遺伝子 *pTOM5* が，この酵素をコードする遺伝子 *Psy-1* であることが明らかになったのち，*Psy-1* をアンチセンス方向に導入したトマト果実では，カロテノイドが生成されない（Birdら，1991；Bramleyら，1992）ことが示されている．さらに，カロテノイドが成熟果実で生成されないトマトの突然変異体r，rでは *Psy-1* に変異があることが示されたことからも，カロテノイド生合成にPSYが必須であることが示さ

第7章 成熟,老化の生理

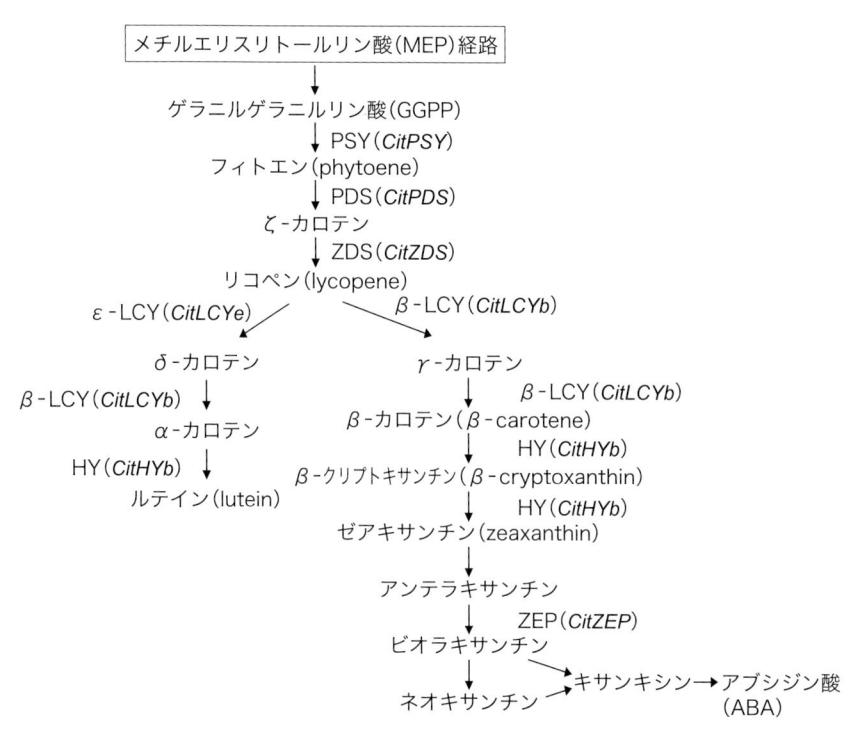

```
メチルエリスリトールリン酸(MEP)経路
        ↓
ゲラニルゲラニルリン酸(GGPP)
        ↓ PSY(CitPSY)
    フィトエン(phytoene)
        ↓ PDS(CitPDS)
    ζ-カロテン
        ↓ ZDS(CitZDS)
    リコペン(lycopene)
  ε-LCY(CitLCYe) /     β-LCY(CitLCYb)
      δ-カロテン        γ-カロテン
β-LCY(CitLCYb) ↓           β-LCY(CitLCYb)
      α-カロテン        β-カロテン(β-carotene)
   HY(CitHYb) ↓           HY(CitHYb)
      ルテイン(lutein)   β-クリプトキサンチン(β-cryptoxanthin)
                           HY(CitHYb)
                        ゼアキサンチン(zeaxanthin)
                           ↓
                        アンテラキサンチン
                           ZEP(CitZEP)
                        ビオラキサンチン
                        ↓         ↘
                     ネオキサンチン キサンキシン→アブシジン酸
                                              (ABA)
```

図7-26 カロテノイド生合成経路の主な中間代謝物質と酵素
( )内は,カンキツのそれぞれの酵素の遺伝子名.PSY:フィトエン合成酵素,PDS:フィトエン不飽和化酵素,ZDS:ゼータカロテン不飽和化酵素,LCY:リコペンシクラーゼ,HY:ヒドロキシラーゼ,ZEP:ゼアキサンチンエポキシダーゼ.

れた.フィトエンの合成後,フィトエン不飽和化に必要なカロテノイドイソメラーゼ(carotenoid isomerase, CRTISO)や,フィトエン不飽和化酵素(phytoen desaturase, PDS)などの生合成酵素とその遺伝子がトマトの着色変異体などを用いた研究により明らかにされた(Fraserら,1994).それらの結果より,トマト果実の成熟に伴い大量に蓄積するリコペンの量は,成熟時におけるカロテノイド生合成系の遺伝子発現レベルの急激な上昇と,リコペンを代謝する酵素群の遺伝子発現量の抑制(Ronenら,1999)により制御されていることが示された.すなわち,ルテインの生成経路の中間代謝産物であるリコペンが代謝されなくなることで,蓄積した結果,ルテインからリコペンにカロテノイドの

種類が変化したことになる．

　IPP の生合成経路については，従来から見出されていた細胞質内のメバロン酸経路だけでなく，近年，葉緑体や色素体などのプラスチド内で行われる非メバロン酸経路，すなわちメチルエリスリトールリン酸（MEP）経路（Rodrigues-Concepcion，2002；Cunningham ら，1998）が発見された．その後，急速にイソプレノイド生合成系の研究が進められ，果実のカロテノイドは細胞質由来の IPP によるという説とプラスチド由来の IPP によるという説が存在することとなった．一方，トマト果実発育に伴う MEP 経路のイソプレノイド生合成系遺伝子（DXS）発現の増大によるカロテノイド生合成系の基質の増加（Lois ら，2000）や，ヒドロキシメチルブデニル -2- リン酸（HMBPP）から IPP への酵素反応を制御するヒドロキシメチルブデニル -2- リン酸還元酵素（HDR）の上昇などにより，トマト果実のカロテノイドが著しく蓄積することから，少なくとも果実のカロテノイドは MEP 経路の活性化により上昇することが示唆されている．

　カロテノイドは，カロテノイドジオキシゲナーゼ（CCD）や 9-cis- エポキシカロテノイドジオキシゲナーゼ（NCED）などの酵素によりアポカロテノイドや，アブシジン酸などに代謝される（Schwartz ら，1997；Cutler and Krochko，1999）．代謝産物であるアポカロテノイドは色素としても芳香性物質としても機能しており，また，アブシジン酸は種子休眠や環境耐性などに重要な植物ホルモンとして機能している．そのため，近年カロテノイドの代謝酵素について多くの研究が行われている（Giuliano ら，2003；Iuchi ら，2001；Thompson ら，2000）．

　カンキツなどの果実でも，生合成経路とそれを制御する遺伝子群の発現について研究が進み，カロテノイドの量や種類の制御機構が明らかになりつつある．例えば，同じカンキツ類でもウンシュウミカン，オレンジ，レモンなどでは蓄積するカロテノイドが異なるが，それはカロテノイド生合成酵素遺伝子の発現様式により制御されていることが示されている(加藤ら，2004;図7-27)．また，生合成のみならず，カロテノイドの代謝，すなわちアブシジン酸の生合成に関

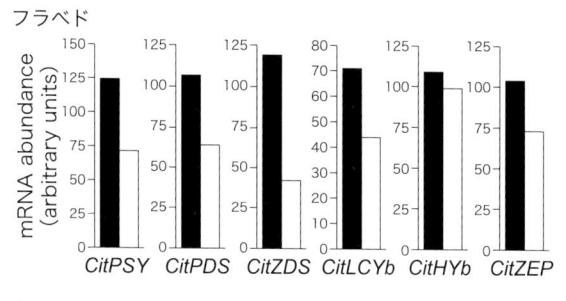

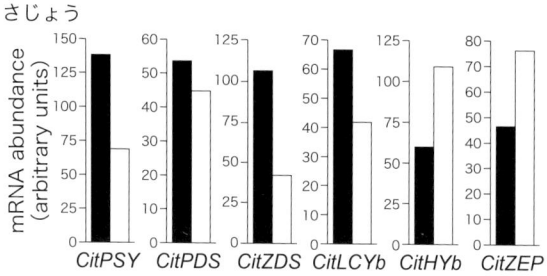

図7-27 ウンシュウミカンとバレンシアオレンジ果実におけるカロテノイド生合成遺伝子 mRNA 蓄積量の違い
■:サツママンダリン, □:バレンシアオレンジ. ウンシュウミカンさじょう中での *CitLCYb* では発現が高いが, *CitHYb* では発現が低い. このことが, ウンシュウミカン中のβクリプトキサンチン蓄積を促していると考えられる.(加藤雅也ら, 2004)

与する CCD 遺伝子の発現解析や果実成熟が伴うことにより, カンキツの果皮や果肉に蓄積するカロテノイドの種類や量を人為的にコントロールできる可能性が考えられている.

カロテノイド生合成の制御は, 果実発育段階や, 組織により異なっているが, 光などの環境要因でも異なることが報告されている. 例えば, トマトの葉に含まれるフィトエンは, 果実のカロテノイド生合成に関与する *Psy-1* 遺伝子ではなく *Psy-2* 遺伝子が制御していることが示されており, それぞれの *Psy* 遺伝子は, 組織や発育段階, 光, 温度などの環境要因により発現が制御されることが明らかになっている (Schofield ら, 2005). また, PDS 遺伝子など多くのカロテノイド生合成遺伝子は光によって制御され, フィトクロームが関与していると報告されている (Thomas, 1975).

(3) クロロフィル

クロロフィルは，緑色系リンゴや黄緑色系ブドウの果皮や，キウイフルーツ，アボカドの果肉に多く含まれている．クロロフィルは，光合成で最も重要な色素であり，植物が独立栄養生物として生きていくために必要不可欠なものである．一方，果実では多くの幼果でクロロフィルが多量に蓄積しており，それらが光合成に寄与しているという報告もある．多くの果実では，クロロフィルは成熟に伴ってクロロフィラーゼなどにより分解されていき，かわりに前記のアントシアニンやカロテノイドが蓄積していく．クロロフィルの分解過程は脱緑と呼ばれ，分解がエチレンにより誘導されることや，温度により分解速度が異なることなどが知られている．しかしながら，キウイフルーツや緑色系ブドウなどでは，クロロフィルの分解は起こらないか，起こっても程度が少なく，成熟果実でも比較的高濃度で含まれている．

(4) 将来の展望

アントシアニンやカロテノイドは植物の防御物質として機能しているだけでなく，人間の健康に対しても抗酸化活性や抗がん作用があり，機能性物質として重要であることが注目されている (Bartley and Scolink, 1995；Bagchi ら, 2000)．そのため，それらの物質を多く含んだ品種の育成や，組換え植物の育成を目指した遺伝子単離や遺伝子導入の研究が報告されてきている．実際に，高アントシアニン含量の果実を利用した食品や，リコペン含有率の高いトマトの育成が行われつつある．基礎研究においては，アントシアニン生合成遺伝子の調節因子などの導入により，アントシアニンを高濃度で蓄積する植物を育成する試みがなされていることから，機能性を高めたブドウやイチゴ，リンゴなどの育成が可能になるかもしれない．また，カロテノイドについては，リコペンや，β-クリプトキサンチンなどの機能性が注目されている．前者はトマトに多く蓄積しており，後者はウンシュウミカンに大量に蓄積している．それらの生合成遺伝子群と代謝酵素遺伝子についても発現制御様式が明らかになって

きていることから，目的のカロテノイドを高濃度に蓄積した果実が育成されることが期待される．これまで，カロテノイドの蓄積には，多くの酵素とその遺伝子発現が関与していること，アブシジン酸，サイトカイニン，ジベレリンなどの植物ホルモン生合成系と深く関与するイソプレノイド生合成経路の代謝産物であること，それぞれの遺伝子発現制御が複雑であることなどから，カロテノイドに関するメタボリックエンジニアリングは，微生物，穀物などで多くの研究が進められ，実際に，カロテノイドを大量に蓄積したイネの開発も行われつつあり（Al-Babili and Beyer, 2005），ビタミンA欠乏症などへの利用が考えられている．

植物色素の蓄積量は，光や温度などの環境要因に大きく影響を受ける．光によりアントシアニン蓄積量が影響を受けやすい品種では，栽培現場で高い栽培技術を必要とし，多くの労働を必要とするが，光による制御メカニズムが解明されることで，省力的に高品質の果実が収穫できるようになる可能性がある．また，果実の中には温度により着色不良が起こりやすい品種もあるため，今後の地球温暖化などの影響に関する研究も始まっている．今後，アントシアニンやカロテノイドの蓄積がどのように制御されているのかが解明されることにより，環境変化に強い安定した品質の果実が得られることが期待される．

アントシアニンやカロテノイドの生合成は，多くの酵素の活性や，基質量の変化が関与しているため，一部の遺伝子発現を変化させただけでは代謝全体を人類の望むようにかえられないことも多い．光合成産物の転流制御，シンク・ソースの制御など多くの研究が必要であると考えられる．

近年，トマトやブドウ，イチゴなどでは，カロテノイドやフラボノイド生合成系に着目した網羅的遺伝子発現や代謝産物の解析がマイクロアレイやメタボローム解析などの手法を用いて進められている（Terrierら, 2005）．これらの手法により，これまで単離が困難であった遺伝子についても機能解析が行われることが期待され，近い将来，より効率的なメタボリックエンジニアリングによる高機能性果実を作出することができるかもしれない．

7）タンニンと脱渋機構

　果実には渋味（astringency）を有するものがあるが，一般にその渋味は成熟に伴って減少していく．果実の渋味は味覚ではなく，感覚である．タンニン（tannins）と呼ばれる果実の渋味成分が舌の糖タンパク質と反応して口の中で起こる，強烈な脱水および乾燥による収斂反応によってもたらされる感覚（sensation of dryness）がその原因である．そもそも，タンニンとは皮革産業で用いられていた言葉で，ポリフェノールを含んだ植物抽出物で動物の皮をなめし，その強度や耐水性を強化するために使用されていた物質を総称していた．この反応は，タンニン化合物の水酸基と動物の皮のタンパク質との水素結合によって起こっていると考えられている．

(1) タンニンの分類

　渋味成分であるタンニンは，没食子酸（gallic acid）やエラグ酸（ellagic acid）と糖（ほとんどの場合はグルコース）との共重合体（copolymer）であるガロタンニンやエラジタンニンと呼ばれる加水分解型タンニン（hydrolyzable tannins，図 7-28），カテキン（catechin）やエピカテキン（epicatechin）などのフラボノイドを骨格としたプロアントシアニジンの重合体である縮合型タンニン（condensed tannins，図 7-29）の2つに大別される．加水分解型タンニンは酸で加水分解され，没食子酸などの骨格が解離してくるタイプで，比較的低分子であり，ラズベリーやブラックベリーなどに含まれている．これに対して，縮合型タンニンは，酸と加熱することにより，プロアントシアニジンの重合がさらに進むと同時に，アントシアニジンを遊離し，反応液が赤く着色してくる．縮合型タンニンの分子量は，加水分解型タンニンと比較してかなり大きい．この両タイプのタンニンとも，その構成単位（没食子酸あるいはカテキンなど）のみでは，渋味を呈さず，ある程度以上の水酸基の数が渋味を示す反応のためには必要である．

第7章 成熟，老化の生理

没食子酸　エラグ酸

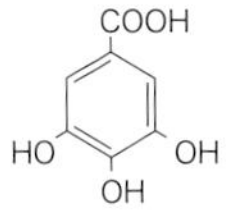

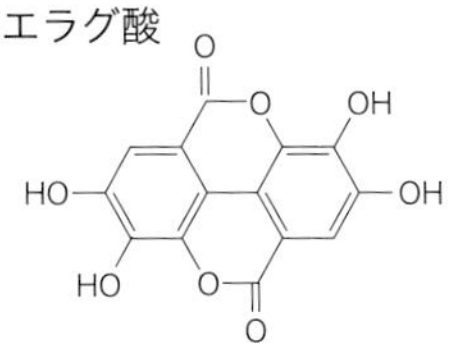

加水分解型タンニンの一例

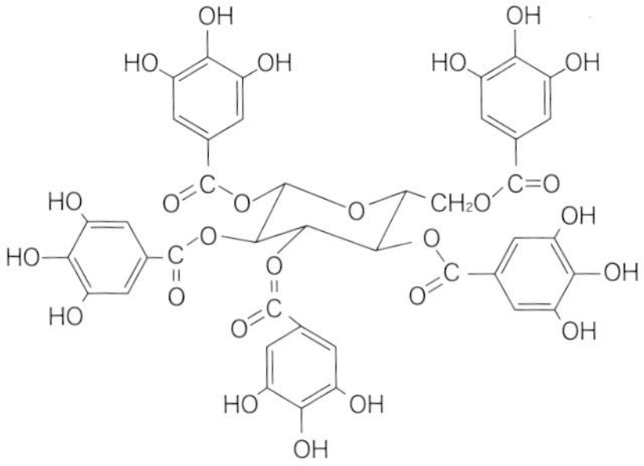

図7-28 没食子酸とエラグ酸および加水分解型タンニンの構造

カテキン　エピカテキン

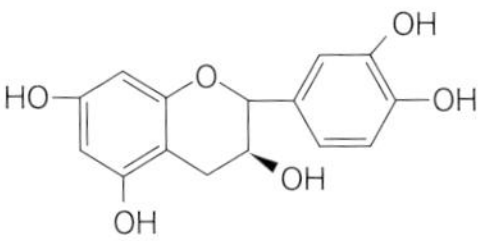

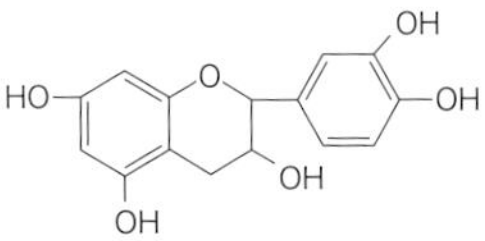

縮合型タンニンの一例

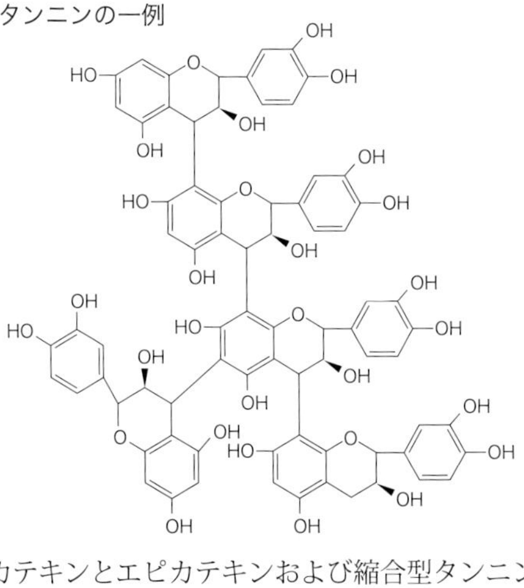

図7-29 カテキンとエピカテキンおよび縮合型タンニンの構造

(2) カキの脱渋機構

　果実の成熟に伴って渋味を減少する機構は，現在でもはっきりとはわかっていない．成熟に伴う果実の軟化によって細胞壁成分やペクチンが低分子化して

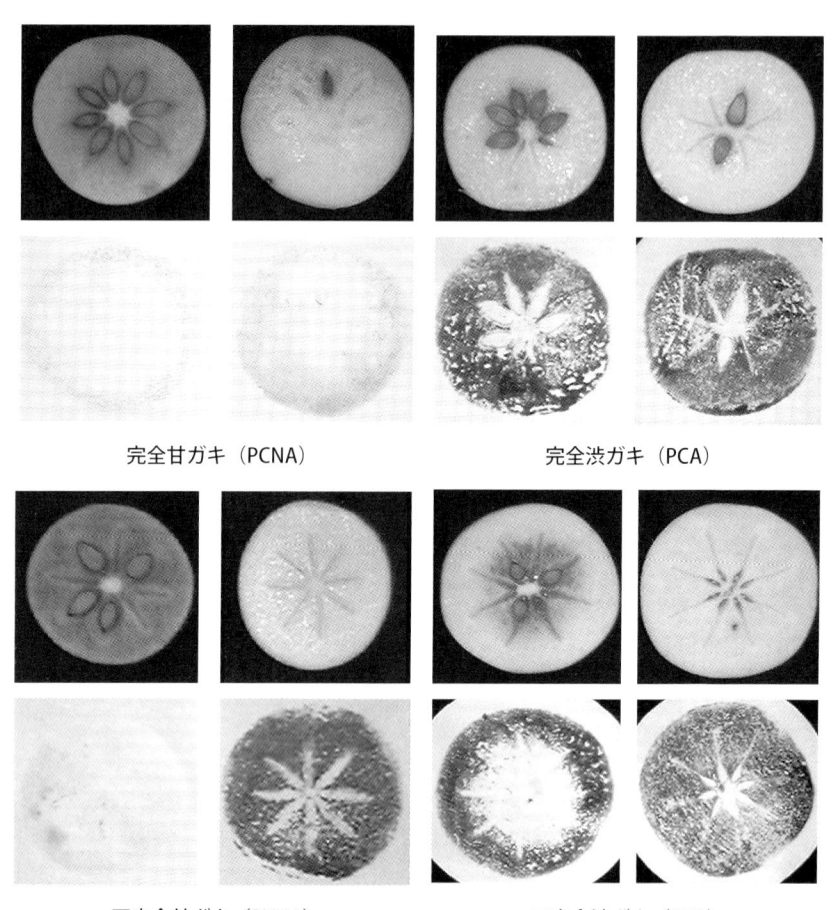

完全甘ガキ（PCNA）　　　　　完全渋ガキ（PCA）

不完全甘ガキ（PVNA）　　　　不完全渋ガキ（PVA）

図 7-30　カキの園芸的分類
　果実写真の下部は塩化第二鉄溶液をしみ込ませた濾紙にその上部の果実切断面をプリントしたあとの状態を示す．渋味があると塩化第二鉄と反応して黒く染まる．濾紙プリント写真のように不完全甘ガキ（PVNA）は種子がないと渋いことがわかる．

可溶化し，それとタンニンが結合することで渋味が減少するとの説も提唱されているが，すべてに当てはまるとは限らない．また，縮合型タンニンの場合，成熟に伴いその重合度が増し，水への溶解度が下がるために渋味が減少してくるとの考えもある．さらに，さまざまな果実での渋味形質の遺伝についてもほとんど研究がない．しかしながら，園芸作物のうち，カキ（*Diospyros kaki* Thunb.）はその果実中にタンニンを多量に蓄積するという特異的な性質を持ち，また，その渋味が樹上で果実発育とともに自然に消失する甘ガキと成熟期でも強い渋味を呈する渋ガキが存在しており，これまでもカキの育種目標としてこの甘渋性は重要な形質の1つであった．さらに，渋ガキに関しても，食用とするために古くから湯抜きやアルコールなどによる収穫後の脱渋処理を行ってきていた．このため，カキではその甘渋性の遺伝や脱渋機構に関する研究が多く，これまでにいくつかの知見が得られている．

カキのタンニンは縮合型タンニンであり，また，果実柔細胞中のタンニン細胞と呼ばれる異形細胞のみにタンニンが蓄積する．カキには甘ガキと渋ガキがあるが，園芸的にはこのそれぞれの品種群をさらに完全甘ガキ（pollination constant and non-astringent, PCNA），不完全甘ガキ（pollination variant and non-astringent, PVNA），完全渋ガキ（pollination constant and astringent, PCA），不完全渋ガキ（pollination variant and astringent, PVA）の4タイプの品種群に分類している（図7-30）．

ⅰ）不完全甘ガキの脱渋

完全甘ガキは果実中の種子の有無にかかわらず樹上で脱渋して甘ガキとなるが，不完全甘ガキは果実に種子が存在する場合のみ生育期間中に樹上で脱渋して甘ガキとなる．この両者ではその脱渋機構が異なり，不完全甘ガキの場合，樹上での脱渋は果実生育第2期頃，種子からエタノールやアセトアルデヒドが発生し，それらが果実内に蓄積することによって縮合型タンニンが重合および凝固して不溶化することによって脱渋が起こっている．不完全甘ガキと不完全渋ガキ・完全渋ガキとの差異は，種子から生成されるこれらエタノールやアセトアルデヒド量が少ない，あるいは全く生成されないことによっており，不

完全渋ガキも完全渋ガキも樹上で脱渋が進行せず，双方とも渋ガキとなる．しかしながら，これらの品種群（不完全渋ガキと完全渋ガキ）も収穫後のエタノール処理や二酸化炭素処理，あるいは果実生育過程でのエタノールを含んだビニール袋の樹上での果実への被袋処理により，果実内にアセトアルデヒドを生成させると果実内でタンニンの重合および凝固が起こり，果実の発育ステージにかかわらず脱渋する．不完全甘ガキの樹上での脱渋も，果実成熟との関連で進行するのではない．ただし，不完全甘ガキや完全渋ガキのような渋ガキの場合，成熟期になると強い渋味は呈しているものの，そのタンニン含量は成熟に伴って減少している．この減少の原因は明らかではないが，前述のように，成熟に伴い縮合型タンニンの重合度が進み，水に溶けにくくなることがタンニン含量減少の原因として考えられるかもしれない．

ⅱ）完全甘ガキの脱渋

完全甘ガキの脱渋は，この品種群がタンニン蓄積能力を果実発育初期に欠損したことにより起こっていると考えられている．すなわち，完全甘ガキの場合，タンニン生成が果実発育の早い段階で停止し，タンニン細胞の肥大が止まる．このため，その後の果実肥大に伴い，タンニン濃度が希釈されることが渋味減少の第1要因となっている．縮合型タンニンの生合成系はフラバン-3-オール以後の重合過程がまだよくわかっていないものの，フラバン-3-オールまでの生合成経路は図7-31のように考えられており，完全甘ガキではフラバン-3-オール生合成系のすべての酵素の遺伝子発現が，果実生育の早い段階から認められなくなる（図7-32）．ただし，完全甘ガキのタンニンも成熟期には凝固しているので，この凝固（脱渋）には成熟過程の果実内代謝過程が関与しているものと考えられるが，その詳細は現在のところ不明である．なお，完全甘ガキのタンニンはアセトアルデヒドとの反応性が弱く，幼果期に樹上でエタノールでの被袋処理を行っても，果実は脱渋しない．

第7章　成熟，老化の生理

```
フェニルアラニン
   │PAL
ケイ皮酸
   │C4H
4-クマル酸
   │4CL
4-クマロイルCoA      CHS
3 X マロニルCoA  ╲→ナリンゲニン
                   カルコン
                   │CHI
           F3'H      F3'5'H
エリオジクチオール ← ナリンゲニン → ペンタヒドロキシフラバノン
   │F3H    │F3'H    │F3H    │F3'5'H    │F3H
ジヒドロクェルセチン ← ジヒドロケンフェロール → ジヒドロミリセチン
  FLS╱               ╲         ╱               ╲FLS
フラボノール    DFR      ↘    ↙     DFR    フラボノール
                  ロイコアントシアニジン
                         │
2,3-トランス-フラバン-3-オール ← LAR  │ ANS
                         ?⤒
     2,3-シス-フラバン-3-オール ← アントシアニジン
                        ANR        │
                              アントシアニン
   │
縮合型タンニン
```

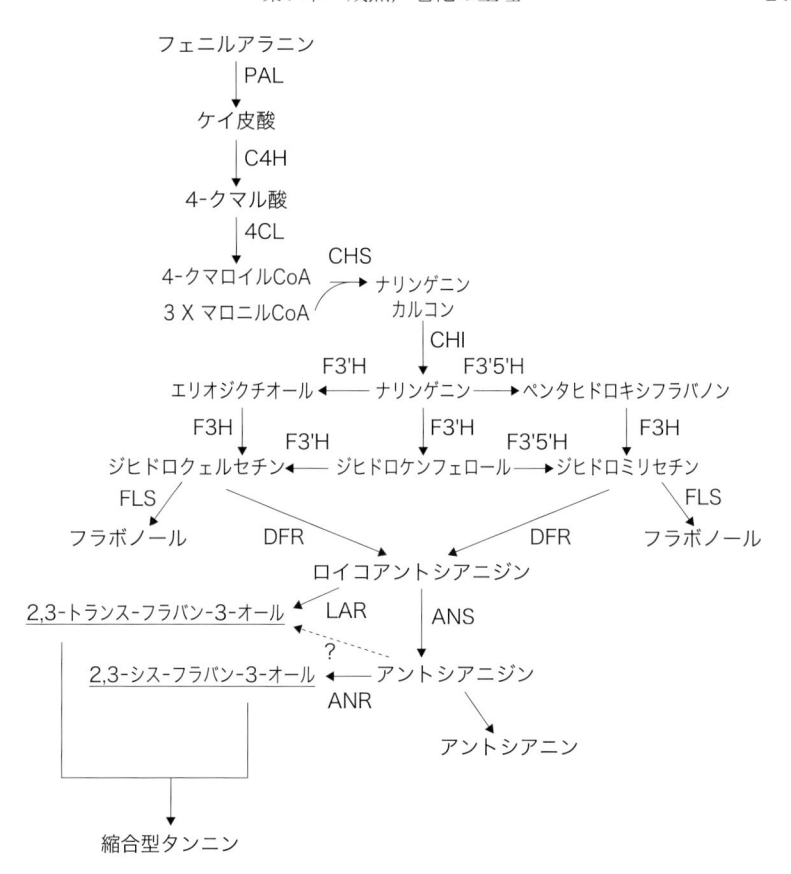

図7-31　縮合型タンニンの骨格となるフラバン-3-オールの生合成経路
ANS：アントシアニン合成酵素，ANR：アントシアニジンレダクターゼ，CE：縮合酵素，C4H：シンナメート-4-ヒドロキシラーゼ，CHI：カルコンイソメラーゼ，CHS：カルコン合成酵素，4CL：4-クマレート：コエンザイムAリガーゼ，DFR：ジヒドロフラボノール還元酵素，F3H：フラバノン-3-水酸化酵素，F3'H：フラボノイド-3'-水酸化酵素，F3'5'H：フラボノイド-3'5'-水酸化酵素，FLS：フラボノールシンターゼ，LAR：ロイコアントシアニジンレダクターゼ，PAL：フェニルアラニンアンモニアリアーゼ．（Ikegami, A. et al., 2005）

(3) 甘渋性を決定する遺伝子

ⅰ) 日本の甘ガキの場合

完全甘ガキ（PCNA）と非完全甘ガキ（non-PCNA；PVNA，PVA，PCA）と

第7章 成熟，老化の生理

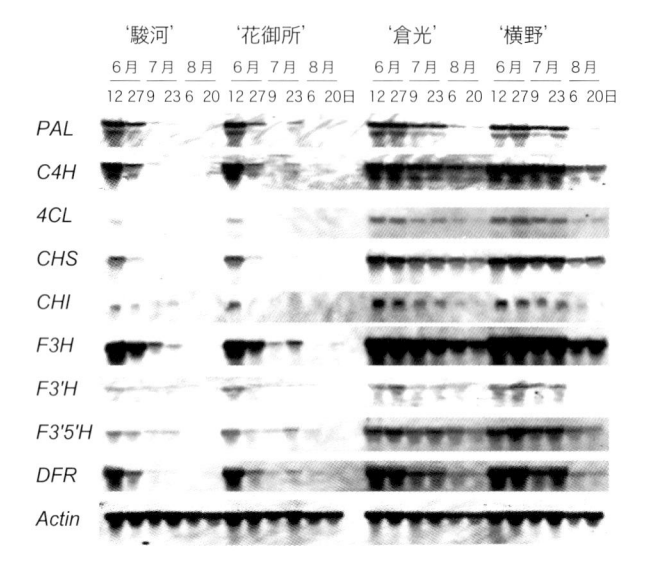

図7-32 カキ果実でのフラバン-3-オール生合成系酵素の遺伝子発現
'駿河'と'花御所'：完全甘ガキ，'倉光'と'横野'：非完全甘ガキ．Actinはニホンナシのc DNAからのActin遺伝子（対照）．PAL, C4H, 4CL, CHS, CHI, F3H, F3'H, F3'5'H, DFRは図7-31を参照のこと．(Ikegami, A. et al., 2005)

の質的差異は，これまでのカキの交雑育種の結果からも確かめられており，完全甘ガキと非完全甘ガキの交雑後代には，完全甘ガキ個体は得られていない．カキの甘渋性形質（PCNA/non-PCNA形質）は単一の遺伝座（AST遺伝子座）に座乗する対立遺伝子によって支配されており，PCNA形質は劣性である．前述のように，完全甘ガキでは，果実生育の早い時期からフラボノイド生合成に関与するすべての遺伝子発現が停止していたことを考えると，このAST遺伝子はタンニン合成系を支配する調節遺伝子である可能性も考えられ，完全甘ガキはこの遺伝子が突然変異によって働かなくなった変異体であると考えるのが妥当であるかもしれない．ただし，カキは六倍体であるが，そのゲノム構成がわかっていないため，この甘渋性に関与する遺伝子が何対存在しているのかは明らかではない．しかしながら，最近，このカキの甘渋性遺伝は多染色体的遺伝（polysomic inheritance）である可能性が示唆されている．この仮説は，カ

キの甘渋性判別のための分子マーカーの後代での分離様式から推測されている.

カキの甘渋性に関する分子マーカーは，完全甘ガキに非完全甘ガキを交雑したF$_1$個体に完全甘ガキを戻し交雑して得たBC$_1$集団を用いたAFLP（amplified fragment length polymorphism）分析から見出されたAFLPマーカーをプローブとした，ゲノムDNAのRFLP（restriction fragment length polymorphism）分析によって得られたマーカーである．すなわち，カキのゲノムDNAを*Hind* IIIで消化したのち，甘渋性に連鎖するAFLPマーカーをプローブとしたRFLP分析を行うと，non-PCNA個体にのみ現れるバンド（約8.0kbあるいは約6.5kb）があり（図7-33），この2つのRFLPマーカーにより現在までに果実が着果した約100個体のBC$_1$集団の甘渋性が完全に識別できることが確かめられるとともに，それらのバンドのBC$_1$集団での分離比から，甘渋性遺伝が多染色体的遺伝であることが類推された．なお，カキ属植物の染色体を用いたrDNAによるFISH（fluorescence *in situ* hybridization）分析によって，カキが同質異質倍数体（autoallopolyploid）である可能性が示唆されているが，そのゲノム構成を確定するまでには至っていない.

現在，この2つのRFLPマーカーの塩基配列からプライマーが作製され，BC$_1$集団の甘渋性選抜を簡便なPCR法により実施し，完全甘ガキ個体の早期選抜による育種効率向上を目指した実際の育種計画が実施されている．さら

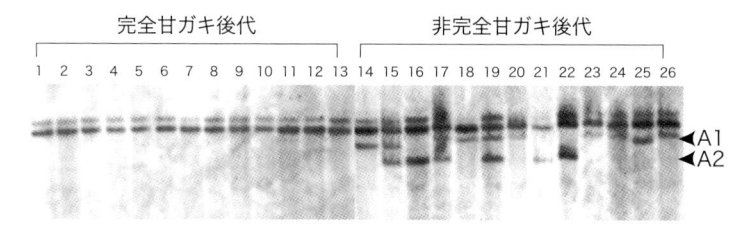

図7-33 完全甘ガキと非完全甘ガキの交雑から得たF$_1$個体に完全甘ガキを戻し交雑したBC$_1$個体におけるAFLPマーカーをプローブとしたRFLP分析

非完全甘ガキ後代はA1（約8kb）とA2（約6.5kb）のRFLPマーカーのいずれか一方，あるいは両方を持っている．（Kanzaki, S. et al., 2001）

に，カキの二倍体近縁野生種マメガキ（*D. lotus* L.）のゲノムライブラリーから，カキの甘渋性に連鎖するプローブを利用したゲノミッククローンの単離とそのクローンを基にしたコンティグの構築が行われており，甘渋性に関与する遺伝子を探索しようとする試みも始められている．

ii）中国の甘ガキ（'羅田甜柿'）の場合

カキの甘渋性の遺伝に関して，'富有'や'次郎'などの日本で発生した完全甘ガキの上述の知見とは全く異なる遺伝をする完全甘ガキが最近見出された．従来，完全甘ガキは日本において発生した突然変異体であり，日本以外では完全甘ガキは存在しないとされていた．日本で完全甘ガキの記述が認められるのは 17 世紀になってからであり，また，1912 年の農商務省農事試験場の報告でも，日本にほぼ 1,000 のカキ品種の存在が記述されているにもかかわらず，当時確認されていた完全甘ガキは 6 品種のみであると考えられることから，完全甘ガキは比較的新しい時期に，日本でのみ出現したと考えられていた．しかしながら，1983 年の中国での Wang 氏の報告により，カキの起源地であると考えられている中国にも完全甘ガキが存在していることが示され，農林水産省果樹試験場（現在の果樹研究所）への導入後，この完全甘ガキが日本の完全甘ガキとは全く異なる機構で完全甘ガキになっている可能性が明らかになった．

すなわち，中国の武漢の北東に位置する羅田県で発見され，'羅田甜柿'と名付けられたこの中国の完全甘ガキは，果実発育初期にタンニン蓄積を停止してタンニン細胞の肥大が止まるという点では日本の完全甘ガキと同じであるが，日本の完全甘ガキあるいは非完全甘ガキとの交雑により F_1 世代でほぼ 1：1 の分離比で完全甘ガキと非完全甘ガキを分離することが最近になって確かめられ，'羅田甜柿'の PCNA 形質が優性である可能性が報告された（図 7-34）．さらに，'羅田甜柿'果実でフラボノイド生合成系に関与するいくつかの段階で，それらの酵素をコードする遺伝子の発現を調査したところ，非完全甘ガキ果実同様，発育後期までそれらの遺伝子が発現していることが確かめられ，'羅田甜柿'の変異が日本の完全甘ガキとは全く別の変異であることが示唆されて

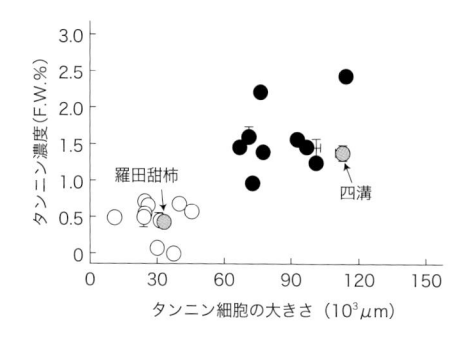

図7-34 '羅田甜柿'(中国の完全甘ガキ)×'四溝'(非完全甘ガキ)に由来するF₁集団内での完全甘ガキと非完全甘ガキの分離
○：完全甘ガキ個体，●：非完全甘ガキ個体．
(Ikegami, A. et al., 2006)

いる．'羅田甜柿'では甘渋性を制御する遺伝子が日本のカキとは異なる別の遺伝子座に座乗しており，その作用点も異なっていることが考えられ，今後の研究にとって貴重な材料であることが明らかとなった．さらに，カキ育種においても，日本の渋ガキとの交雑によってF₁で完全甘ガキが獲得できることが期待できるため，実際の育種計画でも非常に貴重なカキ遺伝資源であると考えられる．

このように，果実でのタンニン生合成を研究するうえにおいて，カキ果実は非常に有用な実験材料であり，今後，日本の完全甘ガキや中国の完全甘ガキなど，カキ果実のタンニン生成を制御する機構の変異体を利用することにより，これまで不明な点が多いタンニン生合成機構の全体が解明される可能性が期待され，モデル植物からではなく，園芸植物を実験材料とした研究からのタンニン研究の新たな進展が期待される．

2．花の老化および着色

1）エチレンと切り花の老化

(1) 花きの老化におけるエチレンの役割

エチレンは多くの花きの老化に関与している．エチレンにより老化が促進される花きをエチレン感受性花きと呼ぶ．エチレンに対する感受性は花きの種類

表7-4 切り花のエチレンに対する感受性

感受性	品目
高 い	カーネーション,デルフィニウム,スイートピー,シュッコンカスミソウ,ラン類
やや高い	キンギョソウ,トルコギキョウ,アルストロメリア,バラ,オキシペタルム
やや低い	ストック,スカシユリ,スイセン
低 い	キク,ガーベラ,ヒマワリ,ダリア,テッポウユリ,グラジオラス,チューリップ,フリージア

により著しい差がある(Wolteringら,1988).表7-4から類推できるように,キク科あるいはアヤメ科に属する花は,いずれもエチレン感受性が低い.一方,ナデシコ科の花はエチレン感受性が高い.

(2) エチレン感受性花きとエチレン生合成

エチレン感受性花きには,カーネーションのように花弁が萎れて寿命が終わる型(花弁萎凋型)の花と,デルフィニウムあるいはトレニアのように花弁(デルフィニウムでは花弁にみえる器官は正確にはがく片)が離層形成して落下する型(花弁脱離型)がある(図7-35).

カーネーションをはじめとする花弁萎凋型の花では,花弁からのエチレン生成量は老化に伴い次第に増加する(図7-36).したがって,花弁の萎凋には花弁から生成するエチレンが直接的に関与していると考えられている.カーネーションの切り花では,雌ずいからのエチレン生成が花弁からのエチレン生成の上昇に先立ち上昇する.また,雌ずいを除去すると,花弁の老化が著しく遅延し,花弁からのエチレン生成の上昇がみられなくなる(Shibuyaら,2000).これらの結果から,カーネーションでは,花弁の老化は雌ずいから生成されるエチレンにより制御されている可能性が指摘されている.

花弁脱離型の花では,花弁からのエチレン生成の老化に伴う上昇はみられない.トレニアでは,雌ずいからのエチレン生成のみが老化に伴い上昇する(図7-37).したがって,雌ずいから生成されたエチレンが離層に作用し,花弁の脱離に関与するとみなされている.デルフィニウムではエチレンを生成する主

図7-35 エチレン処理がデルフィニウム切り花の落花に及ぼす影響
10μl/ℓエチレンを24時間処理し,処理直後の状態.左:対照,右:エチレン処理.

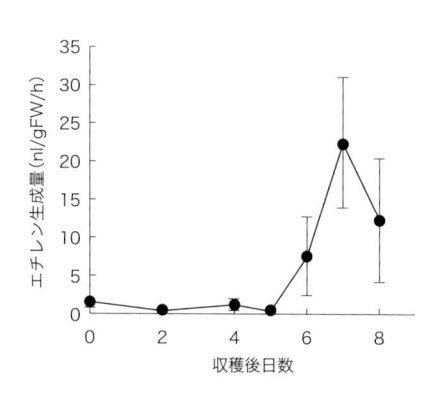

図7-36 カーネーション切り花の老化に伴うエチレン生成量の変動

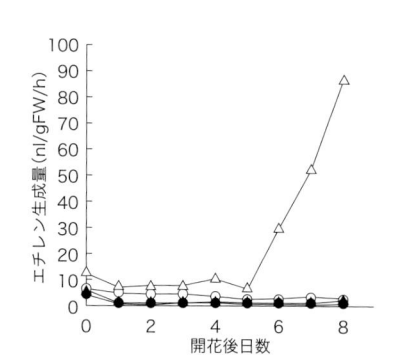

図7-37 トレニアの老化に伴うエチレン生成量の変動
─●─:花弁,─○─:がく,─▲─:雄ずい,─△─:雌ずい.(Goto, R. et al., 1999)

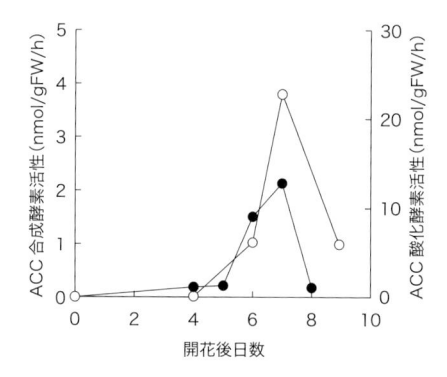

図7-38 カーネーション切り花の老化に伴うACSとACO活性の変動
─●─:ACC合成酵素,─○─:ACC酸化酵素.

要な器官は雌ずいと花托であり,これらの器官から生成するエチレンががく片の脱離に重要な役割を果たしていると考えられている(市村,2005).

(3) エチレン生合成に関与する酵素活性と遺伝子発現の老化に伴う変動

エチレンの生合成において重要な酵素は，エチレンの前駆物質である 1-アミノシクロプロパンカルボン酸（ACC）の合成に関わる ACC 合成酵素（ACS）と最終段階を触媒する ACC 酸化酵素（ACO）である．カーネーションの花弁では，老化に伴い ACS 活性と ACO 活性は上昇する（図 7-38）．それに伴い，ACC 濃度も上昇する．これらの遺伝子発現の変動は酵素活性の上昇と一致することから，これらの酵素活性の上昇は転写レベルで制御されていると考えられる（Woodson ら，1992）．花きではこれまでにカーネーション，ファレノプシス，ペチュニアなどで ACS と ACO をコードする遺伝子が単離され，その塩基配列が決定されている（Jones ら，1999）．

(4) エチレン感受性の分子機構

アラビドプシスではエチレンのシグナル伝達経路がある程度確立しており，エチレン受容体をはじめとして，それぞれのタンパク質をコードする遺伝子が単離されている．花きでもエチレン受容体をコードする遺伝子はカーネーション，キク，バラ，ペチュニア，デルフィニウムなどから単離されている（Shibuya ら，2002）．また，シグナル伝達に関わる遺伝子のいくつかもカーネーションとペチュニアから単離されている（Iordachescu ら，2005）．しかし，エチレン感受性の強弱に関わる分子機構については全くわかっていない．

2）エチレン非感受性切り花の老化

グラジオラスの切り花では，タンパク質合成阻害剤であるシクロヘキシミドで処理すると，花持ちを 2 倍以上延ばすことができる（Yamane ら，1995）．この知見は花の老化に必要なタンパク質と，それをコードする遺伝子が存在することを示唆している．

アイリス，アルストロメリア，サンダーソニアなどのエチレンに感受性の低い花きから，システインプロテアーゼをはじめとした花弁の老化に伴い特異的

に発現する遺伝子が多数単離されている（van Doornら，2003）．しかし，老化の鍵となる遺伝子はわかっていない．単離した遺伝子の機能解析により，老化を制御する遺伝子が発見されることが期待される．

3）花弁の老化に伴う生化学的変化とプログラム細胞死

花弁の老化に伴いタンパク質，デンプンおよびRNAなどの高分子化合物含量は減少する．それに伴い，リボヌクレアーゼ，デオキシリボヌクレアーゼおよびβ-グルコシダーゼなどの加水分解酵素活性は上昇する．また，老化に伴い膜の組成が変化する．リン脂質およびその結合脂肪酸を含む極性脂質は，老化に伴い減少する．また，脂質の構成成分である脂肪酸では，不飽和脂肪酸ほど早く減少し，脂質の飽和度が増加する．このような脂質組成の変化，特に脂質構成脂肪酸の飽和度の増加は膜の流動性を低下させるだけでなく，相転移温度を上昇させる．これにより，一部の脂質は相転移を起こして液晶状態からゲル状態になり，膜中に液晶とゲルが混在する相分離状態になる．このような状態では膜の機能が損なわれ，低分子物質が自由に透過することになる．エチレン感受性花きでは，このような脂質組成の変化はエチレンにより促進される（Borochovら，1989）．

老化に伴う生化学的変化は，遺伝的にプログラムされていると考えられている．動物では一般に，プログラムされた細胞死をアポトーシス（apoptosis）と呼んでいる．アポトーシスの特徴はDNAの断片化と核の断片化である．植物でもDNAの断片化と核の断片化が起こることから，当初はアポトーシスと呼ばれていた．動物のアポトーシスを起こした細胞はアポトーシス小体を形成したのち，食細胞や隣接する細胞により貪食除去される．しかし，植物ではこれがみられないため，アポトーシスではなく，プログラム細胞死（programmed cell death, PCD）と呼ぶことが一般的になりつつある．花弁萎凋型の花ではエチレン感受性にかかわらず，PCDの特徴であるDNAの断片化が老化の過程で誘導される（図7-39）．カーネーションでは，エチレンがPCDの引き金となることが明らかになりつつある．

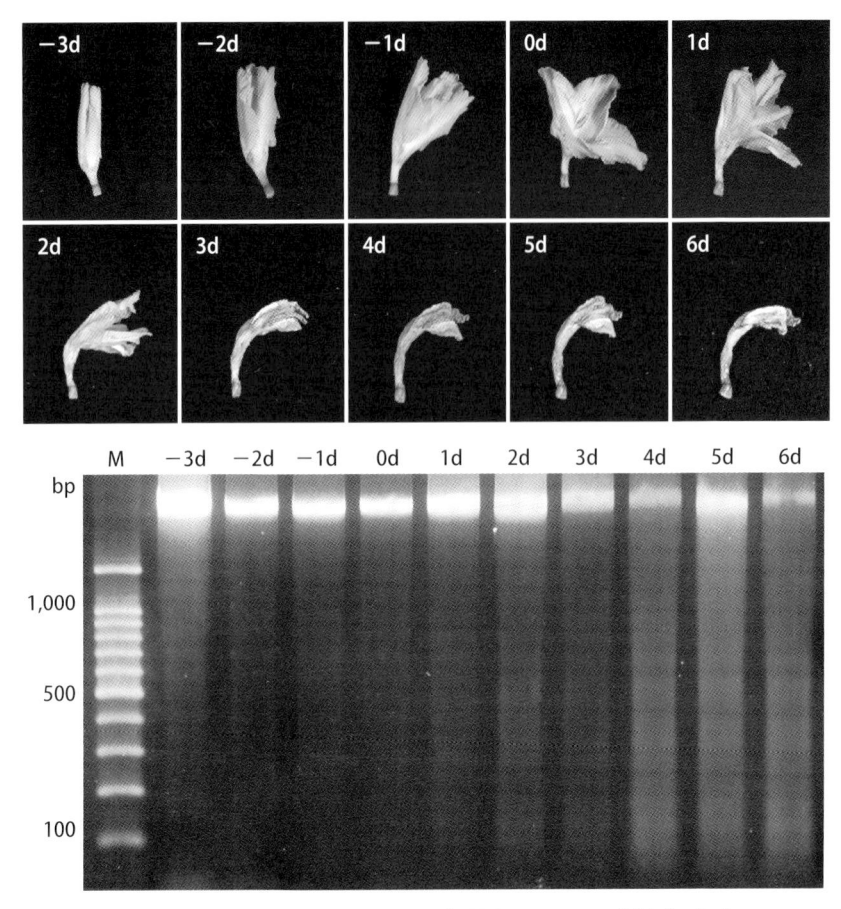

図 7-39 グラジオラスのステージ（上）と DNA の断片化（下）
開花 3 日前（−3d）から開花後 6 日目（6d）までの各段階における DNA 断片化の状態を示す．（Yamada, T. et al., 2003）

4）薬剤利用による老化制御

エチレンの生合成および作用を阻害する薬剤は多い．エチレンに感受性の高い切り花では，このようなエチレン阻害剤が切り花の品質保持剤として利用されている．

図 7-40 STS 処理がカーネーション切り花の老化に及ぼす影響
0.2mM STS を 24 時間処理．収穫後 20 日目の状態．左：対照（蒸留水），右：STS．

現在，最も汎用されているのはエチレン作用阻害剤であるチオ硫酸銀錯塩（STS）である（図 7-40）．STS はエチレンの受容体に結合することにより，自己触媒的なエチレンの生成を抑え，作用を示すと考えられている（Veen, 1979）．

STS 以外にも多くのエチレン阻害剤がある．このうち，S-アデノシルメチオニン（SAM）合成酵素の阻害剤であるエチオニン，ACS の阻害剤であるアミノオキシ酢酸（AOA），ACO の阻害剤であるアミノイソ酪酸（AIB）は，切り花の品質保持剤として実用化されている．しかし，花持ちを延長する効果は STS よりも劣るため，ほとんど利用されていない．なお，強力なエチレン作用阻害剤として注目されている 1-メチルシクロプロペン（1-MCP）の花持ちを延長する効果は明らかに STS に劣る．

5）遺伝子組換えによる老化制御

エチレン生合成ならびに感受性に関与する遺伝子の導入により，花持ち性を向上することが可能となっている（表 7-5）．

カーネーションでは，ACS と ACO 遺伝子の導入により，花の寿命が 2 倍近くになった形質転換体が作出されている．この形質転換体はエチレン生成量も

表 7-5 遺伝子組換えにより花持ちを改変した報告例

植物	導入遺伝子		報告
	アンチセンス	センス	
カーネーション	ACO		Savin et al. (1995)
		ACO	Kosugi et al. (2000)
		ACS	Iwazaki et al. (2004)
		etr1	Bovy et al. (1999)
トレニア		ACO	Aida et al. (1998)
ペチュニア		etr1	Wilkinson et al. (1997)

図 7-41 ACO 遺伝子センス断片を導入し花持ち性が向上したトレニア形質転換体
右：対照，左：形質転換体．(Aida, R. et al., 1998)

低い値で推移し，老化の特徴であるインローリングがみられない（Savin ら，1995；Iwazaki ら，2004）．トレニアにおいても，ACO 遺伝子断片センス鎖の導入によりエチレン生成が低下し，花持ち性の優れた形質転換体が作出されている（Aida ら，1998）．形質転換体では個々の花の寿命が延びているため，結果として多数の花が開花している（図 7-41）．

エチレンの生合成系が抑制されても，空気中のエチレン濃度が高いと花持ちが短縮することが予想される．したがって，エチレン感受性花きにおいては，エチレン生合成の抑制よりエチレンに対する感受性を欠如させることが花持ちを延長するために有効であろう．実際に，エチレン非感受性のアラビドプ

シス変異体から単離されたエチレン受容体遺伝子（etr1）がカーネーションに導入された結果，花持ちが3倍に延長したことが報告されている（Bovyら，1999）．

キク，グラジオラス，あるいはフリージアをはじめとするエチレンに感受性が低い花きでは，有効な遺伝子は見出されていない．しかし，このような切り花でも，老化に伴い発現する遺伝子が，最近単離され始めている．このような遺伝子の導入により，花持ちが改良できる可能性がある．

（1）従来育種による花持ち性の改良

カーネーションにはエチレンをほとんど生成せず，通常より花持ちが長い品種が存在する．このような花持ち性の優れた品種を交配親に用いた交雑育種により，エチレンをほとんど生成せず，花持ち期間が通常の品種より3倍程度長い品種が作出されている（Onozakiら，2006）．

6）花に含まれる色素と着色の機構

（1）花に含まれる色素

花には多様な色素が含まれている．化学構造からはフラボノイド・アントシアニン類，カロテノイド類，ベタレイン（betalain）類に大別される（図7-42）．

フラボノイド・アントシアニン類は配糖体として存在し，液胞に蓄積する．フラボノイドが蓄積すると花色はクリーム色となる．キンギョソウにみられるオーロンはフラボノイドの一種であり，黄色の原因色素である．アントシアニンはその構造からペラルゴニジン，シアニジンおよびデルフィニジンに大別される．ペラルゴニジン，シアニジンおよびデルフィニジンが蓄積すると花色はそれぞれ橙色，桃色および紫色となる傾向にある．

カロテノイドは疎水性の色素であり，通常は有色体に存在する．黄色の原因となる色素はたいていカロテノイドである．黄色から橙色の花色を持つマリーゴールドやキンセンカをはじめとしたキク科の花きでは，カロテノイドとアン

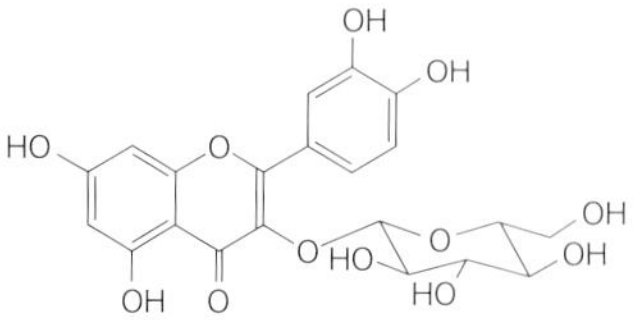

クエルセチン-3-グルコシド 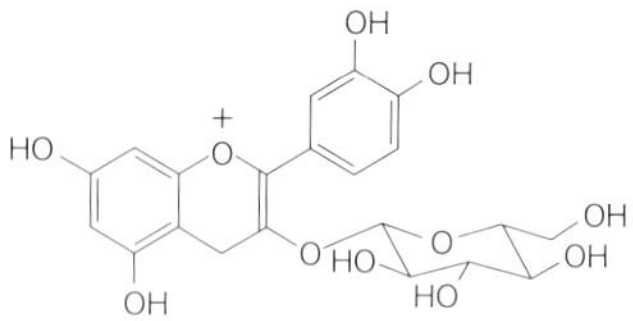　　　　　シアニジン-3-グルコシド

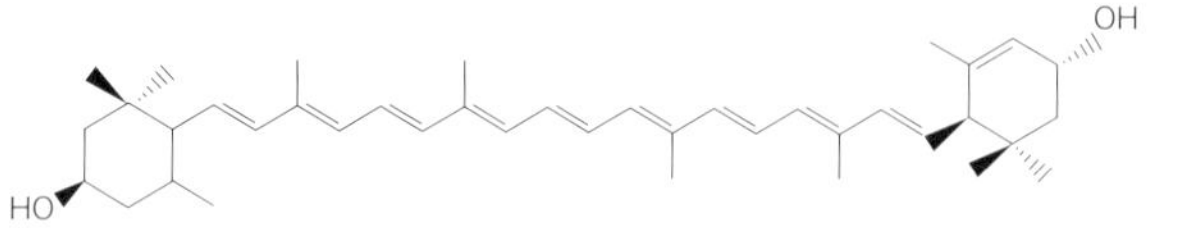

ルテイン

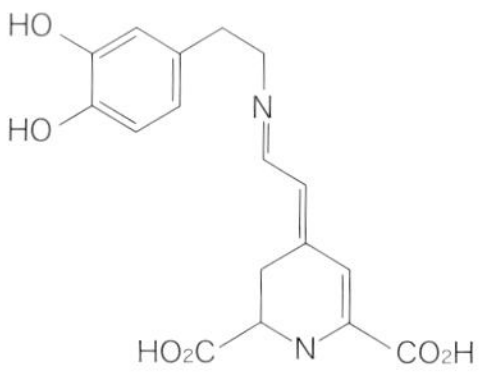

ベタキサンチン

図7-42　フラボノイド（クエルセチン-3-グルコシド），アントシアニン（シアニジン-3-グルコシド），カロテノイド（ルテイン）およびベタレイン（ベタキサンチン）の構造式

トシアニンが共存することにより，さまざまな花色を発現させている．

　ベタレイン類は赤から赤紫色を示すベタシアニンと黄色のベタキサンチンに大別され，水溶性で液胞に分布する．この色素の分布はきわめて限られており，マツバボタン，オシロイバナなど，アカザ目やサボテン目に属する植物にのみ見出されている．これらでは，花弁の主要な色素となっている．興味深いことに，ベタレイン類を含む花きではアントシアニンは見出されていない．

(2) 青い花色の発現機構

　青い色の発現機構は複雑であるため，古くから多数の研究が行われてきた．デルフィニジンは青い色の原因色素とみなされる場合もあるが，デルフィニジ

ンが蓄積しても鮮やかな青色となる場合は少ない．ソライロアサガオではシアニジン系色素のペオニジンを含むにもかかわらず，液胞内のpHが弱アルカリ性になることにより青色となる（Yoshidaら，1995）．ツユクサ，アジサイ，ヤグルマギクでは，アントシアニンがフラボノールなどの共存物質と会合し，さらに金属イオンと金属錯体を形成することにより，青い色を発現させている（斎藤，2002）．ツユクサの青い色素コンメリニンは，デルフィニジン系のマロニルアオバニンとフラボン系のフラボコンメリニンそれぞれ6分子が分子間会合し，さらに2分子のMg^{2+}と錯体を形成した構造となっている（Kondoら，1992）．

(3) 花弁の着色機構

蕾が発育する過程で，花弁に花色素が蓄積する．色素濃度が最大となるのは，通常は花弁が完全に展開する前の段階である．この過程で色素生合成に関与する遺伝子の発現が誘導される．

ペチュニア，キンギョソウなどいくつかの植物では，アントシアニン基本骨格の生合成に関与するすべての遺伝子が単離されている．キンギョソウとペチュニアでは，アントシアニン生合成に関与する酵素遺伝子群は蕾の発育に伴い誘導されるが，早期に発現する遺伝子群と遅れて発現する遺伝子群とに大別される．アントシアニンの生合成には，少なくとも4種類の転写調節因子が関与していることが見出されている．また，液胞への輸送にはグルタチオンSトランスフェラーゼが必須となっている（星野ら，2002）．

キクでは，カロテノイド基本骨格の生合成に関与する遺伝子はすべて単離されているが，発現調節機構についてはよくわかっていない．また，ベタレインの生合成経路は完全には確立されていない．

7）遺伝子組換えによる花色の改変

花色素生合成に関与する遺伝子の導入により花色が改変された最初の報告は，トウモロコシ由来のジヒドロフラボノール-4-還元酵素（*DFR*）遺伝子をペ

チュニアに導入して，ペラルゴニジンを生成し，赤レンガ色の形質転換体が作出されたものである（Meyerら，1987）．さらに，ペチュニアにおいて，カルコン合成酵素（CHS）遺伝子のアンチセンス鎖とセンス鎖それぞれの導入によりアントシアニン生成が抑制され花色が改変された形質転換体の作出が報告された（Napoliら，1990；van der Krolら，1990）．これを契機として，これまでにガーベラ，キク，トルコギキョウ，トレニア（口絵8）をはじめとした多くの花きで CHS と DFR に加え，カルコン還元酵素（CHR），フラボノイド-3'-水酸化酵素（F3'H），フラボノイド-3',5'-水酸化酵素（F3'5'H），フラボノール合成酵素（FLS）遺伝子などの導入により，花色が改変された形質転換体が作出されている（表7-6）．

花色を青色など特定の色に改変することは，単に花色をかえることよりもはるかに困難であり，周到なストラテジーが必要とされる．

例えば，カーネーションにおいて，花色を青色に改変するためにデルフィニジンの生合成に関与する F3'5'H 遺伝子を導入して過剰発現させると，デルフィ

表7-6 遺伝子組換えにより花色を改変した報告例

植物	導入遺伝子		花色		報告
	アンチセンス	センス	野生型	組換え体	
カーネーション		CHS	ピンク	白	Gutterson (1995)
ガーベラ	CHS		赤	ピンク/クリーム	Elomaa et al. (1993)
	DFR		赤	ピンク	Elomaa et al. (1993)
キク		CHS	ピンク	白	Courtney-Gutterson et al. (1994)
	CHS		ピンク	白	Courtney-Gutterson et al. (1994)
トルコギキョウ	CHS		紫	白	Deroles et al. (1998)
トレニア	CHS		紫	薄紫色	Aida et al. (2000)
	DFR		紫	薄紫色	Aida et al. (2000)
		CHS	紫	薄紫色	Aida et al. (2000)
		DFR	紫	薄紫色	Aida et al. (2000)
		F3'5'H	青	ピンク	Suzuki et al. (2000)
ペチュニア		DFR	薄ピンク	オレンジ	Meyer et al. (1987)
	CHS		赤	白	van der Krol et al. (1988)
		CHS	紫	白	van der Krol et al. (1990)
		F3'H	藤色	ピンク	Brugliera et al. (1999)
		F3'5'H	薄ピンク	赤紫色	Holton et al. (1993)
		CHR	白	薄黄色	Davies et al. (1998)
		FLS	紫	赤	Holton et al. (1993)

ニジンは合成されるものの，本来の色素であるシアニジンも合成されてしまうため，アントシアニンをデルフィニジンのみにすることはできない．サントリーの研究グループは青いカーネーションを作出するため，白色で内在のDFR遺伝子が機能していない品種にペチュニアのF3'5'H遺伝子とデルフィニジンの合成に適しているDFR遺伝子を導入した．その結果，アントシアニンがデルフィニジンのみとなることにより，従来よりも青みがかったカーネーションの作出に成功した（Tanakaら，2005；口絵10）．これは，遺伝子組換えにより花色が改変された組換え植物で唯一商品化されているものであり，ムーンダストシリーズとして販売されている．

サントリーの研究グループはさらに「青い」バラを作出するため，フラボノール含量と花弁のpHが高くF3'H活性が低いと考えられる品種に，パンジーのF3'5'H遺伝子とデルフィニジン合成に適するアイリスのDFR遺伝子の導入に加え，バラのDFR遺伝子のRNAi法による抑制を試みた．その結果，アントシアニンがすべてデルフィニジンのみとなり，既存の品種よりも青みがかった花色の組換え体の作出に成功した（勝元ら，2005；口絵11）．

このように，カーネーションとバラでアントシアニンをデルフィニジンのみとすることには成功したが，真に青い色になったとはいいがたい．青い色を発現させるためにはデルフィニジンの蓄積のみでは無理であり，液胞のpHをアルカリ化する，あるいは金属複合体を形成させるようなストラテジーが必要とされよう．

引 用 文 献

1. 1) エチレン生合成と情報伝達系

Alexander, L. et al. J. Exp. Bot. 53:2039-2055, 2002.
Alonso, J. M. et al. Science 284:2148-2152, 1999.
Bleecker, A. B. et al. Science 241:1086-1089, 1988.
Chae, H.S. et al. Plant Cell 15:545-559, 2003.
Chang, C. et al. Science 262:539-544, 1993.
Chao, Q. et al. Cell 89:1133-1144, 1997.

Chen, Y.F. et al. J. Biol. Chem. 277:19861-19866, 2002.
Chung, M. C. et al. Plant Cell Physiol. 43:549-554, 2002.
Gao, Z. et al. J. Biol. Chem. 278:34725-34732, 2003.
Grossmann, K. J. Plant Growth Regul. 22:109-122, 2003.
Guo, H. et al. Cell 115:667-677, 2003.
Hirayama, T. et al. Cell 97:383-393, 1999.
Hua, J. et al. Cell 94:261-271, 1998.
Huang, Y. et al. Plant J. 33:221-233, 2003.
Hyodo, H. Bot. Bull. Acad. Sin. 44:179-186, 2003.
Itai, A. et al. Mol. Gen. Genet. 261:42-49, 1999.
Kende, H. Annu. Rev. Plant Physiol. Plant Mol.Biol. 44:283-307, 1993.
Kieber, J. J. et al. Cell 72:427-441, 1993.
Liu, X. et al. Plant Physiol. 121:1257-1265, 1999.
Liu, Y. et al. Plant Cell 16:3386-3399, 2004.
Ma, B. et al. Plant Physiol. 141:587-597, 2006.
Matarasso, N. et al. Plant Cell 17:1205-1216, 2005.
Nakajima, N. et al. Plant Cell Physiol. 31:1021-1029, 1990.
Owino, W.O. et al. Plant Physiol. Biochem. 44:335-342, 2006.
Potuschak, T. Cell 115:679-689, 2003.
Solano, R. et al. Genes Dev. 12:3703-3714, 1998.
Sunako, R. et al. Plant Physiol. 119:1297-1303, 1999.
Tatsuki, M. et al. J. Biol. Chem. 276, 28051-28057, 2001.
Tatsuki, M. et al. J. Exp. Bot. 57:1281-1289, 2006.
Tatsuki, M. et al. Plant Cell Physiol. 40:709-715, 1999.
Tieman, D. M. et al. Proc. Natl. Acad. Sci. USA 97:5663-5668, 2000.
Vogel, J. P. et al. Proc. Natl. Acad. Sci. USA 95:4766-4771, 1998.
Wang, W. et al. Proc. Natl. Acad. Sci. USA 100:352-357, 2003.
Wang, K. L. et al. Nature 428:945-950, 2004.
Wilkinson, J. Q. et al. Nature Biotechnol. 15:444-447, 1997.
Wilkinson, J. Q. et al. Science 270:1807-1809, 1995.
Yamagami, T. et al. J. Biol. Chem. 278:49102-49112, 2003.
Yang, S. F. et al. Annu. Rev. Plant. Physiol. 35:155-189, 1984.
Yoon, I. S. et al. Plant Cell Physiol. 40:431-438, 1999.

第7章 成熟，老化の生理

1. 2) エチレンの制御とクライマクテリックライズの機構

Ayub, R. et al. Nature Biotechnol. 14:862-866, 1996.

茶珍和雄 昭和62年園芸学会秋季大会シンポジウム講演要旨. 129-140. 1987.

Hamilton, A. et al. Nature 346:284-287, 1990.

Hiwasa K. et. al. J. Exp. Bot. 54:771-779, 2003.

Klee H. J. et al. Plant Cell 3:1187-1193, 1991.

Kubo, Y. et al. HortScience. 38:1414-1416, 2003.

McGlasson, W. B. HortScience 20:51-54, 1985.

Nakano, R. et al. Plant Physiol. 131:276-286, 2003.

Nakatsuka A. et al. Plant Physiol. 118:1295-1305, 1998.

Oeller, P. W. et al. Science 254:437-439, 1991.

Owino, W. et al. Plant Physiol. Biochem.（In press, 2006）.

Sisler, E. C. et al. Physiol. Plant. 100:577-582, 1997.

Tatsuki, M. et al. Plant Cell Physiol, 40:709-715, 1999.

Tieman, D. M. et al. Plant J. 26:47-58, 2001.

Vrebalov, J. et al. Science 296:343-346, 2002.

Wills R. B. H. et al. Postharvest. UNSW Press, 1998.

1. 3) 糖の生成・蓄積機構

Archbold, D.D. Physiol. Plant. 105:391-395, 1999.

Etxeberria, E. et al. Plant Cell Physiol. 46:474-481, 2005.

Hubbard, N.L. et al. Plant Physiol. 91:1527-1534, 1989.

Iida, M. et al. J. Amer. Soc. Hort. Sci. 129:870-875, 2004.

Klann, E.M. et al. Plant Physiol. 112:1321-1330, 1996.

Koch, K. Current Opinion Plant Biology 7:235-246, 2004.

小宮山美弘ら 日食工誌 32:522-529, 1985.

Moriguchi, T. et al. J. Amer. Soc. Hort. Sci. 115:278-281, 1990.

Moriguchi, T. et al. J. Amer. Soc. Hort. Sci. 117:274-278, 1992.

Nguyon-Quoc, B. et al. J. Exp. Bot. 50:785-791, 1999.

Perata, R.T.N. et al. Plant Physiol. 114:307-314, 1997.

Roitsch, T. et al. Trends Plant Science 9:606-613, 2004.

Stommel, J.R. et al. Plant Physiol. 99:324-328, 1992.

Tanase, K. et al. Plant Cell Physiol. 41:408-414, 2000.

1.4) 有機酸の組成・集積機構

Canel, C. et al. Plant Mol. Biol. 31:143-147, 1996.
de la Fuente, J.M. et al. Science 276:1566-1568, 1997.
Hirai, M. Plant Cell Physiol. 18:791-799, 1977.
Lopez-Bucio, J. et al. Nature Biotechnol. 18:450-453, 2000.
松井弘之 大阪府立大学学位論文 1976.
Moing, A. et al. Physiol. Plant. 108:1-10, 2000.
Sadka, A. et al. Physiol. Plant. 108:255-262, 2000.
Sadka, A. et al. Plant Sci. 158:173-181, 2000.
山下市二ら 農化 48:151-154, 1974.

1.5) 軟化機構

Brummell, D.A. et al. Plant Cell 11:2203-2216, 1999b.
Brummell, D.A. et al. Plant Mol. Biol. 39:161-169, 1999a.
Brummell, D.A. et al. Plant. Mol. Biol. 33:87-95, 1997.
Carpita, N.C. et al. Plant J. 3:1-30, 1993.
Civello, P.M. et al. Plant Physiol. 121:1273-1279, 1999.
Giovannoni, J.J. et al. Plant Cell 1:53-63, 1989.
Gonzalez-Bosch, C. et al. Plant Physiol. 111:1313-1319, 1996.
Gross, K.C. et al. Phytochemistry 23:2457-2461, 1984.
Hiwasa, K. et al. Physiol. Plant. 117:564-572, 2003.
Itai, A. et al. J. Exp. Bot. 54:2615-2622, 2003.
Kitagawa, Y. et al. Physiol. Plant. 93:545-550, 1995.
Koch, J.L. et al. Plant Physiol. 91:816-822, 1989.
Kramer, M et al. Postharvest Biol. Technol. 1:241-255, 1992.
Lashbrook, C.C. et al. Plant Cell 6:1485-1493, 1994.
Mwaniki, M.W. et al. Postharvest Biol. Technol. 36:253-263, 2005.
Nishitani, K. et al. J. Biol. Chem. 267:21058-21064, 1992.
Owino, W.O. et al. Postharvest Biol. Technol. 32:253-261, 2004.
Pressey, R. Plant Physiol. 71:132-135, 1983.
Rose J.K.C. et al. Plant Cell Physiol. 43:1421-1435, 2002.
Rose J.K.C. et al. Proc. Natl. Acad. Sci. USA 94:5955-5960, 1997.
Schuch, W. et al. HortScience 26:1517-1520, 1991.
Sheehy, R.E. et al. Proc. Natl. Acad. Sci. USA 85:8805-8809, 1988.

Smith, C.J.S. et al. Nature 334:724-726, 1988.
Smith, D.L. et al. Plant Physiol. 123:1173-1184, 2000.
Smith, D.L. et al. Plant Physiol. 129:1755-1762, 2002.
Smith, R.C. et al. Biochem. J 279:529-535, 1991.
Tateishi, A. et al. J. Amer. Soc. Hort. Sci. 130:819-829, 2005.
Tateishi, A. et al. J. Japan. Soc. Hort. Sci. 70:586-892, 2001a.
Tateishi, A. et al. Plant Cell Physiol. 42:492-498, 2001b.
Tateishi, A. et al. Plant Physiol. 138:1653-1664, 2005.
Tieman, D.M. et al. Plant Cell 4:667-679, 1992.

1. 6) 着 色 機 構

Al-Babili, S. and Beyer, P. Trends Plant Science, 10:565-573, 2005.
Bagchi, D. et al. Toxicology 148:187-197, 2000.
Bartley, G.E. and Scolink, P.A., Plant Cell, 7:1027-1038, 1995.
Bird, C.R. et al. BioTechnology, 9:635-639, 1991.
Boss, P.K. Plant Physiol., 111:1059-1066, 1996.
Bramley, P.M. et al. Plant J. 2:343-349, 1992.
Cone, K.C. et al. Proc Natl Acad Sci USA 83:9631-9635, 1986.
Cunningham, F.J. and Grantt, E. Annu. Rev. Plant Physiol. and Plant Mol. Biol. 49:557-583, 1988.
Cutler, A. J. and Krochko, J.E. Trends. Plant Sci., 4:472-478, 1999.
Fauconneau, B. Life Sci. 61:2103-2110, 1997.
Fraser, P. D. et al. Plant Physiol. 105:405-413, 1994.
Fukuda-Tanaka, S. et al. Nature, 405:581, 2000.
Giuliano, G. et al. Plant Cell, 5:379-387, 2003.
林　孝三（編）植物色素, 養賢堂 ,1988.
Holton, T. A. and Cornish, E. C. Plant Cell, 7:1071-1083, 1995.
Iuchi, S. et al. Plant J. 27:325-333, 2001.
Kato, M. et al. Plant Physiol. 134:824-837, 2004.
Kobayashi, S. et al. Planta, 215:924-933, 2002.
Kobayashi, S. et al. Science, 304:982, 2004.
Lois, L. M. et al. Plant J. 22:503-513, 2000.
Olsen, J.A. J. Nutrition, 119:105-108, 1989.
Rodrigues-Concepcion, M. and Bornet, A. Plant Physiol. 130:1079-1089, 2002.

Ronen, G. et al. Plant J. 17:341-351, 1999.
Schofield, A. and Paliyath, G. Plant Physiol. and Biochem. 43:1052-1060, 2005.
Schwartz, S.H. et al. Science 276:1872-1874, 1997.
Shiono, M. et al. Nature, 436:791,2005.
Strackeet, R. et al. Curr Opin Plant Biol 4:447-456,2001.
植物色素研究会（編）植物色素研究法 , 大阪府立大学共同出版会 , 2004.
Terrier et al. Planta 222:832-847, 2005.
Thomas, R.L. and Jen, J.J. Plant Physiol. 56::452-453, 1975.
Thompson, A. et al. Plant J. 23:363-374, 2000.
Tsukaya, H. et al. Plant Physiol. 97:1414-1421, 1991.
Ubi, B. E. et al. Plant Science 170:571-578, 2006.
Yamane, T. et al. Amer. J. Enol. Viticulture, 57:54-59, 2006.
Yoshida, K. et al. Plant Cell Physiol., 44:262-268, 2003.

1. 7）タンニンと脱渋機構

Choi, Y.A. et al. J. Hort. Sci. Biotechnol. 78:265-271, 2003.
Ikegami, A. et al. HortSci. 41:561-563, 2006.
Ikegami, A. et al. J. Hort. Sci. Biotechnol. 80:225-228, 2005.
Kanzaki, S. et al. J. Amer. Soc. Hort. Sci. 126:51-55, 2001.
Kanzaki, S. et al. J. Japan. Soc. Hort. Sci. 69:702-704, 2000.
Oshida, M. et al. Postharvest Biol. Technol. 8:317-327, 1996.
Sugiura, A. and Tomana, T. HortSci. 18:319-321, 1982.
杉浦　明ら 園芸学会雑誌 44:265-272, 1975.
米森敬三・松島二良 園芸学会雑誌 54:201-208, 1985.
Yonemori, K. and Matsushima, J. Amer. Soc. Hort. Sci. 112:818-821, 1987.
Yonemori, K. et al. Plant Breeding Reviews 19:191-225.

2. 花の老化および着色

Aida, R. et al. Plant Sci. 138:91-101, 1998.
Aida, R. et al. Plant Sci. 153:33-42, 2000.
Borochov, A. et al. Hort. Rev. 11:15-43, 1989.
Bovy, A.G. et al. Mol. Breed. 5:301-308, 1999.
Brugliera, F. et al. Plant J. 19:441-451, 1999.
Courtney-Gutterson, N. et al. Bio/Technology 12:268-271, 1994.
Davies, K.M. et al. Plant J. 13:259-266, 1998.

Deroles, S. et al. Mol. Breed. 4:59-66, 1998.

Elomaa, P. et al. Bio/Technology 11:508-511, 1993.

Goto, R. et al. J. Japan. Soc. Hort. Sci. 68:263-268, 1999.

Gutterson, N. HortScience 30:964-966, 1995.

Holton, T.A. et al. Nature 366:276-279, 1993.

星野　敦ら 蛋白質核酸酵素 47:210-216, 2002.

市村一雄 農業技術 60：245-248, 2005.

Iordachescu, M. et al. J. Exp. Bot. 56:2011-2018, 2005.

Iwazaki, Y. et al. J. Appl. Hort. 6:67-71, 2004.

Jones, M. L. et al. Plant Physiol. 119:755-764, 1999.

勝元幸久ら 化学と生物 43:122-126, 2005.

Kondo, T. et al. Nature 358:515-518, 1992.

Kosugi, Y. et al. Plant Sci. 158:139-145, 2000.

Meyer, P. et al. Nature 330:677-678, 1987.

Napoli, C. et al. Plant Cell 2:279-289, 1990.

Onozaki, T. et al. J. Japan. Soc. Hort. Sci. 75:256-263, 2006.

斎藤規夫 蛋白質核酸酵 47:202-209, 2002.

Savin, K.W. et al. HortScience 30:970-972, 1995.

Shibuya K. et al. J. Exp. Bot. 353:2067-2073, 2000.

Shibuya K. et al. J. Exp. Bot. 368:399-406, 2002.

Suzuki, K. et al. Mol. Breed. 6:239-246, 2000.

Tanaka, Y. et al. Plant Cell Tiss. Org. Cult. 80:1-24, 2005.

van der Krol, A.R. et al. Mol. Gen. Genet. 220:204-212, 1990.

van der Krol, A.R. et al. Nature 333:866-869, 1988.

van Doorn, W.G. et al. Plant Mol. Biol. 53:845-863, 2003.

Veen, H. Planta 145:467-470, 1979.

Wilkinson, J.Q. et al. Nature Biotechnol. 15:444-447, 1997.

Woltering, E.J. et al. J. Exp. Bot. 39:1605-1616, 1998.

Woodson, W. R. et al. Plant Physiol. 99:526-532, 1992.

Yamada, T. et al. Plant Sci. 164:213-221, 2003.

Yamane, K. et al. J. Japan. Soc. Hort. Sci. 64:411-416, 1995.

Yoshida, K. et al. Nature 373:291, 1995.

第8章 生理障害の機構

1. 酸化ストレス

　園芸作物は生育中および収穫後に光，温度，湿度，大気などの環境ストレスに遭遇する．このような環境ストレスは活性酸素種（active oxygen species）の生成を促し，過度のストレス下に置かれた組織内は酸化ストレス状態となり，生理障害の発生や老化が促進される．一方，園芸作物にはアスコルビン酸，トコフェロール，ポリフェノール類などの抗酸化物質（antioxidant）とスーパーオキシドジスムターゼ（superoxide dismutase, SOD），アスコルビン酸ペルオキシダーゼ（ascorbate peroxidase, APX），カタラーゼ（catalase, CAT）などの抗酸化酵素が存在し，組織内の酸化ストレスに対処している．園芸作物の生育と収穫後の品質の保持には，これらの抗酸化物質および抗酸化酵素が効果的に作用することが必要である．ここでは，園芸作物の酸化ストレスについて取りあげる．

1）活性酸素の生成と消去システム

　酸素分子の基底状態は，不対電子を2個保持する三重項状態である（$^3O_2$）．酸素が電子を受け取り還元される過程で，スーパーオキシドアニオンラジカル（・O_2^-），過酸化水素（H_2O_2）およびヒドロキシラジカル（・OH）が生成される．また，酸素分子の電子スピンの状態が変化を受けると一重項酸素（$^1O_2$）が生成される．これら三重項酸素から生成した酸素種が活性酸素と呼ばれ，生体中の酸化還元反応に関与している．園芸作物が環境ストレスなどに遭遇すると，これら活性酸素が細胞内において生成されるが，同時に抗酸化物質，抗酸化酵素および消去システムが存在し，酸化ストレス状態になるのを制御してい

る（Hodgesら，2003；Toivonen，2004）（表8-1，図8-1）．SODはクロロプラスト，ミトコンドリア，細胞質など細胞内に遍在しており，酸素の活性化により生じる・O_2^-はSODにより消去されH_2O_2となる．H_2O_2はほかの活性酸素に比べて安定であることから，組織内におけるストレス状態のシグナル伝達の役割を担っていることが示唆されている（Neilら，2002）．H_2O_2の消去システムとしては，特にアスコルビン酸 - グルタチオン（ascorbate-glutathione,

表8-1 抗酸化物質，抗酸化酵素および抗酸化サイクル

抗酸化物質
アスコルビン酸（ビタミンC），α-トコフェロール（ビタミンE），ポリフェノール（コーヒー酸，クロロゲン酸，カテキン，フラボノイド，アントシアニンなど），グルタチオン，カロテノイド…活性酸素およびフリーラジカル（不飽和脂肪酸などのラジカル）消去

抗酸化酵素と抗酸化サイクル
・スーパーオキシドジスムターゼ（SOD）…・O_2^-消去
・アスコルビン酸ペルオキシダーゼ（APX）…H_2O_2消去
・ペルオキシダーゼ（POX）…H_2O_2消去
・グルタチオンペルオキシダーゼ（GPX）…H_2O_2消去
・カタラーゼ（CAT）…H_2O_2消去
・アスコルビン酸 - グルタチオンサイクル…H_2O_2消去

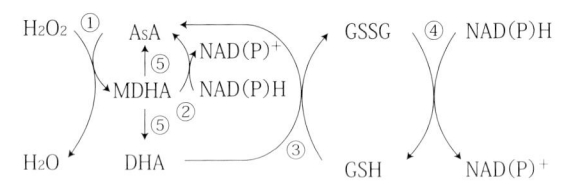

$$H_2O_2 \xrightarrow{①} AsA \rightleftarrows NAD(P)^+ \quad GSSG \xrightarrow{④} NAD(P)H$$
$$\quad \uparrow⑤ \quad \quad \quad \quad \quad$$
$$\quad MDHA \quad NAD(P)H$$
$$\quad \downarrow⑤ \quad ②$$
$$H_2O \quad DHA \xrightarrow{③} GSH \quad NAD(P)^+$$

GSH：還元型グルタチオン，GSSG：酸化型グルタチオン．

・α-トコフェロール，アスコルビン酸による抗酸化サイクル…脂肪酸ラジカル消去

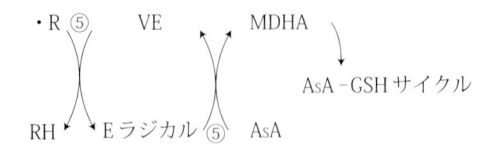

$$・R \xrightarrow{⑤} VE \rightleftarrows MDHA$$
$$\quad \quad \quad \quad \searrow AsA - GSHサイクル$$
$$RH \quad Eラジカル \xrightarrow{⑤} AsA$$

RH：不飽和脂肪酸（生体膜），VE：ビタミンE，①APX，②モノデヒドロアスコルビン酸（MDHA）還元酵素，③デヒドロアスコルビン酸（DHA）還元酵素，④グルタチオン還元酵素，⑤非酵素的反応．

第8章 生理障害の機構

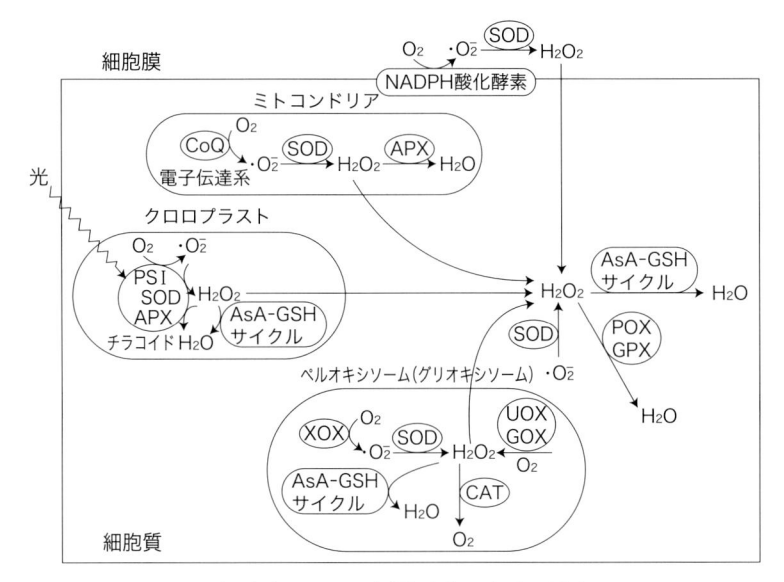

図8-1 細胞内における活性酸素の生成・消去システム
XOX：キサンチン酸化酵素，UOX：尿酸化酵素，GOX：グリコール酸酸化酵素．

AsA-GSH）サイクルが作用しており，クロロプラスト，ミトコンドリア，ペルオキシソームなどの細胞内顆粒，アポプラスト，細胞質など，細胞内に遍在し，活性酸素の消去に重要な役割を担っているものと思われる．一方，H_2O_2 消去酵素である CAT はペルオキシソームに偏在し，また H_2O_2 に対する親和性が APX に比べ低いことなどから，細胞内の H_2O_2 が過剰になった場合，機能するものと思われる（Mittler, 2002）．しかしながら，エンドウ葉の老化に伴いペルオキシゾーム数が増加することが報告され（Sala ら，2000），またオレンジの低温障害では果皮中の CAT が H_2O_2 の消去に強く関与していることが認められていることから（Pastori ら，1994），CAT も H_2O_2 消去に関して重要な役割を担っているものと推察される．さらに，・OH は細胞内に存在する Fe^{3+} イオンなどの金属イオンと H_2O_2 とのフェントン反応により生じるものと思われる．

組織内において，これら活性酸素による酸化ストレス状態が継続されると，生体膜脂質の酸化が生じ機能低下となり，障害発生や老化が促進される．また，

ストレス下でない定常状態でも,活性酸素は細胞内のクロロプラスト,ミトコンドリア,ペルオキシソームなどから常に生成されており,一方では消去システムの作用により消去され,一定濃度が維持されている.このような生体中の酸化還元バランスが生体の維持に必要と思われる.

2）酸化ストレスと環境要因

植物体は昼間の太陽光線を受け光合成を行っているが,強光下ではクロロプラストチラコイド膜での電子伝達系により生じる電子が過剰となり,周辺に存在する酸素が活性化され,多量の $\cdot O_2^-$ 生成を導く.チラコイド膜にはSOD（Cu-Zn型）ならびにチラコイド膜結合型APX（tAPX）が存在しており,$\cdot O_2^-$ および H_2O_2 の消去に関与している（Asada, 1999）.

tAPXにより還元型アスコルビン酸（L-ascorbic acid, AsA）はモノデヒドロアスコルビン酸（MDHA）となり,MDHAはフェレドキシンによりAsAに再還元されるか,2分子のMDHAは不均化反応により,AsAと酸化型アスコルビン酸（デヒドロアスコルビン酸,DHA）に変化する.ストロマ中に放出された H_2O_2 はストロマ中に存在するストロマ型APX（sAPX）とそれに続くAsA-GSHサイクルにより無毒化される.また,光呼吸が盛んになるとペルオキシソームではキサンチンオキシダーゼ,グリコレートオキシダーゼなどによる活性酸素生成が盛んになり,CATによる H_2O_2 の消去と同時にSODおよびAsA-GSHサイクルによる消去も行われる.また,SOD,AsA-GSHサイクルに関する酵素は光照射により発現されることが報告されている（森田ら,1999）.UV-Bなどの紫外線照射が活性酸素の生成を導くことが報告されており,キュウリ葉ではSOD,APX活性の増大とフェノール化合物の増加が認められている（Kondoら,2000）.

低温,高温下に置かれた植物体は活性酸素の生成がみられ,消去システムがうまく作用しない場合,生体膜の変化が生じ障害発生となる（☞ 2.「低温障害」,3.「高温障害」）.カンキツ,キュウリ,ピーマンなどの果実の低温障害発生に活性酸素,活性酸素生成・消去関連酵素活性の増減が関与していることが報告

されている（Hodges ら，2003）．幼植物が低温（5℃）下に置かれると生育抑制が生じるが，高温処理（42℃，24 時間）を行うことにより生育が維持される．高温処理はサイトゾル型 APX 酵素遺伝子の発現と APX 活性を増大し，低温ストレスを回避しているものと思われる（Sato ら，2001）．また，トマトにおいて高温（35℃）での生育抑制は，葉の SOD 活性と H_2O_2 の増加および AsA-GSH サイクルの活性低下による酸化ストレスが要因であると報告されている（Rivero ら，2004）．

乾燥下に置かれた植物では組織内が酸化ストレス状態となり，特に H_2O_2 の蓄積，脂質過酸化が生じることが知られている．また，ケール，キャベツなどの野菜類では，アスコルビン酸やカロテノイドなどの抗酸化成分の減少が認められている（Hodges，2004）．グラジオラス（切花）の花被における老化（「しおれ」など）には，SOD 活性増大と APX 活性低下，それに伴う H_2O_2 の増加による酸化ストレスが関与することが報告されており（Hossain ら，2006），また，ダッチアイリス（切花）花被の老化においても，SOD，APX および CAT による活性酸素消去活性の低下が関与していることが認められている（Bailly ら，2001）．このように，環境要因の変化は酸化ストレスを誘導し，その状態の継続が障害発生および老化に導くものと思われる．

3）酸化ストレスのシグナル応答因子としての活性酸素

細胞内の活性酸素生成・消去に関わる酵素発現調節に活性酸素，特に H_2O_2 が深く関わっていることが報告されている．H_2O_2 はほかの活性酸素に比べ安定性が高く，また，H_2O_2 処理したイネにおいてサイトゾル型 APX の発現が高まること，さらに，パラコート処理によるサイトゾル型 APX 発現も H_2O_2 を介していることから，H_2O_2 は細胞間でのシグナル伝達の役割を担っているものと考えられる（Morita ら，1999）．$\cdot O_2^-$ もシグナル応答因子として（Vranová ら，2002），アブシジン酸（Hung ら，2004），ジャスモン酸（Kondo ら，2005）などの植物ホルモンも抗酸化酵素発現への関与が報告されている．

2. 低温障害

　熱帯・亜熱帯原産の園芸作物は生育中および収穫後に一定温度以下の低温に置かれると，生育不良，褐変（browning）などの生理障害（physiological disorder）が生じる．この現象は低温障害（chilling injury）と呼ばれ，特に収穫後の園芸作物を低温貯蔵した場合に発生し大きな問題となってきており，これまで障害の発生状況，内容成分変化および機構解明に関して多くの研究が報告されている．ここでは，収穫後における園芸作物の低温障害を中心に解説する．

1）低温障害発生様相

　低温障害の発生様相としては褐変，陥没（ピッティング，pitting），追熟（ripening）および生育不良などが生じ，野菜ではウリ科，ナス科で多くみられ，果実ではミカン科で多くみられる（**口絵 12，表 8-2**）．果実の熟度は低温障害発生に影響しており，一般的に未熟なもので障害が著しい．また，幼植物も低温下に置かれると，障害が発生し生育不良となる．

2）障害発生に伴う呼吸と内容成分の変化

　収穫後，低温に置かれた園芸作物は呼吸量が低下するが，障害発生に伴い呼吸代謝が影響を受ける．この変調は低温から昇温されることにより顕著となり，異常呼吸が生じる（邨田，1980）．

　褐変はフェノール化合物の酸化により生じる．褐変にはクロロゲン酸（chlorogenic acid）などのo‐ジフェノールが関与しており，低温貯蔵に伴い増加が認められる（Lieberman ら，1958；阿部ら，1976）．このフェノール化合物生成の調節酵素としてフェニルアラニンアンモニアリアーゼ（phenylalanine ammonia-lyase，PAL）が関与しており，ミカンでは PAL 活性の増加と PAL 酵素遺伝子発現が同時に認められる（Sanchez-Ballesta ら，2000）．また，褐変反応にはポリフェノール酸化酵素（polyphenol oxidase，PPO）が関与

第8章 生理障害の機構

表8-2 園芸作物の低温障害発生状況

種　類	科　名	温度（℃）	障害状況
インゲンマメ	マ　メ	8～10	水浸状ピッティング
オクラ	アオイ	7.2	水浸状斑点，腐敗
カボチャ	ウ　リ	7～10	内部褐変，腐敗
キュウリ	ウ　リ	7.2	ピッティング，水浸状軟化
スイカ	ウ　リ	4.4	内部褐変，オフフレーバー
メロン（カンタロープ）	ウ　リ	2.5～4.5	ピッティング，果表面の腐敗
（ハニデュー）	ウ　リ	7.2～10	ピッティング，追熟不良
サツマイモ	ヒルガオ	10	内部褐変
トマト（熟果）	ナ　ス	7.2～10	水浸状軟化
（未熟果）	ナ　ス	12～13.5	追熟不良，腐敗
ナ　ス	ナ　ス	7.2	ピッティング，やけ
ピーマン	ナ　ス	7.2	ピッティング，がくと種子褐変
アボカド	クスノキ	5～11	追熟不良，果肉の変色
ウ　メ	バ　ラ	5～6	ピッティング，褐変
オリーブ	モクセイ	7.2	内部褐変
オレンジ	ミカン	2～7	ピッティング，褐変
グレープフルーツ	ミカン	8～10	ピッティング
レモン（黄熟果）	ミカン	0～4.5	ピッティング，じょうのう褐変
（緑熟果）	ミカン	11～14.5	ピッティング
ハッサク	ミカン	4～6	コハン症
ナツミカン	ミカン	3～7	コハン症，褐変
バナナ	バショウ	12～14.5	果肉褐変，追熟不良
パイナップル	パイナップル	4.5～7.2	果芯部黒変，追熟不良
パッションフルーツ	トケイソウ	5.5～7	オフフレーバー
パパイヤ（熟果）	パパイヤ	7.5～8.5	ピッティング，オフフレーバー
（未熟果）	パパイヤ	10	ピッティング，追熟不良
マンゴー	ウルシ	7～11	灰色やけ，追熟不良
リンゴ（一部の品種）	バ　ラ	2.2～3.3	内部褐変，やけ

（邨田卓夫，1980）

し，o-ジフェノールが酸化され，キノンを生成し，その後褐変物質へと変化する．パイナップルの褐変障害ではPPO活性の増加がみられ，さらに2種類のPPO酵素遺伝子（*PINPPO1*，*PINPPO2*）も発現が増加することが報告されている（Stewartら，2001）．

　褐変障害の発生がみられる園芸作物では，還元型アスコルビン酸（AsA）が低下するが，これはAsAがフェノール化合物の酸化を抑制（キノンの還元）することで，褐変の抑制に作用しているものと思われる（邨田，1980；山内ら，

1978).

　低温下での呼吸代謝の変化は，TCAサイクルの活性低下に伴い解糖系の活性化が導かれ，無気呼吸状態となり，結果としてアルコール，アルデヒドの蓄積が生じる（邨田，1980）．アルコール，アルデヒドの生成は組織崩壊を誘導しヤケ症状（褐変症状）となる．また，障害発生に伴いTCAサイクルの活性低下が生じ，オキザロ酢酸，α-ケトグルタル酸などのケト酸の蓄積がみられる．（邨田，1980）．

3）生体膜変化と障害発生機構

　低温障害の発生は，これまで生体膜変化と関連して検討されてきた．キュウリ，カボチャ，サツマイモなど多くの園芸作物において，低温障害発生に相前後して電解質（K^+イオンなど）漏出の生じることが確認されている．これらの事実は，膜透過性の変化が低温障害発生に関与することを支持しており，生体膜の状態変化，特に脂質変化に基づく膜流動性の変化に着目し，相転移説（Lyons, 1973），相分離説（Platt-Aloiaら，1987）が提案された．生体膜はタンパク質を取り囲む脂質二重層で形成されており，構成脂質としてリン脂質，糖脂質などが含まれている．植物脂質の構成脂肪酸は，パルミトレイン酸（$C_{16:1}$），オレイン酸（$C_{18:1}$），リノール酸（$C_{18:2}$）およびリノレン酸（$C_{18:3}$）などの不飽和脂肪酸が多く含まれており，これらの脂肪酸はパルミチン酸（$C_{16:0}$），ステアリン酸（$C_{18:0}$）などの飽和脂肪酸に比較すると融点が低く，低温下においても生体膜の流動性が高い．低温障害を受けやすい低温感受性タイプの園芸作物と低温耐性を持つタイプの構成脂肪酸を比較すると，低温耐性を示す作物では不飽和度が高いことが認められている（Lyonsら，1964）．また，抽出されたミトコンドリアのコハク酸酸化能と反応温度とのアレニウス・プロットを取ると，低温耐性を持つジャガイモなどでは温度低下に伴い直線性を示すが，低温感受性のサツマイモなどでは低温障害が生じる温度付近で折れ曲がりが生じる．これは膜脂質の流動性変化（相変化）と考えられる（邨田，1980）．

　クロロプラスト膜が他の生体膜に比べて低温による影響を受けやすいこと，

また，特に低温感受性がクロロプラスト膜におけるホスファチジルグリセロール（PG）の脂肪酸不飽和度に関連していることが報告されている（Murata ら，1992）．この PG の脂肪酸不飽和化にグリセロール-3-リン酸アシルトランスフェラーゼが関与しており，シロイズナズナ（低温耐性），カボチャ（低温感受性）の本酵素遺伝子をタバコに導入し，PG の脂肪酸組成が異なる形質転換体を作出し，低温処理を試みたところ，シロイズナズナによる形質転換は PG の不飽和脂肪酸比率も高まり低温障害が抑制された．この結果は，脂肪酸の不飽和度が低温障害発生に深く関与していることを示唆している．一方，障害発生が膜脂質よりも ATPase などの膜タンパク質の活性と構造変化に強く関与していることがトマトなどで報告されている（Bartz ら，2003）．これらの報告は，低温下での生体膜脂質およびタンパク質の状態変化が，障害発生に強く結び付いていることを証明している．

　植物体がストレス下に置かれると活性酸素が生成されることはよく知られており（☞ 1.「酸化ストレス」），生成された活性酸素が膜脂質の酸化，ひいては生体膜変性を引き起こす要因となっている．低温ストレスを受けた園芸作物では，活性酸素の生成と消去システムの活性化が生じることが報告され，また，キュウリ，ピーマンではラジカル消去剤処理が低温障害を軽減することから，脂質過酸化が障害誘導の重要な要因であることが認められている（Hodges, 2003；Shewfelt ら，2000）．さらに，エンドウの APX 酵素遺伝子を導入したトマトの形質転換体では，APX 活性が高まり，組織からのイオン漏出が抑制され，同時に低温耐性を獲得することが報告されている（Wang ら，2005）．このことは，APX 酵素遺伝子の発現により H_2O_2 が消去され，低温による酸化ストレスを軽減する役割を担っていることが示唆される．

　低温に置かれた園芸作物はいかにして低温を感知しているのであろうか．その可能性の1つは生体膜の流動性変化に伴う Ca^{2+} イオンの細胞内への移動である．Ca^{2+} イオンはプロテインキナーゼを活性化し，リン酸化による低温のシグナル伝達が行われていることが示唆されている（幸田ら，2003）．

　低温障害発生に及ぼす植物ホルモンの影響も検討されており，アボカド，ピー

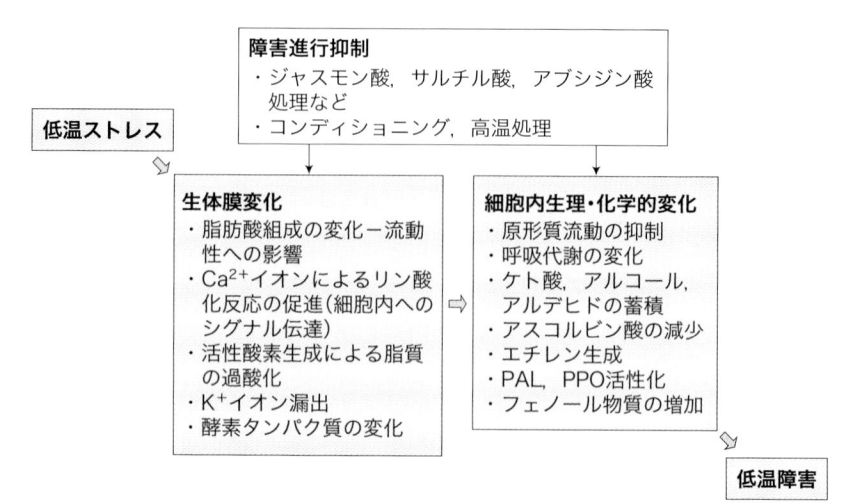

図8-2 低温障害の発生機構

障害進行抑制
・ジャスモン酸，サルチル酸，アブシジン酸処理など
・コンディショニング，高温処理

低温ストレス

生体膜変化
・脂肪酸組成の変化－流動性への影響
・Ca^{2+}イオンによるリン酸化反応の促進（細胞内へのシグナル伝達）
・活性酸素生成による脂質の過酸化
・K^+イオン漏出
・酵素タンパク質の変化

細胞内生理・化学的変化
・原形質流動の抑制
・呼吸代謝の変化
・ケト酸，アルコール，アルデヒドの蓄積
・アスコルビン酸の減少
・エチレン生成
・PAL，PPO活性化
・フェノール物質の増加

低温障害

マン，トマトなどの園芸作物においてジャスモン酸またはサリチル酸処理を行うと，低温障害が軽減されることが報告されている（Meir ら，1996；Ding ら，2001）．アブシジン酸処理は，トマト苗の低温障害を軽減することが知られており（Fung ら，2004），また，この効果は低温ストレスによる活性酸素生成を抑制することにより低温耐性を示すことが示唆されている．

以上より，低温障害の発生機構についてまとめたものが図8-2である．低温ストレス→生体膜変化→低温障害発生と推移し，この障害発生を軽減するためにコンディショニング（conditioning），高温処理（heat treatment）などが試みられている．

3．高 温 障 害

園芸作物が栽培時または収穫後に30～35℃程度より高い温度にさらされると，生育（栄養成長，生殖成長）阻害，成熟・追熟抑制，色素生成阻害などの生理障害が生じる．これらは高温障害（heat injury）と呼ばれており，近年の地球温暖化の影響から，特に夏場での園芸作物の栽培時には障害が生じる可

能性があり，また施設栽培ではよりその危険性は高まる．一方，収穫後の園芸生産物に高温処理を行うと，流通・貯蔵中における低温障害の抑制や果実の成熟・老化制御が可能となり，貯蔵性が付与されることが報告されている．ここでは，生育および収穫後の高温障害と高温を積極的に利用する園芸作物の品質保持について解説する．

1）園芸作物の生育に及ぼす高温の影響

植物の種子は高温に耐性を示すが，吸水とともに生育が開始されると高温に感受性を示し，幼植物は高温の影響を受けやすい（深澤，1995）．また，開花に伴う花粉発芽などの受精時，花蕾形成（ブロッコリーなど）を含めた生殖成長期は高温耐性が低下する（Björkman and Pearson, 1998）．さらに，果実・果菜類の色素発現も温度の影響を受け，30℃付近の高温条件ではカロテノイド（Hamauzuら, 1998）やアントシアニン（Moriら, 2004）生成が阻害される．

園芸作物において，栽培中の高温は蒸散作用を盛んにするが，土壌乾燥などにより根からの吸水が低下し，葉からの蒸散が制限されると蒸散抑制が生じる．このような状況下では，葉での光合成能も低下しており，炭水化物の生成は抑制される．一方では，温度上昇により光呼吸が増大し，植物体内でのバランスが崩れ，成長が抑制される．光合成の適温は園芸作物により異なっているものの，30℃付近以上になると光合成能は低下する（杉浦ら，1991）．また，高温による土壌の乾燥が進むと，根の活性も影響を受ける（深澤，1995）．

2）高温による細胞内の生理・生化学的変化

高温に置かれた植物ではタンパク質合成が低下するが，一方では，熱ショックタンパク質（heat shock protein, HSP）と呼ばれる一群のタンパク質が合成されることが知られている．リンゴでは圃場での高温がHSPのmRNAの発現を促すことが報告されている（Fergusonら, 1998）．マンゴー，パパイアでも高温処理がHSP合成を促すことが認められている（Paull and Chen, 2000）．HSPは，細胞内タンパク質が変性を受けたとき，タンパク質を保護す

るフォールディング（folding）などの分子シャペロン（molecular chaperone）機能を持つタンパク質として通常状態でも存在しているが，高温ストレスに遭遇すると発現が増大する．多くの種類のHSPが確認されており，それらの分子質量（KDa）から，HSP100ファミリー，HSP90ファミリー，HSP70ファミリー，HSP60ファミリー，低分子量HSP，シャペロニン（chaperonin）などに分類される（幸田ら，2003；Buchananら，2000）．また，HSPは，細胞質，小胞体，ミトコンドリア，クロロプラストなど，細胞内に遍在し，作用している．HSPにより保護されなかったタンパク質にはユビキチン（ubiquitin）が結合し，プロテアソーム（proteasome，多機能プロテアーゼ）により分解される．高温状態でのHSPの発現過程は，熱ショック転写因子（heat shock factor, HSF）により制御されている．*HSP*遺伝子のプロモーター領域には熱ショックエレメント（heat shock element, HSE）があり，HSFがHSEに結合することによりHSP合成が開始される（幸田ら，2003；Buchananら，2000）．

　高温は，細胞膜からのイオン漏出や生体膜脂質の脂肪酸組成に影響を及ぼす．セイヨウキヅタ（*Hedera helix* L.）の葉における高温障害の発生は膜透過性の変化と関連しており，障害が発生する品種は細胞膜の温度安定性が低いことが報告されている（Yeh and Hsu，2004）．また，クロロプラスト膜脂肪酸の不飽和化酵素の発現を抑制した形質転換タバコは高温耐性を持つこと(Murakamiら，2000)，さらに，シロイヌナズナ葉緑体の脂肪酸不飽和化酵素を持たない変異株が，光合成の電子伝達系などにおいて高温安定性を示すことは（Kunstら，1989），低温下とは異なり，高温では生体膜脂肪酸の飽和度が高いことが生体膜安定性につながっている可能性を示唆する．

　高温ストレスは，組織内の活性酸素生成を高める（☞ 1.「酸化ストレス」）．高温に置かれたトマトの葉部は高温障害が生じ，アスコルビン酸 - グルタチオン（AsA-GSH）サイクルの低下による過酸化水素の蓄積，スーパーオキシドジスムターゼの増加，カタラーゼおよびグルタチオンペルオキシダーゼの低下が報告されている（Riveroら，2004）．一方，イネへの低濃度の過酸化水素処理が高温ストレス耐性の獲得に作用することが認められており，*HSP26*（低分子

第8章　生理障害の機構

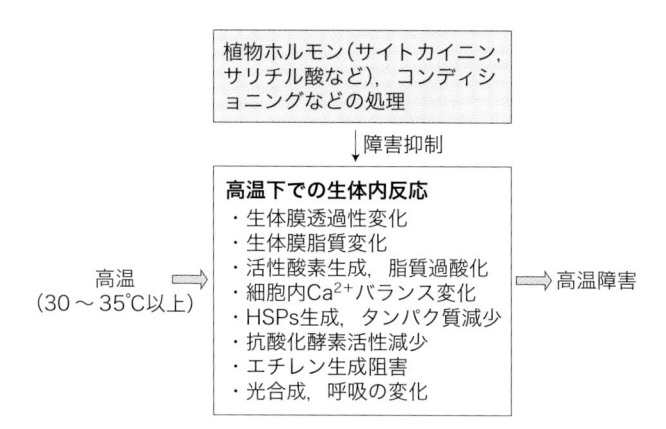

```
┌─────────────────────────┐
│ 植物ホルモン(サイトカイニン, │
│ サリチル酸など), コンディシ │
│ ョニングなどの処理         │
└─────────────────────────┘
              ↓ 障害抑制
┌─────────────────────────┐
│ 高温下での生体内反応        │
│ ・生体膜透過性変化          │
│ ・生体膜脂質変化            │
│ ・活性酸素生成, 脂質過酸化  │
│ ・細胞内Ca²⁺バランス変化    │
│ ・HSPs生成, タンパク質減少  │
│ ・抗酸化酵素活性減少        │
│ ・エチレン生成阻害          │
│ ・光合成, 呼吸の変化        │
└─────────────────────────┘
```

高温 (30〜35℃以上) ⇒ [高温下での生体内反応] ⇒ 高温障害

図8-3 高温障害の発生機構

量HSP）遺伝子の発現などを高めるシグナルとしての作用を持つものと思われる（Uchidaら，2002）．このように，高温に置かれた場合の活性酸素生成・消去バランスが，植物体の生命維持に重要な鍵となっている．

　高温は植物体の光合成能，呼吸などの代謝活性にも影響を与える．トマト植物体に高温ストレスを与えると，炭酸ガス固定の減少および光化学系における電子伝達の低下が生じる（Camejoら，2005）．高温による障害発生機構を図8-3にまとめた．

3）収穫後の高温を利用した品質制御

　収穫後における園芸作物への高温処理（heat treatment）は，古くて新しい流通・貯蔵前の予措（pretreatment）技術である．諸外国では古くから，マンゴー，パパイア，パイナップル，柑橘類などの病害虫防除法として高温処理が利用されていた．化学物質処理がこの方法に取ってかわったものの，近年，消費者が安全，安心を求めるため高温処理が再認識されるとともに，果実の追熟制御，低温障害の抑制など，病害虫防除以外の新たな生理的効果が認められている．高温処理は，40〜50℃程度の温湯（hot water）および温風（hot air）などを用い，数分から数時間の短時間処理が行われる（Lurie，1998）．

収穫後のブロッコリー花蕾に高温処理を行うと,貯蔵中における花蕾の黄化（yellowing）が抑制される．この老化抑制は,高温処理によるクロロフィル分解酵素活性の抑制とAsA-GSHサイクルの活性化によっているものと思われる（Funamotoら,2002；Shigenagaら,2005）．多くの園芸作物で40℃前後の高温処理が,貯蔵中の低温障害を抑制することが報告されている．この抑制効果は,高温処理によるHSPの生成および生体膜脂質への影響などにより生じているものと推察されている（Sanchez-Ballestaら,2000）．また,マンダリン果実では,37℃1〜3日間のコンディショニングによって低温障害（果皮褐変）が抑制されるが,これは高温処理によるPAL酵素遺伝子の発現と活性への影響によるものと推察されている．さらに,高温処理は果実追熟時のエチレン生成,呼吸量,軟化,内容成分の変化にも影響を与え,追熟の制御が可能となる．このように高温処理は,病害虫の防除のみならず,収穫後の鮮度保持への効果も期待できることから,図8-4のような処理装置が考案されている（Fallik,2004）．

高温貯蔵についても検討されており,30℃付近での高温貯蔵は,トマト,スモモなどの果実において鮮度保持が可能であることが報告されている（藤巻,1984；小宮山,1987）．しかしながら,35℃以上になるとバナナで報告されているように高温障害が生じ,果皮の脱緑抑制や香気成分の生成阻害など追熟

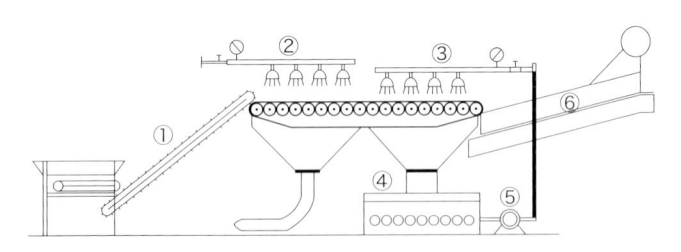

図8-4 温湯洗浄およびブラッシング装置

①運搬機,②水道水洗浄とブラッシングユニット,③温湯洗浄とブラッシングユニット,使用した水は再利用,④温湯容器,⑤温湯を加圧し,再利用するための送水ポンプ,⑥強制通風乾燥機,温湯は55℃,12秒（ピーマン）,乾燥は40℃で行われている．（エルゼビアからの許可を受け"Postharvest Biology and Technology"から転載,Fallik, E.,"Prestorage hot water treatments (immersion, rinsing and brushing)", Vol. 32, 125-134, 版権(2004)）

の抑制が認められている（吉岡ら，1978）．

今後，園芸作物の収穫後処理技術として確立されるためには，高温処理による生理・生化学的反応のさらなる解明が必要であろう．

4．CA貯蔵とガス障害

1）C A 貯 蔵

通常の大気は，およそ酸素20％，窒素80％および炭酸ガス0.03％を含んでいる．このガス組成をかえた条件で青果物を貯蔵すると，大幅に貯蔵期間を延長できる場合がある．秋に収穫されたリンゴは通常の低温貯蔵庫では，翌年の3月以降になると果実品質が低下する．しかし，低温庫の酸素濃度を1〜3％，炭酸ガス濃度を1〜3％程度に保つように制御すると，翌年の9月まで良好な品質を保って貯蔵することができる．このように，低温貯蔵庫のガス組成を青果物の種類，品種に合わせた好適なガス環境になるように，一貫してガス組成をモニターしながら人工的に制御する貯蔵法をCA（controlled atmosphere）貯蔵という．これが1920年頃に英国のKiddとWest（1927）によって考案された青果物の長期貯蔵技術である．この方法によって，高品質のリンゴの周年供給が達成されている．また，わずかにガス透過性のあるポリエチレン袋で果実や野菜を密封する貯蔵法をMA（modified atmosphere）貯蔵という．MA貯蔵は，青果物の呼吸による酸素消費と炭酸ガス排出およびポリエチレン袋のガス透過とのバランスによって袋内ガス組成を調節するものであり，一部のカキ果実の長期貯蔵に用いられている．MA貯蔵はCA貯蔵よりコストは低いが，必ずしも最適なガス組成を得られない場合もある．

CA貯蔵およびMA貯蔵の貯蔵延長効果には，低酸素による呼吸抑制と高炭酸ガスによるエチレン作用抑制効果（Kuboら，1990）が主に作用していると考えられている（図8-5, 8-6）．CA貯蔵の効果は，青果物の種類，品種によって大きく異なるが，炭酸ガスによるエチレン作用抑制も期待できるクライマ

クテリック型果実では大きく，実用例も多い（Kader, 1992；表8-3）．一方，果実成熟にエチレンが関わらない非クライマクテリック型果実では，CA効果も小さく，実用利用はきわめて限られている．ただし，青果物の種類によって高濃度炭酸ガスに耐性が大きい場合には，10％以上の炭酸ガスが利用可能であり，この場合には，病原菌の生育抑制による腐敗抑制効果が期待できる（El-Kazzazら，1983）．

青果物のCA・MA貯蔵に推奨されているガス環境を表8-3に示した．推奨されているよりも酸素濃度が低下する場合や，炭酸ガス濃度が上がりすぎると，

表8-3 果実の流通および貯蔵のCA・MA環境に推奨されている酸素および炭酸ガス濃度

果実の種類	温度範囲（℃）	酸素濃度（％）	炭酸ガス濃度（％）	効果	利用状況
クライマクテリック型果実					
リンゴ	0〜5	1〜3	1〜3	大	広範に利用
キウイフルーツ	0〜5	1〜2	3〜5	大	一部に利用
セイヨウナシ	0〜5	1〜3	0〜3	大	一部に利用
カキ	0〜1	3〜5	5〜8	大	一部に利用
バナナ	12〜15	2〜5	2〜5	大	一部に利用
アボカド	5〜13	2〜5	3〜10	中	わずかに利用
イチジク	0〜5	5〜10	15〜20	中	わずかに利用
トマト	8〜12	3〜5	0〜5	中	一部に利用
カンタロープメロン	3〜7	3〜5	10〜15	中	一部に利用
非クライマクテリック型果実					
レモン	10〜15	5〜10	0〜10	中	実用利用なし
オレンジ	5〜10	5〜10	0〜10	中	実用利用なし
ライム	10〜15	2〜5	1〜3	小	実用利用なし
ブドウ	0〜5	2〜5	1〜3	小	実用利用なし
オウトウ	0〜5	3〜10	10〜15	中	一部に利用
オリーブ	5〜10	2〜3	0〜1	小	実用利用なし
キュウリ	8〜12	3〜5	0	小	実用利用なし
野菜類					
ブロッコリー	0〜5	1〜2	5〜10	大	一部に利用
アスパラガス	0〜5	空気	5〜10	大	一部に利用
レタス	0〜5	1〜3	0	中	一部に利用
タマネギ	0〜5	1〜2	0〜5	中	実用利用なし
キュウリ	8〜12	3〜5	0	小	実用利用なし

（Kader, A.A., 1992より抜粋，一部修正）

ガス障害を引き起こし，かえって貯蔵期間が短くなる．また，表8-3の推奨ガス濃度は，低温貯蔵を前提にしており，温度が高い場合には，推奨より高い酸素濃度，低い炭酸ガス濃度でもガス障害発生の危険がある．

2）低酸素障害

　樹体から切り離された収穫後の果実や野菜も，組織レベル，細胞レベルでは「生きて」いる．その生存に必要なエネルギー獲得のために，青果物は酸素を取り込み，糖などの有機物を分解および酸化する呼吸代謝を維持している．図8-5に示すように，青果物の酸素吸収と炭酸ガス排出は，酸素濃度を大気中の20％から低下させると徐々に低下し，5％以下になると明確に低下する（Kuboら，1996）．酸素濃度の低下に応じて，酸素吸収は一貫して低下するが，炭酸ガス排出は3％付近から逆に増加に転じる．この炭酸ガス排出が最低になる酸素濃度は限界酸素濃度と呼ばれ，嫌気呼吸が誘導される臨界点である．限界酸素濃度は青果物の種類や温度によってかわるが，CA・MA貯蔵の最適酸素濃度が，この濃度付近にある．呼吸代謝は解糖系，TCA回路，電子伝達系および酸化的リン酸化から構成されているが，酸素が不足すると解糖系で生成したピルビン酸がTCA回路に入れなくなり，アセトアルデヒドやエタノールに代謝される嫌気呼吸（発酵）が誘導される．この解糖系のみからなる嫌気呼吸はエネルギー獲得効率が低いが，酸素が不足する条件での緊急避難的エネルギー

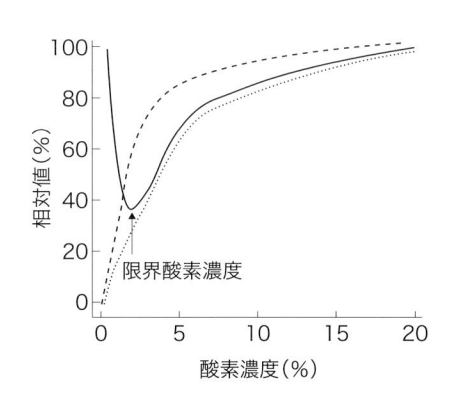

図8-5 酸素濃度と呼吸活性およびエチレン生成量の関係の模式図
―― 炭酸ガス排出量，…… 酸素吸収量，--- エチレン生成量．（Kubo, Y. et al., 1996のモモ果実での測定結果をもとに作図）

獲得策と考えられている．ただし，この酸素不足状態が長期に及ぶと，エネルギーが不足するとともに，エタノールや毒性の強いアセトアルデヒドが蓄積し，障害が発生する．これが低酸素障害であり，特に酸素供給の少ない果実内部に褐変となって現れる．

3）高炭酸ガス障害

CA貯蔵などで，環境中の炭酸ガス濃度が高くなると障害が発生する．特に，リンゴやセイヨウナシでは，外観上は正常にみえても果芯部分のハート状の激しい褐変を特徴とする「ブラウンハート」と呼ばれる炭酸ガス障害が発生する（Kiddら，1923）．レタスでは，高炭酸ガスによって基部に「ブラウンステイン」と呼ばれるシミ状の褐色斑点が発生する（Lipton，1987）．高炭酸ガス障害の発生機構については，十分解明されていないが，炭酸ガスが細胞内に溶け込むことによる細胞質や液胞のpH低下（Siriphanichら，1986），特定の酵素が炭酸ガスに耐性が小さいこと（Shipwayら，1973；Kerbelら，1988）などが関係していると考えられている．また，酸素濃度が十分に高くても炭酸ガス濃度

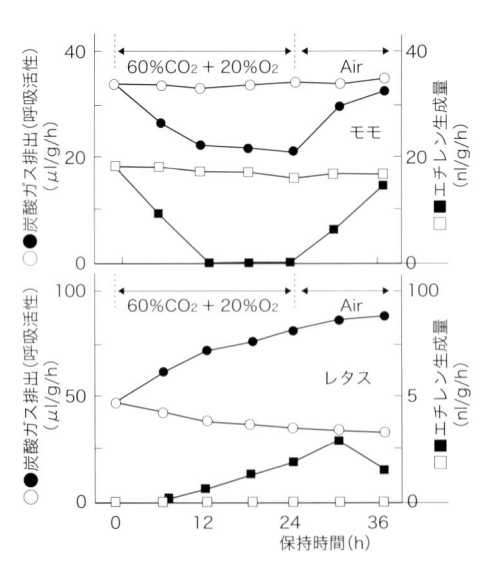

図8-6 モモ果実とレタスに対する高炭酸ガス環境の作用
●■：CO_2処理，○□：無処理．モモでは呼吸活性とエチレン生成が抑制され，レタスではエチレン生成が誘導され，呼吸活性も増加する．（Kubo, Y., 1990より作図）

が高いと，エタノールやアセトアルデヒドの蓄積やエチレン生成の誘導がみられる（Kubo ら，1990；図 8-6）．ただし，この嫌気呼吸の誘導やエチレン生成の誘導が炭酸ガス障害の原因であるか，または，その結果であるかは明らかにされていない．

引 用 文 献

1. 酸化ストレス

Asada, K. Annu. Rev. Plant Physiol. Mol. Biol. 50:601-639, 1999.
Bailly, C. et al. Plant Physiol. Biochem. 39:649-656, 2001.
Hodges, D.M. et al. Postharvest Oxidative Stress in Horticultural Crops, Food Products Press, 2003.
Hodges, D.M. HortScience 39:924-929, 2004.
Hossain, Z. et al. J. Plant Physiol. 163:186-194, 2006.
Hung, K.T. et al. J. Plant Physiol. 161:1347-1357, 2004.
Kondo, N. et al. J. Plant Res. 113:311-317, 2000.
Kondo, S. et al. Postharvest Biol. Technol. 36:309-318, 2005.
Mittler, R. Trends Plant Sci. 7:405-410, 2002.
Morita, S. et al. Plant Cell Physiol. 40:417-422, 1999.
森田重人ら 蛋白質 核酸 酵素 44:2232-2238, 1999.
Neill, S. et al. Curr. Open. Plant Biol. 5:388-395, 2002.
Pastori, G.M. et al. Planta 193:385-391, 1994.
Rivero, R.M. et al. J. Hort. Sci. Biotechnol. 79:560-564, 2004.
Sala, J.M. et al. Postharvest Biol. Technol. 20:81-89, 2000.
Sato, Y. et al. J. Exp. Bot. 52:145-151, 2001.
Toivonen, P.M.A. HortScience 39:938-942, 2004.
Vranová, E. et al. J. Exp. Bot. 53:1227-1236, 2002.

2. 低 温 障 害

阿部一博ら 園学雑 45:307-312, 1976.
Bartz, J. A. et al.:Postharvest Physiology and Pathology of Vegetables, Marcel Dekker, 2003.
Ding, C-K. et al. Plant Sci. 161:1153-1159, 2001.
Fung, R. W. M. et al. Plant Sci. 166:711-719, 2004.
幸田泰則ら 植物生理学 - 分子から個体へ, 三共出版, 2003.

Hodges, D. M.:Postharvest Oxidative Stress in Horticultural Crops, Food Products Press, 2003.
Lieberman, M. et al. Plant Physiol. 33:307-311, 1958.
Lyons, J. M. et al. Plant Physiol. 39:262-268, 1964.
Lyons, J.M. Annu. Rev. Plant Physiol. 24:445-466, 1973.
Meir, S. et al. Can. J. Bot. 74:870-874, 1996.
Murata, N. et al. Nature 356:710-713, 1992.
邨田卓夫 コールドチェーン研究 6:42-51, 1980.
Platt-Aloia, K.A. et al. Protoplasma 136:71-80, 1987.
Sanchez-Ballesta, M. T. et al. J. Agric. Food Chem. 48:2726-2731, 2000.
Shewfelt, R. L. et al. HortScience 35:575-579, 2000.
Stewart, R. J. et al. Aust. J. Plant Physiol. 28:181-191, 2001.
Wang, Y. et al. J. Amer. Soc. Hort. Sci. 130:167-173, 2005.
山内直樹ら 園学雑 47:273-281, 1978.

3. 高 温 障 害

Björkman, T. and Pearson, K.J. J. Exp. Bot. 49:101-106, 1998.
Buchanan, B.B. et al. Biochemistry & Molecular Biology of Plants, American Society of Plant Physiologists, 2000.
Camejo, D. et al. J. Plant Physiol. 162:281-289, 2005.
Fallik, E. Postharvest Biol. Technol. 32:125-134, 2004.
Ferguson, I.B. et al. Functional Plant Biol. 25:155-163, 1998.
藤巻正生（編）ポスト・ハーベストの科学と技術, 光琳, 1984.
深澤郁男 農業および園芸 70:239-246, 1995.
Funamoto, Y. et al. Postharvest Biol. Technol. 24:163-170, 2002.
Hamauzu, Y. et al. J. Japan. Soc. Hort. Sci. 67:549-555, 1998.
幸田泰則ら 植物生理学-分子から個体へ, 三共出版, 2003.
小宮山美弘 食工誌 34:203-210, 1987.
Kunst, L. et al. Plant Physiol. 91:401-408, 1989.
Lurie, S. Postharvest Biol. Technol. 14:257-269, 1998.
Mori, K. et al. Environ. Control Biol. 42:21-30, 2004.
Murakami, Y. et al. Science 287:476-479, 2000.
Paull, R.E. and Chen, N.J. Postharvest Biol. Technol. 21:21-37, 2000.
Rivero, R.M. et al. J. Hort. Sci. Biotechnol. 79:560-564, 2004.
Sanchez-Ballesta, M.T. et al. J. Agric. Food Chem.:2726-2731, 2000.

Shigenaga, T. et al. Postharvest Biol. Technol. 38:152-159, 2005.

杉浦　明ら 新果樹園芸学, 朝倉書店, 1991.

Uchida, A. et al. Plant Sci. 163:515-523, 2002.

Yeh, D.M. and Hsu, P.Y. J. Hort. Sci. Biotechnol. 79:298-302, 2004.

吉岡博人ら 食工誌 25:607-611, 1978.

4. CA 貯蔵とガス障害

El-Kazzaz, M. K. et al. Phytopathol. 73:282-285.

Kader, A. A. Food Technol. 40:99-104, 1986.

Kerbel, E. L. et al. Plant Physiol. 86:1205-1209, 1988.

Kidd F. et al. Gt. Brit. Dept. Sci. Ind. Res. Rept. Food Invest. Bd. 1926:41-45, 1923.

Kidd, F. et al. Gt. Brit. Dept. Sci. Ind. Res. Rept. Food Invest. Bd. Special Rept. 12:1-54, 1927.

Kubo, Y. et al. J. Amer. Soc. Hort. Sci.115:975-978, 1990.

Kubo, Y. et al. J. Japan. Soc. Hort. Sci. 65:397-402, 1996.

Lipton, W. J. HortScience 22:461-463, 1987.

Shipway, M. R. et al. Plant Physiol. 51:1095-1098, 1973.

Siriphanich et al. J. Amer. Soc. Hort. Sci.111:73-77, 1986.

第9章 ポストゲノム時代の園芸学

1. ポストゲノム研究とこれからの園芸学

　植物ではシロイヌナズナとイネの全ゲノム塩基配列の解読が完了し，さまざまなポストゲノム研究が進展している．特にシロイヌナズナでは，ゲノムライブラリー，EST（expression sequencing tag），完全長 cDNA ライブラリー，突然変異株（遺伝子破壊株），DNA チップなどの研究リソースやそれらのデータベースが充実しているため，コンピュータ上で遺伝子の配列や発現レベルを解

図 9-1　かずさ DNA 研究所のトマトデータベース（MiBASE）
かずさ DNA 研究所は MiBASE により EST，完全長 cDNA，突然変異体などのデータを公開するとともに，それらのリソースの配布も行っている．（かずさ DNA 研究所，http://www.kazusa.or.jp/jsol/microtom/indexj.html）

析するいわゆる in silico の解析が可能であり，自ら遺伝子をクローニングしたり遺伝子破壊株を作出したりする必要もほとんどない．また，DNAチップに代表されるような網羅的でシステマティックな解析も容易である．

　園芸作物ではようやく2005年にトマトの全ゲノム塩基配列の解読プロジェクトが開始され，EST，完全長cDNAライブラリー，DNAチップなどの利用も部分的に可能となっている（図9-1）．トマトにおいては矮性品種である'マイクロトム'（図9-2）が実験モデルとして用いられており，突然変異株などのリソースが整備されつつあるなど，今後シロイヌナズナで行われているのと同様な研究が進展していくであろう．また，トマト以外でも，ウリ科植物，カンキツ，ブドウ，バラ科果樹など主要な園芸作物において，遺伝子マーカーの整備やEST解析が進みつつあり，全ゲノム塩基配列の解読プロジェクトの準備も進んでいる．

　以下，シロイヌナズナなどのモデル生物で進められている網羅的なゲノム・

図9-2　トマト'マイクロトム'と'桃太郎'
マイクロトム（左）は植物体が小さく，世代交代も早いため，果実を着ける植物のモデルとして広く研究材料に用いられている．

第9章　ポストゲノム時代の園芸学

```
ゲノム ┄┄ Genomics
   ⇘
     mRNA ┄┄ Transcriptomics
        ⇘
          タンパク質 ┄┄ Proteomics
              ⇘
                代謝産物 ┄┄ Metabolomics
                   ⇘
                     生体機能 ┄┄ Phenomics
                     形態
```

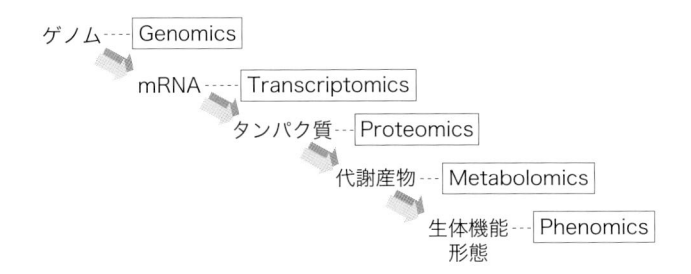

図9-3　ゲノム・ポストゲノム研究の流れ

ポストゲノム研究（いわゆる「-オミクス」）について概要を示す（図9-3）．

1）ゲノミクス

　ゲノム（genome）とは，「ある生物をその生物足らしめるのに必須な遺伝情報」のことであるが，配偶子（半数体）が持つ染色体に含まれる遺伝情報，あるいはそのDNAの全塩基配列と理解されることもある．ゲノムの網羅的な解析をゲノミクス（genomics）と呼び，全塩基配列の解読が代表的である．ゲノムの全塩基配列を解読することにより，その生物の持つ遺伝子の全体像が浮かび上がってくる（☞第2章「育種のための遺伝子解析」）．

2）トランスクリプトミクス

　ゲノムの転写産物（基本的にmRNA）の総和をトランスクリプトーム（transcriptome）と呼び，その解析がトランスクリプトミクス（transcriptomics）である．mRNAを写し取ったcDNAの部分配列を解読してデータベース化およびリソース化するESTや，DNAチップ（☞第3章4．「遺伝子発現による成長診断」）が代表的である．DNAチップは研究対象とする生理現象において，ゲノム中のどの遺伝子の発現が重要であるかを知る手だてとなる．

3）プロテオミクス

　ゲノムから転写，翻訳されたタンパク質の総和がプロテオーム（proteome）

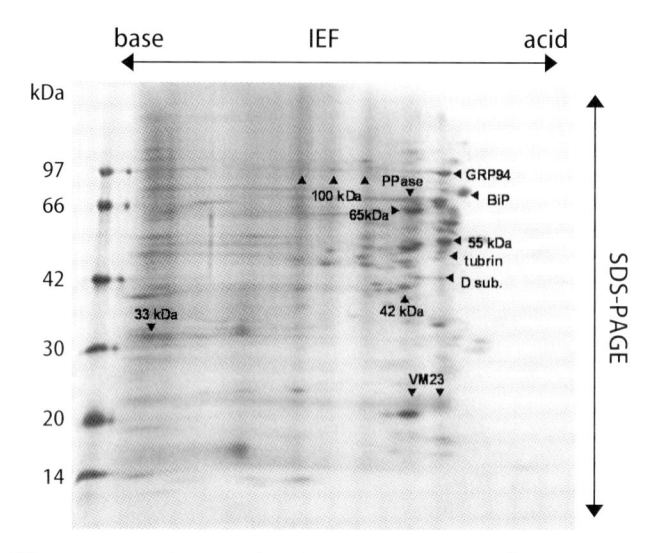

図 9-4 セイヨウナシ果実の液胞膜タンパク質のプロテオミクス
セイヨウナシ果実から液胞膜を単離し，そこに含まれるタンパク質のプロテオミクスを行った．（白武勝裕ら，2000）

である．その解析がプロテオミクス（proteomics）であるが，ゲノムに対応する全タンパク質の解析は困難であるため，ある組織や器官で発現するタンパク質や，細胞分画後のタンパク質の網羅的解析もプロテオミクスとして扱う（図9-4）．遺伝子の発現量とそれにコードされるタンパク質の蓄積量は必ずしも一致しないことに加え，翻訳後にタンパク質は細胞内の適切な場所へと運ばれ，さまざまな修飾を受けることによって機能が調節されるため，ゲノム中の各遺伝子の機能を知るためにプロテオミクスは重要である．

4）メタボロミクス

生物の代謝産物の総和がメタボローム（metabolome）であり，その解析をメタボロミクス（metabolomics）と呼ぶ．また，生物の代謝系を遺伝子組換えなどにより改変することを，代謝工学（メタボリックエンジニアリング，metabolic engineering）という．スイセンのカロチノイド合成に関わる一連の遺

伝子をイネに導入することによりβ-カロテンを高含量で含む米（ゴールデンライス）を作出した例や，青色の色素を合成するための遺伝子を導入して青いバラやカーネーション作出した例がある．

5）フェノミクス

フェノーム（phenome）とはフェノタイプ（表現型）の網羅的な集合概念であり，突然変異体や形質転換体の表現型を網羅的に解析してデータベース化およびリソース化することをフェノミクス（phenomics）と呼ぶ．

今後，実験技術の革新や解析コストの低下に伴い，さまざまな園芸作物の解析にポストゲノム的な研究手法が用いられていくに違いない．そのことによって園芸作物の持つ生理に対する理解の深化や，それを活用した新品種の作出や栽培技術の向上が期待される．例えば，ゲノミクス，トランスクリプトミクス，プロテオミクス，フェノミクスにより園芸作物の品質に関わる重要な遺伝子が次々と特定されるとともに，データベースやリソースの整備に伴い研究の進展スピードが飛躍的に速くなることが予想される．また，消費者の受入れ（パブリックアクセプタンス）の問題があるにせよ，メタボリックエンジニアリングにより高収量，高品質，高栄養価，高機能性で，日持ちのよい園芸作物や，省力，低農薬，低施肥量で栽培ができ，環境ストレスにも強い園芸作物が作出されていくであろう．

しかしながら，園芸分野では多種多様な植物種を作物として利用し，その多様性を個々の作物種の特性として活用しているということを忘れてはならない．また，1つの園芸作物種の中には生理特性が異なる数多くの品種が育成されており，多様な作物種や品種に対して異なる栽培技術を培ってきた歴史もある．このような多様で複雑な園芸作物に対して，モデル植物で行われているポストゲノム研究の手法をそのまま適用することは乱暴である．園芸作物に対しては，ポストゲノム的な研究手法を取り入れて研究を効率化しつつも，これまでに蓄積した園芸作物に対する知の蓄積を活用し，それぞれの園芸作物の特性

を十分に理解して，多様な観点，多様な切り口から研究を進めていく必要があるだろう．

2．園芸産業への園芸生理学の関わり

　園芸作物の生産性向上のために，そのときどきによってさまざまなことが要求されてきたが，これから常に求められることは，より品質のよい作物の育種と，よりよい品質にするための栽培管理法，そして新しい機能を付加した新品種の作出であろう．前者において，品質に関わるある形質の品種間での差は遺伝子の違いに由来することもあるが，多くの場合遺伝子は同じであってもその発現量のわずかな差によって，しかも複数の遺伝子の関与に由来するため，ターゲットとなる酵素群の活性のわずかなバランスの変動によるものが多いと考えられる．それゆえ，より品質のよいものに改良したり，よりよいものを栽培するには，野生種ではなくさまざまな栽培品種を用いて，その形質の品種特性および品種間差を究明することが必要である．それによって，その形質発現の調節段階を明らかにし，適切な方法で制御することが可能となる．そのためには，個々の栽培作物の形質を市場が認めるレベルになるよう発現させる栽培管理が必要となり，従来の園芸学の中心的課題である栽培管理技術が再評価されるであろう．同時に，ポストゲノム的手法を用いて個々の品種に対して，それぞれの形質の品種特性および品種間差を明らかにすることが要求される．一方，後者の新しい機能を付加した新品種の作出は，その品種にはない新しい機能を付加するための遺伝子を導入すればよいため，比較的成果を得るのは容易である．遺伝子組換えが最も期待されるし（ただし，パブリックアクセプタンスが得られていない），あるいは母品種の遺伝的要因をマーカー遺伝子などによって特定してグループ化することによって，従来の交配育種を用いることもできる．この場合にも，野生種を含めた種間および種内での遺伝子特性をポストゲノム的手法によって明らかにすることが必要である．

　最近の植物生理学の先端雑誌，例えば『Plant Physiology』などではモデル

実験植物であるシロイヌナズナを材料とした報告が多いが，トマト，ブドウ，リンゴなどの園芸作物を材料とした報告も増えている．これは，シロイヌナズナで得られた研究手法や結果が，産業を視野に入れた実用作物へ応用され始めていることを示している．しかし，これらの成果を園芸作物の生産性向上などに結び付けるには，現在行われている代表的園芸作物での研究を乗り越え，個々の栽培品種についてこの研究手法や結果を当てはめて，形質発現の品種特性や品種間差を究明することが不可欠である．そのような研究は生命活動の新規性の探究にはなりにくく，生理学分野の研究者にはあまり重要ではないであろう．しかし，植物の人間生活への関わりを究明する園芸学分野の人にとってはまさに宝の山であろう．また，それによって得られる個々の品種での形質発現に関するデータの積み重ねは，生物の多様性についての新しい学問領域の創成に繋がるかもしれない．バイオサイエンスの成果を園芸産業に生かすために，現在さまざまな切り口，戦略によって研究がなされているが，次世代の園芸分野の研究者は大いにこの「宝の山」を活用することができるし，いずれは活用せねばならない．園芸生理学の最も大きな活躍場所は，まさにそこにある．

引 用 文 献
1. **ポストゲノム研究とこれからの園芸学**
白武勝裕ら 園学雑 69, 別2:296, 2000.

参 考 図 書

第 2 章
1）鵜飼保雄：ゲノムレベルの遺伝分析 MAP と QTL，東京大学出版会，2000.
2）Meksem, K. and Guenter, K.（ed.）：The Handbook of Plant Genome mapping. Genetic and Physical，Wiley-VCH，2005.

第 3 章
1）菊池尚志：植物細胞工学「ゲノム研究プロトコール」マイクロアレイ 54-65，2001.

第 4 章
1）岡崎恵視ら：花の観察学入門－葉から花への進化を探る－，培風館，1999.
2）岡田清孝ら（監修）：細胞工学別冊 新版植物の形を決める分子機構，秀潤社，2000.
3）瀧本　敦：花を咲かせるものは何か，中公新書，1998.
4）福田裕穂（編）：成長と分化，朝倉書店，2001.

第 5 章
1）足立泰二ら（訳）：Bhojwani, S.S. ら・植物の発生学－植物バイオの基礎，講談社サイエンティフィク，1995.
2）中川昌一：果樹園芸原論，養賢堂，1978.
3）de Nettancourt, D.：Incompatibility and Incongruity in Wild and Cultivated Plants, 2nd ed., Springer, 2001.
4）Sedgle, M. et al.：Sexual Reproduction of Tree Crops, Academic Press, 1989.

第6章

1）加藤　潔ら（監修）：細胞工学別冊　植物の膜輸送システム，秀潤社，2003.
2）小柴共一ら：新しい植物ホルモンの科学，講談社サイエンティフィク，2002.
3）小柴共一ら：植物ホルモンの分子細胞生物学，講談社サイエンティフィク，2006.
4）福田裕穂ら（監修）：細胞工学別冊 新版植物ホルモンのシグナル伝達，秀潤社，2004.
5）Robinson, D.G. et al.（eds.）：Vacuolar Compartments, Scheffield Academic Press, 2000.
6）Zamski, E. et al.（eds.）：Photoassimilate Distribution in Plants and Crops, Marcel Dekker, Inc., 1996.

第7章

1）市村一雄：切り花の鮮度保持，筑波書房，2000.
2）桜井直樹ら：植物細胞壁と多糖類，培風館，1991.
3）植物色素研究会（編）：植物色素研究法，大阪公立大学共同出版会，2004.
4）西谷和彦・島崎研一郎（監訳）：L. テイツ，E. ザイガー（編）テイツ・ザイガー植物生理学第3版，培風館，2004.
5）林　孝三ら：植物色素，養賢堂，1991.
6）福田裕穂ら（監修）：細胞工学別冊 新版植物ホルモンのシグナル伝達，秀潤社，2004.
7）水谷房雄ら：最新果樹園芸学，朝倉書店，2002.
8）Abeles, F.B. et al.：Ethylene in Plant Biology, 2nd ed., Academic Press, 1992.
9）Carpita, N. et al.：Plant Cell Walls, Kluwer Academic Publishers, 2001.
10）Fischer, R.L. et al.：Annu. Rev. Plant Physiol. Plant Mol. Biol. 42:675-703, 1991.
11）Grotewold, E.：The Science of Flavonoids, Springer, 2006.

12) Haslam, E.：Plant Polyphenols, Cambridge University Press, 1989.
13) Linskens, H.F. et al.：Modern Methods of Plant Analysis, Vol. 17, Plant Cell Wall Analysis, Springer, 1996.
14) Margalit, Y.：Concepts in Wine Chemistry, 2nd ed., Wine Appreciation Guild, 2004.

第8章

1) 緒方邦安ら：青果保蔵汎論, 建帛社, 1977.
2) 幸田泰則（編）：植物生理学‐分子から個体へ, 三共出版, 2003.
3) Hodges, D.M.（ed.）：Postharvest Oxidative Stress in Horticultural Crops, Food Products Press, 2003.
4) Kader, A.A.：Postharvest technology of horticultural crops, Division of Agriculture and Natural Resources University of California, 1992.
5) Willis, R. et al.：Postharvest, University of New South Wales Press Ltd., 1998.

第9章

1) 新名惇彦ら（監修）：植物代謝工学ハンドブック, エヌ・ティー・エス, 2002.

日本語索引

あ

青いカーネーション 259
青いバラ 259
アクアポリン 160
アグリコン 226
アコニターゼ 211
アスコルビン酸 267
アスコルビン酸 - グルタチオン（AsA-GSH）
　サイクル 268, 278
アスコルビン酸ペルオキシダーゼ 267
アセトアルデヒド 242, 283
圧流説 138
アブシシン酸（ABA）72, 78, 121,
　145, 164, 177, 207, 232, 271,
　276
油処理 197
アブラナ科植物 95
APETALA1（AP1）29
アポトーシス 251
アポプラスティックアンローディング
　139
アポプラスティックローディング 135
アポプラスト 85, 135, 163
アミノイソ酪酸（AIB）253
アミノエトキシビニルグリシン（AVG）
　175, 200
アミノオキシ酢酸（AOA）175, 200,
　253
1- アミノシクロプロパン -1- カルボン酸
　（ACC）173, 250
アラビナン 216

アラビノガラクタン 215
α - アラビノフラノシダーゼ 221
アルカロイド類 152
アルギニン脱炭酸酵素遺伝子（*ADC*）36
アルコール脱水素酵素 213
アルミニウム毒性耐性 211
アントシアニジン 226
アントシアニン 226, 277
アントシアニン合成酵素（ANS）228
アントシアニン生合成経路 228
アントシアノプラスト 226
アンローディング 123, 133, 164

い

EST 情報 53
イオン濃度の調整 153
育成系譜 12
異形花型の自家不和合性 91
イソクエン酸脱水素酵素 211
イソプレノイド化合物 231
イソペンテニルアデニン 116
イソペンテニル転移酵素（IPT）43
一塩基多型（SNPS）8
一重項酸素（$^1O_2$）267
遺伝子組換え食品 223
遺伝子組換え体 197
遺伝子発現プロファイル 55
in silico 290
インドール -3- 酢酸（IAA）116, 120
インドール酢酸オキシダーゼ活性 34
インヒビター説 99
インベルターゼ 142, 202

う

ウイルス移行タンパク質　28
ウイルスフリー台木　34
ウニコナゾール　32
ウリ科作物　131

え

AST 遺伝子　244
ACC 酸化酵素（ACO）　173, 180, 250
　―の翻訳後制御　178
ACC 合成酵素（ACS）　173, 250
ACC 合成酵素遺伝子（*ACS1* ～）　176, 193
ACC 合成酵素遺伝子プロモーター　178
AP1 遺伝子　68
APX 酵素　275
ABCDE モデル　68
ABC トランスポーター　158
ABC モデル　65, 106
EIN2 遺伝子　187
EIN3 遺伝子　188
腋　芽　38
　―の休眠解除機構　43
　―の成長抑制機構　44
液　胞　150, 202, 212
　―の物質蓄積機能　150
液胞インベルターゼ　143
液胞型プロトン ATPase　157
液胞機能　150
エクスパンシン　88, 121
　α-エクスパンシン　222
　β-エクスパンシン　222
S 遺伝子型
　―の遺伝子診断技術　101
S 遺伝子座　92
SCF 複合体　99
S 対立遺伝子　92
S 糖タンパク質　97
S ハプロタイプ　95
SP11/SCR 遺伝子　96
エセフォン（エスレル）　196
エタノール　283
エチオニン　253
エチレン　87, 173, 213, 247
　―のシグナル伝達経路　250
　―の人工的制御　196
エチレン応答機構　185
エチレン応答性遺伝子　188
エチレン過剰発現突然変異体（*eto*）　179
エチレン感受性　186
エチレン感受性花き　248
エチレン結合活性　186
エチレン結合ドメイン　183
エチレン作用阻害剤　199
エチレン作用抑制効果　281
エチレン受容体　250
エチレン受容体遺伝子（*etr1*）　255
エチレン情報伝達系　182
エチレン生合成経路　173
エチレン生成阻害剤　200
エチレン生成促進機構　197
エチレン生成
　―の内的制御機構　193
エチレン非感受性切り花　250
エチレン非感受性突然変異体（*ein2*, *ein3*）　187, 188
エチレン分解（吸収）剤　201
エチレンレセプター（ETR1, ERS1, ETR2, EIN4, ERS2）　183
Nr 遺伝子　183
NAD 依存性ソルビトール脱水素酵素　146, 202
NAD-SDH 遺伝子　146

索　引

NADP 依存性ソルビトール脱水素酵素　146
エピカテキン　238
エピジェネティックス　63
fw2.2 遺伝子　168
F-box 遺伝子（*SFB*, *SLF*）　98
F-box タンパク質　45, 99
Me 変異体　28
MA 貯蔵　281
MADS box 遺伝子（*MdPI*）　66, 107
M 系台木　33
MdTFL1 遺伝子　70
MdPI 遺伝子　68
Myb 様転写調節因子（*VvmybA1*）　228
エラグ酸　238
園芸生理学　1
エンド型キシログルカン転移酵素（XET, EXTG）　221
エンド型キシログルカン転移酵素・加水分解酵素（XTH）　121, 222
エンドグルカナーゼ　114, 121
エンドサイトーシス　203

お

オーキシン（IAA）　34, 41, 72, 116, 120, 145
　―の受容体タンパク質（TIR）　120
　―の情報伝達　120
　―の濃度勾配　114
オーキシン極性輸送阻害剤（TIBA）　41
オーキシン誘導性 ACC 合成酵素遺伝子　178
オキザロ酢酸　209
オリゴヌクレオチドアレイ　52

か

花器官形成　65

カキの脱渋機構　240
過酸化水素　267
果実熟期促進　117
果実肥大促進　117
加水分解型タンニン　238
花成経路遺伝子群　71
花成ホルモン　69
課題解決型　3
課題抽出型　3
カタラーゼ　267
活性型 GA 生合成経路　118
活性酸素　267
　―の生成・消去システム　269
褐　変　272
カテキン　238
過渡相　62
花粉 *S* 遺伝子　96, 98
花粉側 *S* 遺伝子産物　94
花粉管伸長　99
花弁萎凋型　248
花弁成長　88
花弁脱離型　248
花　穂　107
果　房　107
花葉原基　84
ガラクタン　219
ガラクチノール　131
ガラクチノール合成酵素　131
ガラクトース　131
α-ガラクトシダーゼ　149, 202
β-ガラクトシダーゼ　219
β-ガラクトシダーゼアイソザイム　220
カルコンイソメラーゼ（CHI）　228
カルコン合成酵素（CHS）　228
カルコン合成酵素（*CHS*）遺伝子　258
カロテノイド　277
カロテノイド生合成経路　233

カロテノイドイソメラーゼ　233
カロテノイドジオキシゲナーゼ（CCD）
　　44，234
カロテノイド類　255
カロテン　231
α-カロテン　232
β-カロテン　232
環境ストレス　267
環境ストレス耐性　127，131
還元型アスコルビン酸　270
甘渋性形質　244
甘渋性判別分子マーカー　245
完全甘ガキ　241
完全渋ガキ　241
甘味度　206

き

キサントフィル　231
キシログルカン　217
偽単為結果　104
機能性物質　156，236
キノン　273
求基的　41
求頂的　42
休　眠　77
休眠覚醒　77
休眠機構　78
強制休眠　77
共優性マーカー　9
共輸送体　159
切り花観賞期間　83
切り花の老化　247
金属錯体　257

く

空洞果防止　117
クエン酸　209

クエン酸合成酵素　209
クエン酸トランスポーター　210
クライマクテリック型果実　189，281
クライマクテリック現象　189
クライマクテリックピーク　191
クライマクテリックライズ　176，191
クラス A 遺伝子　66
クラス B 遺伝子　66
クラス C 遺伝子　66
クリスピー　214
グリセロール-3-リン酸アシルトランス
　　フェラーゼ　275
β-クリプトキサンチン　233
グルコース　201
グルタチオン S トランスフェラーゼ　257
クロルメコート（CCC）　32
クロロゲン酸　272
クロロフィラーゼ　236
クロロフィル　236
4-クロロフェノキシ酢酸（トマトトーン）
　　120
クロロプラスト　269

け

ゲノミクス　291
ゲノム育種　19
ゲノムサイズ　5
ゲノムライブラリー　7，11，289
ゲラニルゲラニル2リン酸（GGPP）　232
ケルセチン　47
限界酸素濃度　283
嫌気呼吸　283
原形質連絡　134

こ

高温障害　276
高温処理　276，279

高温ストレス耐性　278
高温貯蔵　280
硬核期　112
抗がん作用　232
後期落果　113
孔‐原形質連絡複合体　30
光合成同化産物　161
抗酸化酵素　267
抗酸化サイクル　268
抗酸化作用　232
抗酸化物質　267
恒常的エチレン応答性突然変異体（ctr1）
　　186
高炭酸ガス障害　284
根域制限栽培　32
CONSTANS　29，69
コンディショニング　276
コンテナ栽培　33

さ

サイクリン　120
サイクリン依存性キナーゼ（CDK）　120
サイトカイニン　41，72，116，119，
　　145，165
栽培・生育診断　54
細胞間隙　112
細胞間認識反応　94
細胞質インベルターゼ　143
細胞肥大　111
細胞肥大準備期　167
細胞分裂　111
細胞壁　214
　　－のゆるみ　88
細胞壁インベルターゼ　139，141，143，
　　164
細胞壁多糖類　167，215
細胞壁分解・代謝酵素　214

サブトラクション法　50
サリチル酸　200
酸化型アスコルビン酸　270
酸化ストレス　270
三重項酸素　267
酸性インベルターゼ　85，143，202，203

し

シアニジン系　226，255
β‐シアノアラニン　181
β‐シアノアラニン合成酵素　181
シアン　181
GA2位酸化酵素　118
GA3位酸化酵素　118
GA20位酸化酵素　118
GAIタンパク質　35
GAFドメイン　183
GA受容体（*GID1*）遺伝子　35
GA受容体タンパク質（GID）　118
CA貯蔵　281
GA20酸化酵素遺伝子　37
CmPP16タンパク質　28
ζ‐カロテン　232
*CTR1*遺伝子　186
cDNAアレイ　52
JMシリーズ　33
自家不和合性　90
自家和合性形質の遺伝様式　101
師　管　133
師管液タンパク質　27
色素生成阻害　276
シグナル応答因子　271
試験管内開花　64
自己触媒的　176
自己触媒的制御　194
自己・非自己認識モデル　99
自己抑制的制御　194

雌ずいS遺伝子　97
システインプロテアーゼ　250
システム1エチレン　193
システム2エチレン　193
SIP遺伝子　150
質量排除限界　30
自動的単為結果　104
自発休眠　77
ジヒドロフェノール還元酵素（DFR）　228
ジヒドロフラボノール-4-還元酵素（DFR）遺伝子　257
o-ジフェノール　272
CiFT遺伝子　70
渋味　238
ジベレリン　72, 75, 106, 115, 116
ジベレリン処理　107
ジベレリン非感受性遺伝子（gai）　31
子房　102
ジャスモン酸　55, 271, 276
シュウ酸　212
柔組織　85
シュードテストクロス　16
ジューンドロップ　113
主芽　39
縮合型タンニン　238
樹形制御技術　32
種子単為生殖　102
種子バーナリゼーション　74
珠心細胞　102
珠心胚形成　102
酒石酸　211
酒石酸脱水素酵素　211
従属栄養器官　161
春化　74
春化処理　74
小花原基　84

硝酸還元酵素遺伝子　27
師要素/伴細胞複合体　134
植物体バーナリゼーション　74
新奇ホルモン様物質MDS　44
シンク　122
シンク活性　162
シンク強度　162
シンク組織　161
シンク能力　162
シンテニー　19
浸透圧調整物質　85
浸透ポテンシャル　162, 168
シンプラスティックアンローディング　139
シンプラスティックローディング　134

す

スーパーオキシドアニオンラジカル（・O_2^-）　267
スーパーオキシドジスムターゼ（SOD）　267
スクロース　86, 124, 201
　―の変換経路　143
スクロース/プロトン共輸送体　136, 137
スクロース合成経路　125
スクロース合成酵素　142, 165, 202, 204
スクロース生成能　203
スクロース蓄積型　203
スクローストランスポーター　203
スクロースリン酸合成酵素　124, 202, 204
スクロースリン酸合成酵素遺伝子ファミリー　126
スタキオース　131, 202
スタキオース合成酵素　131

ストレスエチレン 194
スペルミン合成酵素遺伝子（ACL5） 35

せ

ゼアキサンチン 233
ゼアチン 116
生育診断 54
制限酵素断片長多型（RFLP） 8
成熟現象 191
成熟変異系統トマト（nor） 55
成熟抑制 276
生殖相 61
生体膜 274
整腸作用 127
成長ステージ 166
成年栄養相 61
成年相 62
生物の多様性 295
生理的休眠 77
生理的落果 113
セルラーゼ 222
セルロース 215
セルロース微小繊維 217
セロリ 130
染色体断片置換系統 20
染色体歩行 98
潜伏芽 38

そ

相関抑制 38
早期落果 113
相似性 19
増幅断片制限酵素消化多型（CAPS） 10
増幅断片長多型（AFLP） 10
相変化 274
ソース 122
側芽 39

促進輸送体 159
ソルビトール 126, 201
　—の変換 146
ソルビトール-6-リン酸脱水素酵素 128, 146
ソルビトール-6-リン酸ホスファターゼ 128
ソルビトール/プロトン共輸送体遺伝子 138
ソルビトール合成経路 128
ソルビトール脱水素酵素 165
ソルビトールトランスポーター 203

た

台木 25
対向輸送体 159
宝の山 295
多重遺伝子族 49
多染色体的遺伝 244
脱春化 76
脱リン酸化型ACC合成酵素 180
他動的単為結果 107
ダミノジッド 32
単為結果 102
単為結果性遺伝子（pat） 106
単一S字型成長曲線 112
短距離輸送 26
単純反復配列（SSR） 10
タンニン 238
タンニン細胞 241

ち

チオ硫酸銀（STS） 83, 199, 253
地球温暖化 237, 276
チャネル 159
中間細胞 137
中間台木 27

中性インベルターゼ 202
抽苔 73
頂芽 38
頂芽切除 41
超可変領域 98
頂芽優勢 38
長距離輸送 26
直接抑制説 42

つ

追熟抑制 276
接ぎ木 25
接ぎ木親和性 25
接ぎ木不親和性 26

て

DNAアレイ 50
DNA診断 50
DNAチップ 289
DNAの断片化 251
DNAマーカー 12, 20
DNAメチル化 63
*TFL1*遺伝子 69
TCAサイクル 209
低温障害 272
低温ストレス 276
低温遭遇期間 75
低温要求 77
抵抗性タンパク質 152
低酸素障害 283
デザイン育種 21
デバーナリゼーション 76
デファレンシャル・ディスプレイ法 50
デルフィニジン系 226, 255
転化糖 206
転写後型ジーンサイレンシング（PTGS） 27

転流糖 122, 133

と

同形花型の自家不和合性 92
糖シグナル 165, 230
糖集積機構 208
トマト成熟不全変異体（*rin, nor*） 194
共台 26
トランスクリプトーム 54, 291
トランスクリプトミクス 291
トリカルボン酸トランスポーター 212

な

ナス科 97
ナトリウム/プロトン対向輸送体 153
軟化機構 214

に

肉質 214
二次代謝産物 152
二重S字型成長曲線 112
二成分制御系 183

ぬ

ヌル突然変異体 184

ね

ネガティブフィードバック 186
熱ショックエレメント（HSE） 278
熱ショックタンパク質（HSP） 277
熱ショック転写因子（HSF） 278

の

ノーザンブロット法 51

索引

は

バーナリゼーション 74
VERNALIZATION（VRN）遺伝子 76
VERNALIZATION INSENTIVE 3（VIN3）遺伝子 76
バイオインフォマティクス的 58
配偶体型自家不和合性 92
配偶体単為生殖 102
胚のう 102
パクロブトラゾール 32, 34
発育相 61
発現遺伝子タグ（EST） 6
発　酵 283
花のホメオティック変異体 65
花振るい防止 117
花芽形成遺伝子 68
花芽分化誘導 197
花持ち性 253
バラ科 97
バラ科果樹 127
バルク解析法 13
伴細胞 134

ひ

BAC クローン 18
P 型プロトン ATPase 157
ビーナイン 32
非クライマクテリック型果実 192, 282
ヒスチジンキナーゼ様ドメイン 183
ビタミン A 232
ヒドロキシラジカル（・OH） 267
表皮細胞 85
ピリドキサルリン酸 175
ピルビン酸 209
ピルビン酸脱炭酸酵素 213
PIN（PIN-FORMED 1）遺伝子 46

品種判別 12

ふ

フィトエン 232
フィトエン合成酵素（PSY） 232
フィトエン不飽和化酵素（PDS） 233
フェニルアラニン 227
フェニルアラニンアンモニアリアーゼ（PAL） 228, 272
フェニル尿素系合成サイトカイニン（フルメット） 119
フェニルプロパノイド経路 227
フェノーム 54, 293
フェノミクス 293
不完全甘ガキ 241
不完全渋ガキ 241
副　芽 39
不定芽胚発生 102
不飽和脂肪酸 274
不溶態リン酸 211
ブラウンハート 284
フラバン -3- オール 242
フラバン -3- オール生合成経路 243
フラボノイド・アントシアニン類 255
フラボノイド -3',5'- 水酸化酵素（F3'5'H） 229, 258
フラボノイド -3'- 水酸化酵素（F3'H） 229, 258
フラボノール 228
フラボノール合成酵素（FLS）遺伝子 258
Flowering Locus T（FT） 29
フルクトース 201
フルクトースビスホスファターゼ 124
フルメット 119
フレーバーセーバー 223
プロアントシアニジン 228, 238

プログラム細胞死　155, 251
プロテアーゼインヒビター　152
プロテアソーム　99, 278
プロテオーム　54, 291
プロテオミクス　291
プロトン ATPase　203
プロトンピロホスファターゼ　157, 203
プロトンポンプ　153, 157
フロリゲン　69
不和合性反応のシグナル伝達　96
分子シャペロン　278
粉質性　214

へ

pH 調節　153
ペオニジン系　226
ヘキソース蓄積型　203
ヘキソーストランスポーター　139, 203
ペクチン　215
ペクチンメチルエステラーゼ　219
ベタレイン類　255
ヘミセルロース　215
ペラルゴニジン　255
ペルオキシソーム　269
ベレゾーン　121

ほ

膨　圧　152, 162, 168
胞子体型自家不和合性　92
包葉原基　84
飽和脂肪酸　274
穂　木　25
ポジショナルクローニング　18
補助色素　231
ポストクライマクテリック期　191
ポストゲノム研究　289
ホスファチジルグリセロール（PG）　275

ホスホエノールピルビン酸　210
ホスホエノールピルビン酸カルボキシラーゼ　209
没食子酸　238
ホメオボックス遺伝子（OSH1）　36
ポリアミン生合成系酵素遺伝子　35
ポリアミンの生合成　181
ポリガラクツロナーゼ（PG）　114, 218
ポリガラクツロン酸　215
ポリフェノール　152, 267
ポリフェノール酸化酵素（PPO）　272
ポリマートラップモデル　138
ポリユビキチン化　99
ポンプ　157

ま

マイクロアレイ法　52
マイクロサテライト　10
マイクロトム　290
マイトジェン活性化プロテインキナーゼ（MAPK）　178
マクロアレイ法　52
MAX シグナル伝達経路　46
MAP キナーゼカスケード　186
マルビジン系　226
マンニトール　129
　―の変換　147
マンニトール合成経路　130
マンニトール脱水素酵素　146, 165, 202
マンニトールトランスポーター　203
マンニトール/プロトン共輸送体遺伝子　138
マンノース-6-リン酸還元酵素　130

み

ミオイノシトール　131
水吸収効率　161

水チャネル 89, 160
水ポテンシャル 162, 168
みつ症 140
ミトコンドリア 269

む

無核ブドウ 107
無作為増幅多型DNA（RAPD） 9
無酸素 207

め

メタボリックエンジニアリング 237, 292
メタボローム 54, 292
メタボロミクス 292
メチルエリスリトールリン酸（MEP）経路 234
1-メチルシクロプロペン（1-MCP） 194, 253

や

八重咲き品種 67
ヤケ症状 274

ゆ

誘引 72
有害物質の隔離 153
雌ずいS遺伝子 95
優性マーカー 9
UDPグルコースフラボノイド 3'-O-糖転移酵素（UFGT） 228
UDPガラクトースピロホスホリラーゼ 149
ユビキチン 278

よ

幼若栄養相 61

幼若期間 62
　—の短縮技術 65
幼若相 62
幼樹開花 64

ら

落果防止 117
羅田甜柿 246
ラフィノース 131, 202
ラフィノース合成酵素 131
ラフィノース族オリゴ糖
　—の合成経路 132
　—の変換経路 149
ラムノガラクツロナン 215

り

*LEAFY*遺伝子 68
リコペン 232
リゾビトキシン 200
流動性変化 274
量的形質遺伝子座（QTL） 13, 141
リンゴ酸 211
リンゴ酸酵素 213
リンゴ酸脱水素酵素 210
リン酸化部位 125
リンゴ酸トランスポーター 210

る

ルテイン 231

れ

レシーバー様ドメイン 183
レトロトランスポゾン 229
連鎖地図作成 13
連鎖ブロック 21
連鎖マーカー 13

ろ

ローディング 123, 133, 164
rolA 遺伝子 36
rolB 遺伝子 36
rolC 遺伝子 36

わ

わい化栽培 32
若返り 63

略 語 索 引

A

ABA 78, 177
ACC 173, 250
ACL5 35
ACO 250
ACS 173, 250
ADC 36
AFLP 10
AIB 253
ANS 228
AOA 175, 200, 253
AP1 29, 68
AsA-GSH 278
AVG 200

C

CAPS 10
CCC 32
CCD 234
CDK 120
CHI 228
CHS 228, 258
CiFT 70
CO 29, 69
4-CPA 120
ctr1 186

D

DFR 228, 257

E

ein2 187
ein3 188
EIN4 183
ERS1 183
ERS2 183
EST 6, 289
eto 179
ETR1 183
etr1 255
ETR2 183
EXTG 222

F

F3'5'H 229, 258
F3'H 229, 258
FLS 258
FT 29

G

gai 31
GGPP 232
GID 118

索　　引

GID1　35

H

HSF　278
HSP　277

I

IAA　114, 120
IPT　43

L

LFY　68

M

MAPK　178
MAX1（P450）　45
MAX2　45
1-MCP　194, 199, 253
MdPI　68, 107
MdTFL1　70
MEP　234

N

nor　55, 194

O

・O_2^-　267
・OH　267
$^1O_2$　267
OSH1　36

P

P450　45
PAL　228, 272
pat　106
PDS　233

PG　275
PIN-FORMED 1　46
PPO　272
PSY　232
PTGS　27

Q

QTL　13, 141

R

RAPD　9
RFLP　8
rin　194

S

S-RNase　97
SCAR　9
SIP　150
SLG　95
SNPS　8
SRK　95
STS　83, 199, 253

T

TFL1　69
TIBA　41
TIR　120

U

UFGT　228
UV-B　230

V

VIN3　76
VRN　76
VvmybA1　228

X

XET 221
XTH 222

園芸生理学 分子生物学とバイオテクノロジー				定価（本体 4,000 円＋税）			
2007 年 3 月 10 日　初版第 1 刷発行				＜検印省略＞			

編集者　山　　木　　昭　　平
発行者　永　　井　　富　　久
印　刷　㈱平　河　工　業　社
製　本　田　中　製　本　印　刷　㈱
発　行　**文　永　堂　出　版　株　式　会　社**
〒 113-0033　東京都文京区本郷 2 丁目 27 番 3 号
TEL　03-3814-3321　FAX　03-3814-9407
振替　00100-8-114601 番

Ⓒ 2007　山木 昭平

ISBN　978-4-8300-4110-5

文永堂出版の農学書

植物生産学概論	星川清親 編	¥4,200 〒400
植物生産技術学	秋田・塩谷 編	¥4,200 〒400
作物学（Ⅰ）—食用作物編—	石井龍一 他著	¥4,200 〒400
作物学（Ⅱ）—工芸・飼料作物編—	石井龍一 他著	¥4,200 〒400
作物の生態生理	佐藤・玖村 他著	¥5,040 〒440
緑地環境学	小林・福山 編	¥4,200 〒400
植物育種学 第3版	日向・西尾 他著	¥4,200 〒400
植物育種学各論	日向・西尾 編	¥4,200 〒400
植物感染生理学	西村・大内 編	¥4,893 〒400
園芸学概論	斎藤・大川・白石・茶珍 共著	¥4,200 〒400
園芸生理学 分子生物学とバイオテクノロジー	山木昭平 編	¥4,200 〒400
果樹の栽培と生理	高橋・渡部・山木・新居・兵藤・奥瀬・中村・原田・杉浦 共訳	¥8,190 〒510
果樹園芸 第2版	志村・池田 他著	¥4,200 〒440
新版 蔬菜園芸	斎藤 隆 編	¥4,200 〒400
花卉園芸	今西英雄 他著	¥4,200 〒440
"家畜"のサイエンス	森田・酒井・唐澤・近藤 共著	¥3,570 〒370
新版 畜産学 第2版	森田・清水 編	¥5,040 〒440
畜産経営学	島津・小沢・渋谷 編	¥3,360 〒440
動物生産学概論	大久保・豊田・会田 編	¥4,200 〒400
動物資源利用学	伊藤・渡邊・伊藤 編	¥4,200 〒440
動物生産生命工学	村松達夫 編	¥4,200 〒400
家畜の生体機構	石橋武彦 編	¥7,350 〒510
動物の栄養	唐澤 豊 編	¥4,200 〒440
動物の飼料	唐澤 豊 編	¥4,200 〒440
動物の衛生	鎌田・清水・永幡 編	¥4,200 〒440
家畜の管理	野附・山本 編	¥6,930 〒510
風害と防風施設	真木太一 著	¥5,145 〒400
農地工学 第3版	安富・多田・山路 編	¥4,200 〒400
農業水利学	緒形・片岡 他著	¥3,360 〒400
農業機械学 第3版	池田・茂田・梅田 編	¥4,200 〒400
植物栄養学	森・前・米山 編	¥4,200 〒400
土壌サイエンス入門	三枝・木村 編	¥4,200 〒400
新版 農薬の科学	山下・水谷・藤田・丸茂・江藤・高築 共著	¥4,725 〒440
応用微生物学 第2版	清水・堀之内 編	¥5,040 〒400
農産食品 —科学と利用—	坂村・小林 他著	¥3,864 〒400
木材切削加工用語辞典	社団法人 日本木材加工技術協会 製材・機械加工部会 編	¥3,360 〒370

食品の科学シリーズ

食品化学	鬼頭・佐々木 編	¥4,200 〒400
食品栄養学	木村・吉田 編	¥4,200 〒400
食品微生物学	児玉・熊谷 編	¥4,200 〒400
食品保蔵学	加藤・倉田 編	¥4,200 〒400

木材の科学・木材の利用・木質生命科学

木材の構造	原田・佐伯 他著	¥3,990 〒400
木材の加工	日本木材学会 編	¥3,990 〒400
木材の工学	日本木材学会 編	¥3,990 〒400
木質分子生物学	樋口隆昌 編	¥4,200 〒400
木質科学実験マニュアル	日本木材学会 編	¥4,200 〒440

現代の林学シリーズ

林政学	半田良一 編	¥4,515 〒400
森林風致計画学	伊藤精晤 編	¥3,990 〒400
林業機械学	大河原昭二 編	¥4,200 〒400
林木育種学	大庭・勝田 編	¥4,515 〒400
森林水文学	塚本良則 編	¥4,515 〒400
砂防工学	武居有恒 編	¥4,410 〒400
造林学	堤 利夫 編	¥4,200 〒400
林産経済学	森田 学 編	¥4,200 〒400
森林生態学	岩坪五郎 編	¥4,200 〒400
樹木環境生理学	永田・佐々木 編	¥4,200 〒400

定価はすべて税込み表示です

文永堂出版 〒113-0033　東京都文京区本郷2-27-3
URL http://www.buneido-syuppan.com／
TEL 03-3814-3321
FAX 03-3814-9407